孔子箴言录
——论语精编新解

罗志霖 著

Kongzi Zhenyanlu
Lunyu Jingbian Xinjie

四川大学出版社

责任编辑:谢正强
责任校对:杨合林　袁　捷
封面设计:墨创文化
责任印制:王　炜

图书在版编目(CIP)数据

孔子箴言录:论语精编新解／罗志霖著．—成都：
四川大学出版社，2017.3
ISBN 978-7-5690-0420-5

Ⅰ.①孔… Ⅱ.①罗… Ⅲ.①儒家②《论语》－通俗
读物　Ⅳ.①B222.2-49

中国版本图书馆CIP数据核字（2017）第051492号

书　名	孔子箴言录——论语精编新解
著　者	罗志霖
出　版	四川大学出版社
地　址	成都市一环路南一段24号（610065）
发　行	四川大学出版社
书　号	ISBN 978-7-5690-0420-5
印　刷	郫县犀浦印刷厂
成品尺寸	170 mm×240 mm
印　张	18
字　数	348千字
版　次	2017年4月第1版
印　次	2017年4月第1次印刷
定　价	68.00元

◆读者邮购本书,请与本社发行科联系。
　电话:(028)85408408/(028)85401670/
　(028)85408023　邮政编码:610065
◆本社图书如有印装质量问题,请
　寄回出版社调换。
◆网址:http://www.scupress.net

◆版权所有◆侵权必究

前　言

在中国，孔子是一个屡遭厄运，又备受尊崇的人物。他在生前，曾因鲁定公的重用而官至司寇（掌管司法的官员），并在53岁时以司寇之职行摄相事，协助掌握朝廷大权的季氏处理政事。后来，由于国君昏聩，季氏专权，政事荒废，政见不合，孔子愤而辞职，与弟子周游列国，为宣传自己的政治主张而奔走呼号，从此开始了长达十四年的颠沛流离生活。鲁哀公十一年（前484年），四处碰壁的孔子已经68岁，受执政大臣季康子召请，他回到鲁国，开始了晚年兴办教育和整理古代典籍的生活。他终身坚持并倡导的以仁德、礼制治理国家的思想，在春秋时期这个封建制逐步取代奴隶制的社会转型期，因其理想主义色彩较浓而不合时代潮流。自汉武帝"罢黜百家，独尊儒术"之后，以孔子学说为代表的儒家思想，成为支配中国历史达两千年之久的主流文化思想。在这两千余年中，孔子地位崇高，被尊为"至圣先师""万世师表"，承载孔子思想和学说的《论语》，更是历代参加科举考试的知识分子的必读经典。孔子学说之所以有这样的生命力，一方面是因为孔子倡导的以德治国的思想有利于统治者稳定社会、发展生产、改善民生，另一方面是因为孔子提出的仁德、礼制思想有利于人伦教化、情操陶冶，有利于提高人的素质和人文素养。孔子学说能在长期的封建社会中处于主导地位，还有更深层次的原因。北京大学副教授徐刚说："在自由思想盛行的黄金时代，孔子的思想并未受到统治者的青睐，而在专制主义达到巅峰时刻的汉武帝时代，孔子的思想却成为统治地位的意识形态。个中原因，不能不说是这种'自然'赋予的等级秩序让统治者感到满意。历朝统治者都愿意尊奉孔子，愿意让儒家居于'诸子'之上，其根源就在这里。"（《孔子之道与〈论语〉其书》）到20世纪，孔子的学说又遭受厄运，成为董仲舒、朱熹为代表的"伪儒学"的替罪羊，经历了五四时期和"文化大革命"后期两次大批判的劫难。然而，正如孔子的学生子贡所说："仲尼不可毁。"尽管孔子的思想和学说不可避免地带有时代和阶级的局限性，但其蕴含的哲学思想、伦理思想、教育思想、道德观念等一切积极的成果，至今仍为中国人民所珍视。

人类进入 21 世纪以后，世界并不太平。一些国家烽烟四起，战乱不止；一些人道德沦丧，贪婪腐败；一些人"己所不欲，强施于人"。环境恶化，恶疾丛生，恐怖袭击频发，强权势力横行，是这个世纪当政者和广大民众面临的严峻问题。1988 年，七十五名诺贝尔奖得主在法国巴黎发布的宣言中说："人类如果要在 21 世纪生存下去，必须回到 2500 年前去汲取孔子的智慧。"这一观点，既振聋发聩，又引起了国人的深思。毕宝魁先生说："若我们将所有文化因素都综合考虑的话，就会发现，儒家思想对于解决这些问题是最好的观点，它温情脉脉，具有最强烈的最普遍的人文关怀色彩。反对暴力，反对强权，反对战争，提倡仁义礼智信，提倡天人合一，提倡和谐中庸，没有民族偏见和种族偏见，而孔子便是儒家思想的开创人和集大成者。"（《论语精评真解》）在 2500 年后的今天，孔子思想所蕴含的价值在世界范围得到了普遍的认同，联合国教科文组织确认的世界十大文化名人中，孔子名列首位，成为令世人瞩目的最伟大的思想家和文化名人之一。

东汉著名史学家班固说："《论语》者，孔子应答弟子、时人及弟子相与言而接闻于夫子之语也。当时弟子各有所记，夫子既卒，门人相与辑而论纂，故谓之《论语》。"（班固《汉书·艺文志》）由于《论语》是由孔子的弟子和再传弟子（杨伯峻先生认为是曾参的一些学生）编纂而成，孔子谈论同一内容或观点的言论散见于《论语》的一些篇章或若干篇章之中。历代学者研究、整理《论语》，大多在注释字词、解读文意上下功夫，却未能从孔子思想的完整体系这一角度重新审视《论语》全书。这就给今人阅读和研究《论语》、理解和把握孔子思想的整个体系带来了困难。

李泽厚先生说："黑格尔曾嘲笑孔子的《论语》不过是'处世格言'而已，表面看来也像。但是这些'处世格言'却有关乎人作为本体存在的价值体认。有此体认，虽然'山还是山，水还是水'，为人处世却大不一样了。从而，这里的所谓'处世格言'便并非为个人生存的利害，而成为有准宗教性能的教诫和体认。从而，如果今天从《论语》到《菜根谭》到《三字经》等等再作出某种新的摘录编选，重要的是加以新的解说发挥，它们不也可以与《圣经》、佛经和其他宗教读物一样起着同样的慰安人际、稳定社会、健康身心的功能作用吗？"（《论语今读》前言）这一观点，无论对于《论语》的研究、整理者，还是对于《论语》的热心读者，都会有耳目一新的感觉。

本书的编著，参考、借鉴了吴枫先生主编的《中华思想宝库》的分类方式，并结合孔子言论所涉及的内容加以调整、扩展。在对孔子的言论进行梳理、归类时，反复斟酌、取舍，对一些具有多重含意的章节，取其表达的主要含义进行归类，从而避免了这些章节在书中重复出现。本书的完成，填补了千百年来《论语》研究中尚未系统、全面地展示孔子思想和学说的空白，为人们全面、深入地研究、领悟孔子思想，而不是片面地、支离破碎地了解孔子思想开辟了一条新的通道。由于著者学识、水平有限，一些孔子言论的归类不一定妥当，值得商榷之处，恳请学术界同仁和广大读者不吝赐教。

由于孔子的弟子和再传弟子们的思想与孔子的思想一脉相承，他们的言论，以附录的形式归入孔子言论相应的类别，以便于读者系统地了解孔子和他的弟子们的思想。因本书按孔子言论涉及的内容进行分类编排，《论语·乡党第十》除最后一章（即"色斯举矣"章）编入本书外，其余各章记述孔子的举止仪态及实践礼仪的情况，不是孔子的言论，本书又无对应的类别，因此未编入本书。

本书中，孔子言论的注释、译文、解读采用了著者于2013年由巴蜀书社出版的《论语今读新解》中的内容，仅对部分解读的文字进行了适当修改或补充，使之更能体现本书的完整性和系统性。

孔子是伟大的，孔子的思想和学说博大精深，充满着生活的智慧。但是，孔子毕竟生活在两千多年前的春秋时代，那时整个人类的文明程度、认识水平，与现代社会不可同日而语。因此，今人研读《孔子箴言录——论语精编新解》，目的在于回归传统，与圣人进行心灵的沟通和交流，吸取孔子思想的精华，感悟孔子的治国理政之道、待人处世之道、读书治学之道、修身律己之道，以陶冶自己的道德情操，提高自己的思想境界，而不能盲目地把孔子当作神和偶像来崇拜，更不能随意拔高和美化孔子，把他当作"生而知之"、无所不晓的完人。

从退休后注译、解读《论语》，到拙著《论语今读新解》由巴蜀书社出版，再到《孔子箴言录——论语精编新解》即将付梓，不知不觉中跨越了八个春秋。有感于八年来的耕耘和付出，特赋小诗一首：

往圣传绝学，来者悟精义。仁德建伟业，和合创盛世。

做人慕高洁，修身重德行。治学屏捷径，探幽仰恒心。

绵阳师范学院教育学院中文系原主任、四川省高校文科教材编委会委员、北京大学访问学者张一璠先生对本书的编著非常关注，并给予了指导。在本书出版之际，谨向他表示由衷的谢意！

愿本书的出版能够为弘扬中国的优秀传统文化，为人们回归传统、品读经典、陶冶情操尽一份绵薄之力。

著　者
2016年10月于蓉城知行斋

目　录

一、哲学思想 …………………………………………（ 1 ）
　1. 正名 ……………………………………………（ 1 ）
　2. 仁学 ……………………………………………（ 3 ）
　3. 中庸 ……………………………………………（ 8 ）
　4. 认识论 …………………………………………（ 10 ）
　5. 天命论 …………………………………………（ 13 ）
　6. 鬼神论 …………………………………………（ 19 ）
　7. 知行观 …………………………………………（ 21 ）

二、人伦思想 …………………………………………（ 26 ）
　1. 君臣 ……………………………………………（ 26 ）
　2. 父子 ……………………………………………（ 30 ）
　3. 兄弟 ……………………………………………（ 32 ）
　4. 朋友 ……………………………………………（ 33 ）
　5. 师生 ……………………………………………（ 36 ）

三、治国思想 …………………………………………（ 43 ）
　1. 王道 ……………………………………………（ 43 ）
　2. 人治 ……………………………………………（ 52 ）
　3. 民本 ……………………………………………（ 55 ）
　4. 无为而治 ………………………………………（ 58 ）

四、教育思想 …………………………………………（ 60 ）
　1. 教育功能 ………………………………………（ 60 ）
　2. 教育内容 ………………………………………（ 62 ）
　3. 教学方法 ………………………………………（ 65 ）
　4. 学习方法 ………………………………………（ 72 ）
　5. 尊师重道 ………………………………………（ 80 ）

五、道德修养························(84)
1. 仁、义························(84)
2. 礼、智、信······················(92)
3. 忠、恕························(98)
4. 孝、悌························(102)
5. 廉、耻························(109)
6. 义、利························(113)

六、国君品格························(118)
1. 君道·························(118)
2. 举贤·························(127)
3. 戒奢·························(131)
4. 赏罚·························(131)

七、官员素养························(133)
1. 忠君保民······················(133)
2. 举贤任能······················(139)
3. 节操自爱······················(144)
4. 忠于职守······················(150)

八、人才观·························(155)
1. 立志·························(155)
2. 处世·························(165)
3. 人品·························(171)
4. 才能·························(177)
5. 学习·························(184)

九、修身观·························(191)
1. 智、仁、勇······················(191)
2. 修身自省······················(198)
3. 谦恭谨慎······················(205)
4. 正直真诚······················(214)
5. 节俭励行······················(219)
6. 修养方法······················(224)

十、世风观·························(230)
1. 世风与人心·····················(230)
2. 风俗与社会·····················(233)
3. 移风易俗······················(235)

十一、贫富观 …………………………………………………… (240)
十二、法制观 …………………………………………………… (246)
　1. 法理 ………………………………………………………… (246)
　2. 法律 ………………………………………………………… (248)
十三、文学观 …………………………………………………… (251)
　1. 文风 ………………………………………………………… (251)
　2. 作品 ………………………………………………………… (252)
　3. 文学与社会 ………………………………………………… (254)
十四、艺术观 …………………………………………………… (257)
十五、历史观 …………………………………………………… (260)
　1. 史观 ………………………………………………………… (260)
　2. 史法 ………………………………………………………… (263)
　3. 历史人物评价 ……………………………………………… (265)
十六、战争观 …………………………………………………… (270)
　1. 战争性质 …………………………………………………… (270)
　2. 战争与和平 ………………………………………………… (273)
　3. 战略思想 …………………………………………………… (273)

主要参考书目 …………………………………………………… (276)

一、哲学思想

孔子是春秋时期哲学领域的杰出代表，他"发展了殷周及春秋以来的传统哲学思想及伦理观念，建立了中国历史上第一个学术流派儒家"（北京大学哲学系《中国哲学史》，商务印书馆1995年版）。在《论语》一书中，记载了大量孔子关于正名、仁学、中庸、认识论、天命论、鬼神论、知行观等方面的言论。这些言论，构成了孔子哲学思想的完整体系，成为中国古代哲学思想的重要组成部分。冯友兰先生对孔子在中国历史上的地位作了高度评价，他说："孔子认为自己继承了古代文明，极力加以复兴；当时人们也是这样看他。他自称对古代文明'述而不作'，其实他的学派对古代文明重新诠释，取古代文明的精华，创立了一个文明传统，一直延续到晚近的时代。"（《中国哲学简史》，新世界出版社2005年版）由于孔子受所处时代的局限，其哲学思想中难免存在一些不符合时代潮流或不科学的成分。但瑕不掩瑜，孔子哲学思想中合理的、能增长人类智慧、有助于社会和谐发展的部分，两千多年来仍闪耀着璀璨夺目的光芒。

1. 正名

子路①曰："卫君待子而为政②，子将奚先③？"子曰："必也正名乎④！"子路曰："有是哉，子之迂也⑤！奚其正？"子曰："野哉⑥，由也！君子于其所不知，盖阙如也⑦。名不正，则言不顺⑧；言不顺，则事不成；事不成，则礼乐不兴⑨；礼乐不兴，则刑罚不中⑩；刑罚不中，则民无所措手足⑪。故君子名之必可言也，言之必可行也。君子于其言，无所苟而已矣⑫。"

《论语·子路篇》第3章

【译文】

子路说："卫国国君等待您去治理国家，您准备先做什么事？"孔子说："一定是辨正名分！"子路说："有这个必要吗？您太不切实际了！为什么要去辨正名分？"孔子说："真鲁莽呀，仲由！君子对于自己不懂的事，不要发表意见。名分不辨正，说话就不顺理；说话不顺理，就难以办成事；事情办不成，礼乐制度就不能兴盛；礼乐制度不能兴盛，刑罚就没有标准；刑罚没有了标准，民众就无所适从。所以，君子一定要先正名而后发表言论，发表了言论就一定要实行。君子对于自己所说的话，不能有一点随便和马虎。"

【注释】

①子路：即仲由，字子路，孔子的学生。他是孔门政事科的高材生，比孔子小九岁。②卫君：卫出公蒯辄，卫灵公之孙。 ③奚：何，什么。奚先：以何为先，即先做什么。 ④正名：辨正名分。指"君君、臣臣、父父、子子"的名分。 ⑤迂：迂腐，不切实际。 ⑥野：粗野，鲁莽。 ⑦阙：同"缺"，意思是不说、不发表意见。 ⑧顺：顺理，顺序。即适宜。 ⑨兴：兴盛。指实施。 ⑩中：适度，得当。指有标准。 ⑪无所措手足：手脚都不知道放在哪里。意思是无所适从。 ⑫苟：随便，马虎。

【解读】

春秋时期，礼崩乐坏，战乱频发，违礼僭越、名实不符的事时有发生。卫灵公把儿子蒯聩逐出国境，他死后孙子蒯辄继位。于是后来出现了蒯聩和蒯辄父子争夺君位的事。孔子提出治理国家首先必须"正名"的主张，既是针对卫国父子争位的情况，更是针对整个春秋时期礼崩乐坏、人伦丧失的情况而言的。

孔子认为，要恢复正常的社会秩序，形成和谐的人际关系，必须首先辨正名分，恢复礼仪制度、人伦规范，从而使国君、臣下、民众各居其位，各履其职，在待人处世中有所遵循。在阐述为什么要"正名"这个问题时，孔子通过严密的推理，使自己的观点无懈可击。因此，"名不正，则言不顺；言不顺，则事不成"这句话，成了流传千古、脍炙人口的格言。

齐景公问政于孔子①。孔子对曰："君君②，臣臣，父父，子子③。"公曰："善哉！信如君不君④，臣不臣，父不父，子不子，虽有粟，吾得而食诸⑤？"

《论语·颜渊篇》第11章

【译文】

齐景公向孔子询问如何治理国家。孔子说："国君像国君，臣下像臣下，父亲像父亲，儿子像儿子。"齐景公说："说得真好！的确是这样，如果国君不像国君，臣下不像臣下，父亲不像父亲，儿子不像儿子，即使有粮食，我能够吃到吗？"

【注释】

①齐景公：姓姜，名杵臼，春秋时齐国国君。鲁昭公二十五年（前517），

鲁国发生内乱，孔子到了齐国。于是就有了齐景公和孔子的这段对话。　②君君：国君像国君。意思是要履行国君的职责。后一个"君"字作动词。　③臣臣、父父、子子：后一个字均作动词，意思是尽责、守礼。　④信如：诚如，的确。　⑤得：能。

【解读】

孔子以"君君、臣臣、父父、子子"八个字回答齐景公的问题，是针对齐国当时的状况而说的。朱熹《论语集注》说："是时景公失政，而大夫陈氏厚施于国；景公又多内嬖，而不立太子。其君臣父子之间，皆失其道，故夫子告之以此。"

孔子认为，治理国家，必须维护礼制伦常，区分上下尊卑，"为君、为臣、为父、为子都应有各自的思想准则、道德标准和行为规范"（韩喜凯《名家评说孔子辨析》）。这样才能建立正常的社会秩序，形成和谐的人际关系，君、臣、父、子才能履行各自的职责，做好自己分内的事。齐景公虽然非常赞同孔子的观点，但由于他无力改变大臣专权、伦常丧失的情况，"其后果以继嗣不定，启陈氏弑君篡国之祸"（朱熹《论语集注》）。

子曰："觚不觚①，觚哉！觚哉！"

《论语·雍也篇》第 25 章

【译文】

孔子说："酒杯不像酒杯，是酒杯吗！是酒杯吗！"

【注释】

①觚（gū）：古代盛酒的器具，青铜制成，盛行于商代和西周初期。

【解读】

古代的觚有规定的容量（两升或三升），这有让人少饮而不沉湎于酒中的意思。在孔子所处的年代，可能觚的容量已大大超过两升或三升，因此孔子发出了这样的感慨。孔子历来重视正名，强调事物应该名实相符，要求每个人都要遵循礼制，做符合自己身份的事。如果仅仅是针对觚的容量发出感慨，孔子在这件事上确实保守。但他并不是就事论事，而是通过类比强调事物要名实相符，表达了他对正道、礼制、仁德的向往和期待之情。

2. 仁学

颜渊问仁①。子曰："克己复礼为仁②。一日克己复礼③，天下归仁焉④。为仁由己，而由人乎哉？"颜渊曰："请问其目⑤。"子曰："非礼勿视，非礼勿听，非礼勿言，非礼勿动。"颜渊曰："回虽不敏⑥，请事斯语矣！⑦"

《论语·颜渊篇》第 1 章

【译文】

颜回问怎样做才是仁德。孔子说："克制自己的欲望，使言行符合礼制，就是仁德。一旦人们每天克制自己的欲望，使言行符合礼制，天下的人就会归依于仁德。实行仁德由自己决定，难道要由别人决定吗？"颜回说："请问实行仁德的具体途径。"孔子说："不合乎礼制的东西不看，不合乎礼制的声音不听，不合乎礼制的话不说，不合乎礼制的事不做。"颜回说："我虽然不聪慧，请让我照这些话去做。"

【注释】

①颜渊：即颜回，字子渊，鲁国人。孔门德行科高材生，比孔子小三十岁。 ②克己复礼：克制自己的欲望，使言行符合礼制。《左传·昭公十二年》："仲尼曰：'古也有志：克己复礼，仁也。'"这说明，此处孔子是借前人的话并赋予新的含义。 ③一日：一旦，有一天。 ④归仁：一说称之为"仁"，一说归依于仁。从后说。 ⑤目：指具体的途经。 ⑥不敏：不聪慧。意思是迟钝。 ⑦事：从事。引申为实行、奉行。

【解读】

此章所涉及的"仁"和"礼"是孔子思想的核心内容。孔子强调的"仁"，是人的道德观念，即人性情感，属于个体私德。孔子倡导的"礼"，是维护社会秩序、人际关系的礼仪规范，属于社会公德。孔子认为，一个人要有仁德，要成为有仁爱之心的仁人，就必须遵循礼仪规范，做到四个"勿"，使自己的言行符合礼制。因此，一个人首先必须遵守社会公德，才能成为道德品行高尚的仁人。可见，古代的违礼行为，在今天轻则是违反社会公德的行为，重则是违法甚至犯罪的行为。在当今社会，要成为一个高尚的有道德的人，就必须加强个人的道德修养，遵守社会公德和行为规范。

子张问仁于孔子①。孔子曰："能行五者于天下②，为仁矣。"请问之。曰："恭③，宽，信，敏④，惠⑤。恭则不侮，宽则得众，信则人任焉⑥，敏则有功，惠则足以使人。"

《论语·阳货篇》第 6 章

【译文】

子张向孔子询问什么是仁。孔子说："能够在天下推行五种品德，就是仁了。"子张说："请问是哪五种？"孔子说："恭敬，宽厚，诚实，勤勉，恩惠。恭敬就不会遭受欺侮，宽厚就会得到众人拥护，诚实就能使人信任，勤勉做事就会有成效，给予恩惠就能差遣人。"

【注释】

①子张：即颛孙师，字子张，陈国人。孔子晚年的学生，比孔子小四十八岁。　②行：实行，推行。　③恭：恭敬，庄重。　④敏：勤勉。　⑤惠：恩惠。　⑥人任：使人信任。

【解读】

孔子经常回答学生关于什么是仁的问题，但他决不千篇一律地进行说教，而是根据学生的志向和特点作针对性的回答，体现了他因材施教的思想。颜回聪明好学，重视自身道德人性的修养（即"内圣"），因此孔子说"克己复礼为仁"，并讲了实现仁的具体要求。子张热衷于政治，有从政的愿望（即"外王"），因此孔子说能推行"恭、宽、信、敏、惠"五种品德就是仁，并作了具体解释。

子曰："恭而无礼则劳①，慎而无礼则葸②，勇而无礼则乱③，直而无礼则绞④。君子笃于亲⑤，则民兴于仁；故旧不遗，则民不偷⑥。"

《论语·泰伯篇》第 2 章

【译文】

孔子说："恭敬而不知礼就徒劳无益，谨慎而不知礼就懦弱拘谨，勇敢而不知礼就行为莽撞，直率而不知礼就说话尖刻。品德高尚的人对亲族厚道，民众就会遵行仁德；不遗弃故交老友，民众就不会浅薄无情。"

【注释】

①礼：这里指礼的本质。劳：劳累辛苦。这里指徒劳。　②葸（xǐ）：畏惧，懦弱。　③乱：没有条理。这里意思是莽撞。　④绞：急刃，尖刻。　⑤君子：指品德高尚的人。笃：真诚，厚道。　⑥偷：浅薄，不厚道。

【解读】

孔子采用排比的句式，从四个方面强调了礼的重要性。"礼"作为孔子学说的核心内容之一，是"仁"的外在表现，并由"仁"所决定，是规范人伦关系的准则。孔子还认为，孝亲是"仁"的根本，如果君子能够孝亲，民众就会遵行仁德；君子能够善待故旧，民众就会具有人情味。可见，君子在遵礼行仁上以身作则，身体力行，其示范效应是非常明显的。

子曰："仁远乎哉①？我欲仁，斯仁至矣。"

《论语·述而篇》第 30 章

【译文】

孔子说:"仁德很遥远吗?我想要仁德,仁德就来了。"

【注释】

①仁:仁德。朱熹《论语集注》:"仁者,心之德,非在外也。放而不求,故有以为远者;反而求之,则即此而在矣,夫岂远哉?"

【解读】

孔子认为,"仁"是一个人道德修养的最高境界,一般人很难达到。但他又认为,"仁"离我们并不遥远,只要努力去追求,去实践,并能做到矢志不渝,就能一步步达到"仁"的境界,成为一个有仁爱之心的君子。在物欲横流、是非难辨的今天,要成为一个高尚的人、有道德的人、有仁爱之心的人,就应该在心中树立"仁"的目标,并锲而不舍地去实践、追求。只有这样,才能实现人性修养的目标。

子贡曰①:"如有博施于民而能济众②,何如?可谓仁乎?"子曰:"何事于仁,必也圣乎!尧、舜其犹病诸③!夫仁者,己欲立而立人,己欲达而达人。能近取譬④,可谓仁之方也已⑤。"

《论语·雍也篇》第30章

【译文】

子贡说:"如果有人广泛地给人民以好处,并且周济民众,这个人怎么样?可以称为仁吗?"孔子说:"这岂止是仁,简直就是圣人了!连尧、舜都难以做到!所谓仁,就是自己要立业而又帮助别人立业,自己要通达而又帮助别人通达。能从近处做起,可以说是实行仁的方法了。"

【注释】

①子贡:即端木赐,字子贡,卫国人。孔子的得意门生,比孔子小三十一岁。 ②博施:广泛施与。 ③尧、舜:传说中上古时代的两位贤明君主。病:为难,难以。 ④近:指自身周围。取譬:取作譬喻。意思是作为例证。能近取譬:能以自身为例。意思是能从近处做起。 ⑤方:方法,途径。

【解读】

孔子的回答,对子贡关于"仁"的理解给予了极高的评价。可见,孔子所倡导的"仁",是仁爱、爱心。有了"仁",才能既"博施于民",又能周济民众,有爱民的善举,这是古代尧、舜都难以做到的"仁"的最高境界。同时,孔子又指出,作为不同于圣人的普通人,要实行"仁",最好的方法是从自身做起,从近处做起。只要能做到"己欲立而立人,己欲达而达人",就是在日常生活中实行了"仁",就是一个有爱心的仁人。

子曰:"志士仁人,无求生以害仁①,有杀身以成仁②。"

《论语·卫灵公篇》第9章

【译文】

孔子说:"志士仁人,不会苟全性命而损害仁,宁肯舍弃生命也要维护仁。"

【注释】

①求生:乞求生存。意思是苟全性命。 ②杀身:指舍弃生命。成:成全。引申为维护。

【解读】

"仁"是孔子思想的核心内容之一,是儒家的道德规范。孔子认为,作为志士仁人,为了维护仁宁肯舍弃自己宝贵的生命,也不会苟全自己的性命。"杀身成仁",体现的是志士仁人的一身正气,以及勇于为真理和理想献身的精神。古往今来,涌现出了无数"杀身成仁"的志士,他们为了维护正义,反对残暴黑暗势力,慷慨悲壮,舍生取义,成了中华民族的脊梁。

子夏问曰①:"'巧笑倩兮②,美目盼兮③,素以为绚兮④。'何谓也?"子曰:"绘事后素⑤。"曰:"礼后乎?"子曰:"起予者商也⑥!始可与言《诗》已矣⑦。"

《论语·八佾篇》第8章

【译文】

子夏问道:"'笑貌妩媚,美目传神,好像在白绢上画着绚丽的图画。'这几句诗是什么意思?"孔子说:"绘画先以白色打底,然后再上颜色修饰。"子夏说:"那么,礼乐产生在仁德之后吗?"孔子说:"能阐发我的思想的人是你呀!现在可以与你谈《诗经》了。"

【注释】

①子夏:即卜商,字子夏,孔子晚年的学生,比孔子小四十四岁。 ②巧笑:美好的笑貌。倩:含笑的样子。引申为妩媚。 ③盼:眼睛黑白分明的样子。意思是传神。 ④素:白色。素以为绚:即"以素为绚",在白绢上画绚丽的图画。 ⑤绘事后素:古人绘画,先以白色打底,然后再上颜色修饰。 ⑥起:发,启发。引申为阐发。商:子夏名。 ⑦始:方,才。

【解读】

子夏所引《诗·卫风·硕人》中的诗句,说明女性外在的美貌源于内在的气质,这正如绘画,先以白色打底,再上颜色修饰。孔子以此为喻,巧妙地说明了"仁"和"礼"的关系。在孔子看来,"仁"先"礼"后,"仁"是质,

"礼"是文，外在礼仪是内心情感的表现。一个缺乏仁爱之心、没有德行操守的人，不可能有良好的礼仪风范，正如女性没有高雅的内在气质，不可能有美好的外在形象一样。

3. 中庸

子曰："中庸之为德也①，其至矣乎②！民鲜久矣③。"

《论语·雍也篇》第29章

【译文】

孔子说："中庸这种道德准则，是最高的了！人们缺少这种美德已经很久了。"

【注释】

①中：折中，不偏。庸：和。《中华大字典》："庸，和也。《蔡邕陈太丘碑》：'德务中庸。'"这里指和谐，调和。中庸：指无过不及、和谐适度的理想状态，是孔子的最高道德准则。 ②至：极，顶点。 ③民：民众，也包括不赞同中庸的人。鲜：少，缺少。

【解读】

孔子把中庸作为最高的道德准则，有着深刻的含义。万物都有对立的两端，如阴和阳、表和里、对和错、胜和负等等，采取折中方法，使矛盾调和、对立的双方达到均衡，这就是中庸思想。尽管矛盾双方的调和、均衡是暂时的、相对的，孔子能够把事物发展过程中的这种状态揭示出来，并概括为"中庸"，这对中国古代认识史的发展，无疑做出了重要贡献（见李择非整理《论语》）。

子曰："不得中行而与之①，必也狂狷乎②！狂者进取③，狷者有所不为也④。"

《论语·子路篇》第21章

【译文】

孔子说："如果不能与言行合乎中庸的人交往，那么一定要与激进和拘谨的人交往！激进的人努力向前，有所作为；拘谨的人洁身自好，处世谨慎。"

【注释】

①中行：中庸之道。中：不偏；庸：不变。儒家以中庸为最高的道德标准。与：跟从。引申为交往。 ②狂狷：激进与拘谨保守。何晏《论语集解》："包（咸）曰：狂者进取于善道，狷者守节无为。" ③进取：努力向前，有所作为。 ④不为：指不做不善之事。

【解读】

孔子认为，言行合乎中庸的人，待人处世不偏激，能把握好度，是交友的首选。如果不能与这样的人交往，那么也一定要与激进的人和拘谨的人交往。因为激进的人虽然偏激，但有进取精神，能努力追求善道，并且有所作为；拘谨的人虽然保守，但为人处世谨慎，能洁身自好，不会去做不善的事情。孔子曾说过不与不如自己的人相交，联系孔子说的这句话，可见孔子交友是十分谨慎的，他希望交往的朋友都是有思想、有志向、有节操的君子，而不是不仁不义、贪财好利、不思进取的小人。

逸民①：伯夷、叔齐、虞仲②、夷逸、朱张、柳下惠、少连③。子曰："不降其志，不辱其身，伯夷、叔齐与！"谓："柳下惠、少连，降志辱身矣。言中伦④，行中虑，其斯而已矣。"谓："虞仲、夷逸，隐居放言⑤，身中清⑥，废中权⑦。我则异于是，无可无不可。"

《论语·微子篇》第8章

【译文】

避世隐居的贤人有：伯夷、叔齐、虞仲、夷逸、朱张、柳下惠、少连。孔子说："不降低自己的志向，不侮辱自己的人格，是伯夷、叔齐吧！"又说："柳下惠、少连两人，降低了志向，人格受到侮辱。但言论符合伦理，行为经过考虑，不过这样罢了。"又说："虞仲、夷逸两人，隐居山野，不议论世事，行为廉洁，却抛弃了通达权变。我和他们都不同，没有什么可以，也没有什么不可以。"

【注释】

①逸民：也作"佚民"，指避世隐居的人。 ②虞仲：又称仲雍，周太王的次子。相传周太王欲立少子季历，以便再传位给季历之子姬昌（后来的周文王），仲雍和兄长太伯一起到了楚、越交界的地方，自称为句吴。太伯死后，由仲雍继位做吴王（见《史记·吴世家》）。 ③夷逸、朱张、少连：三人生平、言行均不可考。 ④中：符合。伦：伦理。 ⑤放言：放弃言谈。指不议论世事。一说为放纵其言（刘宝楠《论语正义》）。此从前说。 ⑥身中清：一身清廉。指行为廉洁。 ⑦废中权：抛弃通达权变。

【解读】

孔子对古代六位隐居的贤人分别给予评价，认为他们都坚持某种德行而缺乏权变，不能灵活地处理遇到的问题。孔子认为，君子的为人应该遵行"无可无不可"的原则。"'无可无不可'是非常灵活而又坚定执著的人生哲学与生存智慧，是'经'与'权'的灵活妙用。联系孔子终身行事的情形与其发表的观点，可以理解其'无可无不可'的内涵，即针对不同情况采取不同对策，没有固定不变的生活方式，体现出个体的主动性与灵活性。"（毕宝魁《论语精评真解》）孔子一生坚持自己的政治主张，既在鲁国担任过要职，又带领弟子周游过列国，在经过努力而无法直接实现自己的政治理想后，他在晚年通过兴办教育、著书立说，间接地实现了自己的理想。孔子所评价的六位古代贤人，缺少的正是孔子所具有的灵活性。

子贡问："师与商也孰贤①？"子曰："师也过②，商也不及③。"曰："然则师愈与④？"子曰："过犹不及⑤。"

《论语·先进篇》第16章

【译文】

子贡问："子张和子夏两人，谁优秀些？"孔子说："子张做事过头，子夏达不到要求。"子贡说："那么，子张更强一些吗？"孔子说："事情做得过头，就如做得不够，同样不好。"

【注释】

①师：颛孙师，字子张。商：卜商，字子夏。　②过：超越，过头。　③及：赶上，达到。　④愈：更加。这里指更强。　⑤过犹不及：事情做得过头，就如做得不够，同样不好。

【解读】

任何人做事都要把握好"度"，事情做得过头、过分，超过了"度"，结果事与愿违；做事达不到要求，没有达到"度"，也不能实现目标。针对子张和子夏两人的局限，孔子提出了"过犹不及"的著名观点，要求学生们无论做什么事都要适度，既不能过头，也不能"不及"。"过犹不及"的观点，是孔子提出的"中庸"思想的体现，是值得探讨、借鉴的大学问。

4. 认识论

孔子曰："生而知之者①，上也②；学而知之者，次也；困而学之③，又其次也；困而不学，民斯为下矣④。"

《论语·季氏篇》第9章

【译文】

孔子说："生来就聪明的人，智商上等；通过学习而聪明的人，智商次一等；有困惑而学习的人，智商又次一等；有困惑而不学习，这种人在普通人之下。"

【注释】

①知：通"智"，明智。引申为聪明。　②上：上等。指智商上等。

③困：困惑。　④民：指普通人。

【解读】

历来把"生而知之"解释为"生来就知道"，这与孔子所说的"我非生而知之者，好古敏以求之者也"（《述而篇》第20章）相矛盾。如果认为"我非生而知之者"是孔子的自谦之词，虽然符合他的为人风格，但仍有牵强之处。金池先生主编的《〈论语〉译注新旧对照100例》把"知"解释为"聪明"，把"上"解释为"智商上等"，比较符合孔子的思想，从心理学的角度也解释得通。

孔子认为，一个人的智商有高低之分，智商高的人通过学习可以使智商更高，智商低的人通过学习可以提高智商，智商低又不学习就会连普通人都不如。导致这种变化的关键因素就是学习。可见，后天的学习对一个人的成长、进步极为重要。一个人能否成才，能否改变命运，学习起着决定性的作用。

子曰："唯上知与下愚不移①。"

《论语·阳货篇》第3章

【译文】

孔子说："只有天生的智者和困而不学的人才不可改变。"

【注释】

①上：一说指上等，引申为天生。一说指智商高。此从前说。上知：天生的智者，即生而知之的人。下愚：指困而不学、自暴自弃的人。移：改变。

【解读】

历来对"上知"与"下愚"的理解分歧较大。有的从道德角度理解，认为"上知"指有德行的人，"下愚"指卑劣的人；有的从智力角度理解，认为"上知"指智商高的人，"下愚"指智商低的人。这两种理解都有一定道理。王棣棠先生则认为："孔子说的'唯上知与下愚不移'，其一，他的本意就是说，只有上智和下愚的人才是不会变化的，其余的人都是可以变化的；其二，上智和下愚之所以不可改变，是有一定的条件所规定的。"这个条件"就是'生而知之'和'困而不学'"。他说："上智之所以不移，是因为他是生而知之的人，即天生的智者……生来就如此，还会变化吗？下愚之所以不移，是因为他是'困而不学'的人……对于'困而不学'的人，在孔子那里实际上是自暴自弃的人。"为此，王棣棠先生得出下述结论："孔子的'唯上知与下愚不移'的命题是很可贵的命题，两种人不变——天生的（实际上不存在）和自暴自弃的，其他的人都是可以变化的。这里既有唯物主义，又有辩证法思想"（引自韩喜凯《名家评说孔子辨析》）。

综上所述，我认为王棣棠先生的观点更符合孔子这句话的本意。孔子历来不承认自己是生而知之的人，并且认为世上本来就没有生而知之的人，强调一个人的知识、学问从后天的学习中获得。因此，他说"困而不学"的人不可改变，用意是希望自己的学生不能有困惑而不学习，更不能自暴自弃，要通过后天的勤奋学习改变自己的命运。

子曰："由①！诲女知之乎②！知之为知之③，不知为不知，是知也④。"

《论语·为政篇》第17章

【译文】

孔子说："子路，我告诉你什么叫求知吧！知道就是知道，不知道就是不知道，这就是求知的态度。"

【注释】

①由：即仲由，字子路，孔子的学生。　②诲：教导。这里指告诉。女：通"汝"，你。知：动词，求知。之：助词，无义。后文的两个"之"同此。　③知：知道。　④知：求知。这里引申为求知的态度。

【解读】

孔子所倡导的求知态度，影响了中华民族一代又一代的学人。他不强不知以为知的态度，在探求未知世界时虚怀若谷的精神，堪称后世学者的楷模。

子曰："学而不思则罔①，思而不学则殆②。"

《论语·为政篇》第15章

【译文】

孔子说："学习而不思考，就会迷惑；思考而不学习，就会停滞不前。"

【注释】

①罔（wǎng）：通"惘"，迷惑。　②殆（dài）：通"怠"，懈怠。

【解读】

"学思结合"是孔子在两千多年前总结出来的治学方法。这一方法，滋养了中国历史上一代又一代的学人，使他们在学与思的结合中跋涉书山学海，在中华民族传统文化的殿堂里创造了辉煌的业绩。学思结合的方法，与温故知新的方法一样，是孔子在认识论和教育学领域做出的杰出贡献，闪耀着哲学思辨的光芒。

子曰："三人行①，必有我师焉；择其善者而从之②，其不善者而改之。"

《论语·述而篇》第22章

【译文】

孔子说:"几个人同行,一定有值得我学习的老师:选择他好的地方学习,不好的地方就改正。"

【注释】

①三人:一说为三个人,实指;一说为几个人,泛指。今取后说。 ②从:依从。意思是学习、仿效。

【解读】

此章说明孔子是非常谦虚好学的,他不仅非常重视古代文化、典籍的学习,而且非常重视向周围的人学习。孔子这种学他人之长以补自己之短的态度,看到他人的不足或过错自己就改正、就引以为鉴的精神,是值得今人学习和发扬的。

季文子三思而后行①。子闻之,曰:"再②,斯可矣③。"

《论语·公冶长篇》第20章

【译文】

季文子做事,总要再三思考然后才行动。孔子听到后,说:"从正反两方面考虑就可以了。"

【注释】

①季文子:季孙行父,鲁国大夫。"文"是他的谥号。从鲁国文公起,季孙行父与季孙宿等曾做宣公、成公、襄公等几代的大夫,执掌国政,权势日重,公室日卑。季孙行父死于襄公五年,孔子生于襄公二十二年(前551)。三:多次,再三。古代常以三表示多数。三思:再三思考。 ②再:两次。指从正反两方面考虑。 ③斯:连词。则,就。

【解读】

季文子做事三思而行,表明他做事谨慎,为了避免出错而反反复复地分析、思考。而孔子认为凡事都要再三思考,往往导致瞻前顾后,犹豫不决,优柔寡断,坐失良机。他提出的从正反两方面考虑的观点,体现了他做事既要谨慎细心,又要当机立断的风格。"三思而行"作为在中国广为流传的成语,已成为告诫人们谨慎行事的箴言。应当注意的是,在凡事"三思"的同时,还要思考问题的正反两面,并果断地作出决定。"三思"加上"果断",既能避免失误,又不致错过时机。

5. 天命论

子曰:"天生德于予,桓魋其如予何①?"

《论语·述而篇》第23章

【译文】
孔子说:"上天赋予我德行,桓魋能把我怎样?"
【注释】
①桓魋(tuí):宋国司马向魋。因他是宋桓公的后代,故称桓魋。
【解读】
据《史记·孔子世家》记载,孔子去曹国时途经宋国,与弟子们在大树下练习礼仪,宋国司马桓魋想杀害孔子,弟子们让孔子赶快走。在这种危急情况下,孔子泰然自若地说了上述这番话,这充分表明了他为推行"仁德""礼制"的政治主张,把个人生死置之度外的态度。从当时的处境看,掌管宋国军政的桓魋如果决心杀害孔子,孔子仅凭弟子们的保护,或者拼命逃跑,也是无济于事的。孔子说这番话并不是认为自己有上天的保护,而是以自己从容不迫的态度稳定弟子们的情绪,告诫弟子们应临危不惧,处变不惊。

子畏于匡①,曰:"文王既没②,文不在兹乎?天之将丧斯文也③,后死者不得与于斯文也④;天之未丧斯文也,匡人其如予何?"
《论语·子罕篇》第5章
【译文】
孔子在匡地被困,他说:"周文王逝世后,周代的礼、乐文化不都是我在整理吗?上天真要毁灭这些文化遗产,我这个后死的人就不能掌握这些文化遗产了;如果上天不毁灭这些文化遗产,匡人能把我怎样呢?"
【注释】
①畏:有戒心。意思是遇险,被困。匡:地名,在今河南省长垣县西南。②文王:周文王姬昌,是周王朝的开国君主。没:通"殁",亡,逝世。③丧:使……死亡。意思是毁灭。文:指礼、乐典籍等文化遗产。④与:给予。不得与:不能给予。意思是不能掌握。
【解读】
据《史记·孔子世家》记载,匡地的人曾遭受鲁国阳虎的掠夺和残害。孔子在鲁定公十五年(前495)从卫国前往陈国,途经匡地时,因相貌像阳虎,被匡人围困囚禁。因为匡人准备杀害孔子,学生们非常着急,孔子就说了这番话。孔子的话从表面上看是把古代优秀文化遗产能否传承的决定因素归于上天,因而带有神秘色彩;而实际上,古代礼、乐等文化成果,其精华部分符合人心民意,自然能够被后人继承,任何外力也不能毁灭,这或许是孔子的本意。当然,孔子在当时的历史条件下把优秀文化遗产能否传承归于上天,其目的在于安慰很着急的学生,同时也表现了自己处之泰然的态度。

一、哲学思想

公伯寮愬子路于季孙①。子服景伯以告②，曰："夫子固有惑志于公伯寮③，吾力犹能肆诸市朝④。"子曰："道之将行也与⑤，命也；道之将废也与，命也。公伯寮其如命何！"

《论语·宪问篇》第36章

【译文】

公伯寮向季孙氏诽谤子路。子服景伯把这件事告诉孔子，说："季孙氏已经被公伯寮迷惑了，但我的力量还能够让公伯寮陈尸街头。"孔子说："正道能够施行，是命运；正道将要废弃，也是命运。公伯寮能把命运怎么样呢？"

【注释】

①公伯寮：字子周，又作公伯僚，鲁国人。孔子的学生，曾做季氏的家臣。愬：同"诉"，诽谤。 ②子服景伯：名何，字伯，鲁国大夫。"景"是他的谥号。 ③夫子：指季孙氏。固：已经。 ④肆：陈列，摆放。市朝：街市和朝廷。肆诸市朝：古代把罪犯的尸体放在街市或朝廷示众，这里指陈尸街头。 ⑤道：指正道。

【解读】

公伯寮和子路都是孔子的学生，又同为季孙氏的家臣。子路性格率直，处事果断，公伯寮却向季孙氏诽谤子路。子服景伯对公伯寮的行为很不满，于是把这件事告诉了孔子，并表示愿意帮助孔子处理公伯寮。孔子不赞成用暴力去清除持不同意见的人，希望子服景伯顺其自然，不要采取过激行为。孔子把正道能否施行归之于命运，实际上是抱着一种宽容的、不与之计较的态度。当然，把一切都归之于命运，并不是积极的对待和处理问题的办法。要求得问题的妥善解决，既要有宽容的、息事宁人的态度，又要冷静、客观地分析问题，寻找妥善解决问题的办法。

子疾病①，子路请祷②。子曰："有诸③？"子路对曰："有之。《诔》曰④：'祷尔于上下神祇⑤。'"子曰："丘之祷久矣。"

《论语·述而篇》第35章

【译文】

孔子病重，子路请求祈祷。孔子说："有祈祷的依据吗？"子路说："有。《诔》文说：'为你向天神和地神祈祷。'"孔子说："我早就祈祷过了。"

【注释】

①疾病：古人说疾病，轻者为疾，重者为病。这里疾、病连用，意思是病重。 ②祷：祈祷。 ③诸："之乎"的合音。 ④诔（lěi）：向神灵祷告的文辞。 ⑤神祇（qí）：天神和地神。古人称天神为"神"，地神为"祇"。

15

【解读】

孔子病重后，子路要为他祈祷，表现了子路对恩师的敬重和关爱之情。孔子认为没有必要祈祷，表明了他面对重病的坦然态度。同时，孔子认为自己一生推行"仁德""礼制"，所作所为合乎大道，这样以日常行为来祈祷，自然能得到神灵的护佑。如果平时不诚心向善，所作所为违背"仁德""礼制"，即使在病重时天天祈祷神灵护佑，也无济于事。

子曰："回也其庶乎①！屡空②。赐不受命③，而货殖焉④，亿则屡中⑤。"

《论语·先进篇》第19章

【译文】

孔子说："颜回的学问道德大概差不多了吧！可是他经常贫穷。子贡不安本分而去经商，他猜测行情却屡屡猜中。"

【注释】

①庶：将近，差不多。 ②屡空：经常贫穷。 ③赐：端木赐，即子贡。不受命：不接受命运安排。意思是不安本分。 ④货殖：经商。 ⑤亿：通"臆"，猜测。指猜测行情。

【解读】

孔子认为，颜回的学问、道德俱佳，又能安贫乐道；子贡头脑灵活，富于开拓精神，在经商中改变了自己的命运。可见，孔子对颜回、子贡这两位学生很满意，在对他们作全面评价的同时表达了自己的欣喜之情。

孔子曰："不知命①，无以为君子也。不知礼，无以立也②。不知言③，无以知人也。"

《论语·尧曰篇》第3章

【译文】

孔子说："不懂得人生和社会发展的规律，不能成为君子。不懂得礼义，不能在社会上立足。不懂得分析言论的实质，不能了解人。"

【注释】

①命：一说指命运，一说指人生和社会发展规律。从后说。 ②立：指立足。 ③言：言论。指言论的实质。

【解读】

"知命""知礼""知言"，是孔子提出的君子立身处世的三项要求，与《论语》全书的第1章（也是《学而篇》的第1章）相呼应。从君子应乐于学习、

一、哲学思想

乐于与朋友切磋交流，到具备上述三项能力，可以说"是人生的全部内容，是生命的真正意义与价值"（毕宝魁《论语精评真解》）。

孔子提出的三项要求中，做到"知命"最难，因为"命"让人感到不可捉摸，具有很大的偶然性。如果把"命"理解为人生规律和社会发展规律，那么隐藏在无数现象之中的规律也是可以认识和掌握的。如果不懂得人生和社会发展的规律，屈从于所谓的"命运"，这样的人生就是消极的、被动的，这种人怎么能成为君子呢？孔子还认为，礼义是行为准则，能约束、规范人的行为，要在社会上立足，就必须懂得礼义；言为心声，通过对别人言论的分析，了解其真实用意，才能了解一个人。

子见南子①，子路不说。夫子矢之曰②："予所否者③，天厌之④！天厌之！"

《论语·雍也篇》第28章

【译文】

孔子去见了南子，子路不高兴。孔子指着天说："我假若不见南子，上天会为难我！上天会为难我！"

【注释】

①南子：卫灵公的夫人，受卫灵公宠爱，在卫国很有权势。 ②矢：指。《中华大字典》："矢，指也，言其有所指向迅疾也。见《释名·释兵》。"一说"矢"同"誓"，发誓。因孔子见南子是公开的举动，没有见不得人的地方，没必要发誓，故不从。 ③否：不。指不见南子。 ④天：上天。喻指卫灵公。南子见孔子得到了他的认可。厌（yā）：压，抑制。意思是为难。

【解读】

孔子见南子的事，《史记·孔子世家》有记载。因南子貌美，又受到卫灵公宠爱，在卫国拥有权势。在公元前496年孔子第二次到卫国时，南子执意要孔子去见她。孔子推辞不过，去见了南子。尽管是隔着帷幕谈话，但也不为子路理解，因此孔子指着天表明自己是正常的拜见，没有做什么不好的事。孔子不避嫌疑，冒着风险去见名声不好的南子，是迫于无奈，还是出于什么目的，已无法确知，但他灵活处事的做法，却体现出他是一个活生生的、充满智慧的人。

子曰："臧文仲居蔡①，山节藻棁②，何如其知也？"

《论语·公冶长篇》第18章

【译文】

孔子说："臧文仲供养大龟，屋内柱上的斗拱雕刻着山形，梁上的短柱描绘着藻草，这怎么能算明智呢？"

【注释】
①臧文仲：鲁国大夫臧孙氏，名辰。"文"是他的谥号。居：储存。这里指饲养、供养。蔡：占卜用的大龟。因出自蔡地，所以用"蔡"命名。 ②节：柱上斗拱。山节：柱上斗拱雕刻着山形。棁（zhuō）：梁上短柱。藻棁：梁上短柱描绘着藻草。

【解读】
臧文仲作为鲁国大夫，被当时的人称为"智者"，但他供养大龟的屋子雕梁画栋，采用天子宗庙的装饰，这是违背礼制的。他供养大龟，迷信巫术，又是愚蠢的行为。因此，孔子谴责他不明智。

可见，孔子是以"仁""礼"作为评价人物的标准，他所倡导和尊崇的"仁"和"礼"，是一个人进行品德人性修养的最高境界。

颜渊死。子曰："噫！天丧予①！天丧予！"

《论语·先进篇》第9章

【译文】
颜回死了。孔子说："啊！这是上天惩罚我！这是上天惩罚我！"

【注释】
①丧：死亡。天丧予：上天让我死。意思是上天惩罚我。

【解读】
孔子对颜回的早逝极为悲痛，因此发出了"天丧予！天丧予！"的感叹。由于颜回聪明好学，领悟力强，是弟子中的佼佼者，孔子对他寄予了厚望。颜回的死，使他的愿望落空，甚至感到自己将会后继无人，精神上遭受重大打击，因此产生了颜回的死是上天对自己的惩罚的想法。孔子感情深厚的仁者情怀，从"天丧予！天丧予"这短短六个字中体现出来。

附录：孔子弟子的言论

子贡曰："夫子之文章①，可得而闻也；夫子之言性与天道②，不可得而闻也。"

《论语·公冶长篇》第13章

【译文】
子贡说："先生关于礼乐法度的学问，我们可以听到；先生谈人性与天道的话，我们却没有机会听到。"

【注释】
①文章：指礼乐法度。刘宝楠《正义》："文章自谓《诗》《书》礼乐也。"

②性：人性。天道：古人认为天道是支配人类命运的天神意志。这里指天命和自然规律。朱熹《论语集注》："天道者，天理自然之本体。其实一理也。言夫子之文章日见乎外，固学者所共闻；至于性与天道，则夫子罕言之，而学者有不得闻者。盖圣门教不躐等，子贡至是始得闻之，而叹其美也。"

【解读】

孔子的教学内容，涉及礼、乐、射、御、书、数等六艺及修身、齐家、治国、平天下的学问。他的教学风格，是从日常生活中的具体言行入手，阐述"仁""礼""忠""恕"等思想。可以说，一部《论语》，处处体现着生活的智慧、实践的智慧。学生们听不到孔子谈人性与天道的话，说明孔子"强调从近处、从实际、从具体言行入手，因之学生发此感叹。不是不讲，而是不直接讲……孔子很少讲这些大题目，宁肯多讲各种具体的'仁''礼'，'道在伦常日用之中'，这也才是真正的'性与天命'"（李泽厚《论语今读》）。

6. 鬼神论

季路问事鬼神。子曰："未能事人，焉能事鬼？"曰："敢问死①。"曰："未知生，焉知死②？"

《论语·先进篇》第12章

【译文】

子路询问如何侍奉鬼神。孔子说："没能侍奉好人，怎么能侍奉好鬼？"子路说："请问怎样看待死？"孔子说："不懂得生的意义，怎么懂得死呢？"

【注释】

①敢：自言冒昧之词，无实际意义。敢问：请问。 ②焉：怎么。鬼：古人称人死为鬼。

【解读】

孔子对待鬼神的一贯态度是"敬而远之"。一方面，他敬畏鬼神，参加祭祀祖先神灵的仪式；另一方面，他不谈论鬼神，对鬼神这种说不清、道不明的虚构事物"采取颇为一贯的'存而不论'的实用态度，既不肯定，也未否定"（李泽厚《论语今读》）。在两千多年前科学文化不发达的情况下，能持这种态度，足见孔子的睿智。

孔子不回答子路如何侍奉鬼神的问题，表明他重视的是"事人"，即侍奉君主、侍奉父母等，这是忠和孝的体现。他不回答子路怎样看待死的问题，表明他更重视"生"，并希望子路通过勤奋学习和人性修养懂得生的意义，在此基础上，才能去探讨"死"。

子曰:"非其鬼而祭之①,谄也②。见义不为③,无勇也④。"

《论语·为政篇》第 24 章

【译文】

孔子说:"不是自己家族的祖先而去祭祀,这是献媚。看到合乎义的事不去做,这是怯懦。"

【注释】

①鬼:古人称人死为鬼。这里指自己家族的祖先。 ②谄:献媚。 ③义:合理、适宜的事称义。 ④无勇:无勇气,怯懦。

【解读】

祭祀祖先,体现的是"仁",即通过对已逝先辈的追思,启示子女对父母应行孝道;见义勇为,体现的是"礼",要求人们遵循礼制,维护社会公德和正义。孔子要求祭祀自己家族的祖先,其立足点是"孝",目的是提高人的道德修养,与古今一些人迷信鬼神、相信命运的思想截然不同。孔子鄙视"见义不为"的行为,体现了他的善恶、是非观,以及维护社会公德和正义的价值诉求。

樊迟问知①。子曰:"务民之义②,敬鬼神而远之,可谓知矣。"

《论语·雍也篇》第 22 章

【译文】

樊迟问怎样才聪明。孔子说:"务必使民众坚持正义,敬奉鬼神却远离它们,可以称为聪明了。"

【注释】

①樊迟:名须,字子迟,鲁国人,孔子的学生,比孔子小三十岁。知:通"智",聪明。 ②务:务必。义:指仁义、正义。

【解读】

孔子对樊迟的回答,言简而意赅。"务民之义",说明让民众尊崇"义"的重要;"敬鬼神而远之",说明对鬼神这种虚幻的东西,在并不清楚其具体情况时,可以敬奉却不要亲近。孔子"敬鬼神而远之"的态度,是中国典型智慧的体现,他对"知"的解答,则从人性修养的高度对"知"进行了诠释。今人读之,仍可获得深刻的启示。

祭如在①,祭神如神在②。子曰:"吾不与祭③,如不祭。"

《论语·八佾篇》第 12 章

【译文】

祭祀祖先时,就像祖先真在那里;祭祀神灵时,就像神灵真在那里。孔子说:"我没有参与祭祀,就如同不祭祀。"

【注释】

①祭:指祭祀祖先。如:像。后面省略了祭祀的对象"祖先"。 ②神:神灵。古人认为人死为鬼,已进入祖先之列。故"神"不宜译为鬼神。 ③与:参与,参加。

【解读】

祖先是家族已经逝去的亲人,神灵是人想象中超越人世的事物。对他们的祭祀,孔子要求真诚、虔诚,要有敬畏之心,实际上仍然是要求人们遵循礼制,不做违背礼仪规范的事情。孔子怀疑鬼神的存在,也不讨论鬼神是否存在,但对从夏、商沿袭下来,到周代臻于完善的礼制却十分关注,这反映了他对人文传统和礼仪规范的重视。此章中前两个"如"字,表明孔子不相信鬼神存在;第三个"如"字,表明他对不亲自参与祭祀的态度。可见,无论是祭祀祖先,还是祭祀神灵,孔子要求的都是真诚,而这种真诚则源于"礼"。

7. 知行观

子曰:"我非生而知之者,好古①,敏以求之者也②。"

《论语·述而篇》第20章

【译文】

孔子说:"我并不是生来就懂得的人,是喜欢古代文化,勉力以求得来知识的人。"

【注释】

①古:指古代文化。 ②敏:勤勉。敏求:勉力以求学。

【解读】

孔子强调自己不是"生而知之者",而是通过勤勉的学习获得知识的人,目的在于说明后天的努力和学习是人们获得知识的重要途径。他认为,一个人要学习知识,增长才干,首先要对所学习的知识感兴趣,即喜欢所学的知识,这样才能全身心地投入到学习中去;其次是要勤勉,通过专心致志、勤奋刻苦的学习,才能弄懂不清楚的知识和问题,进而理解和掌握知识。"好古,敏以求之",短短六个字,却蕴涵着孔子丰富的学习经验,体现了孔子对学生的要求和希望。

子曰:"吾有知乎哉?无知也。有鄙夫问于我①,空空如也②,我叩其两端而竭焉③。"

《论语·子罕篇》第8章

【译文】

孔子说:"我有知识吗?没有知识。有个知识浅陋的人请教我问题,我一点也不知道,于是我反过来询问对方,把问题发生的始末、来龙去脉全部弄清楚。"

【注释】

①鄙夫:知识浅陋的人。一说指乡下人,不从。 ②空空:意思是一点也不知道。一说"空空"即"悾悾",形容鄙夫态度诚恳;一说"空空"指鄙夫一无所知,皆不从。 ③叩:询问。两端:指问题发生的始末,即来龙去脉。朱熹《论语集注》:"犹言两头。言终始、本末、上下、精粗,无所不尽。"竭:穷尽。这里指全部。

【解读】

孔子本来是学识广博的人,但他又认为自己并不是无所不知的人,"无知也"三个字,就表明了他不强不知以为知的谦虚态度。虽然那个知识浅陋的人提的问题孔子不知道怎样回答,但他能够耐心地反过来询问对方,把问题发生的始末、来龙去脉全部弄清楚(参见蔡尚思《孔子思想体系》),这既体现了他诚恳待人的态度,也揭示了他分析问题、解决问题所采用的从原因找结果的方法。善于分析问题、解决问题,这正是孔子有别于常人之处。

子曰:"道不行①,乘桴浮于海②。从我者③,其由与④?"子路闻之喜。子曰:"由也好勇过我,无所取材⑤。"

《论语·公冶长篇》第7章

【译文】

孔子说:"我的主张不能推行,就乘坐小船到海外去。跟随我的人,大概就是子路吧!"子路听了很高兴。孔子说:"仲由啊,你的好勇精神超过了我,但不知道怎样裁度事理。"

【注释】

①道:学说,主张。 ②桴:以竹木编成的舟,大的叫筏,小的叫桴。 ③从:跟随。 ④由:仲由。即子路。 ⑤材:通"裁"。裁度,推测断定。朱熹《论语集注》引程颐云:"夫子美其勇,而讥其不能裁度事理以适于义也。"

【解读】

孔子身处礼崩乐坏、战乱频发的乱世,但他坚持推行仁德、礼制的主张。"道不行,乘桴浮于海"这句话,表明了他即使到海外去,也决不放弃自己的政治主张,不与不行仁德、礼制的人同流合污的决心。子路是孔子的得意门生,他的品德、学识和勇敢精神,都得到了孔子的赞许。由于孔子对他寄予厚望,因此常常进行批评、引导,要他力戒血气之勇,懂得裁度事理和约束自己的行为。当今社会,虽然大力开展精神文明建设,要求人们在待人处世中做到举止文明，但不少年轻人遇事不冷静，简单粗暴，逞血气之勇，酿成悔恨终身的后果。这难道不值得深思吗？

子曰："加我数年①，五十以学《易》②，可以无大过矣③。"

《论语·述而篇》第17章

【译文】

孔子说："让我年轻几岁，从五十岁开始学习《易经》，就可以没有大的过错了。"

【注释】

①加：《中华大字典》：'加，遗也。《国语·郑语》：'将俟淫德而加之焉。'"遗（wèi），给予。《左传·隐公元年》："小人有母，皆尝小人之食矣，未尝君之羹，请以遗之。"加我数年：给予我几年时光。意思是让我年轻几岁。②《易》：《易经》，相传为周人所著，因此也称《周易》，是周代人用来占筮以求吉凶的书。《易经》的哲学思想，对中国历代哲学思想影响很大。 ③大过：大的过错。

【解读】

《易经》作为周代卜卦算命的书，既充满神秘色彩，又蕴涵着朴素的辩证法思想，是儒家经典中最难读懂的一本书。据《史记·孔子世家》载，孔子在晚年认真研读《易经》，竟致使简册的皮绳都磨断多次。关于孔子晚年是否学习《易经》的问题，也是众说纷纭，历来多有持否定意见者。李学勤先生的《周易经传溯源》一书，通过大量考证，认为孔子确实在晚年学习了《易经》。有学者认为孔子喜《易》是在五十六岁至六十岁之间，郭沂先生则认为是在周游列国期间，比较一致的看法是在五十六岁以上。因此，孔子说"加我数年"，其实是一种假设。

孔子一生勤于学习，善于学习，在继承传统文化中注重创新。到了晚年，他又系统学习《易经》，体现了他孜孜不倦，活到老、学到老的精神，也是他能够"七十而从心所欲，不逾矩"的根本原因。

子曰："语之而不惰者①，其回也与②！"

《论语·子罕篇》第20章

【译文】

孔子说："给他讲述而不解怠的，大概就是颜回吧！"

【注释】

①惰：懈怠，懒惰。 ②其：副词。大概。

【解读】

在孔子的弟子中，颜回是好学的典范。他听孔子讲课，不但做到了专心致志，而且积极思考，能够举一反三，闻一知十。此章既称赞了颜回专心致志、勤奋努力的学习精神，又强调了勤奋刻苦、持之以恒对学习和修身的重要性。

子问公叔文子于公明贾曰①："信乎②？夫子不言，不笑，不取乎③？"公明贾对曰："以告者过也④。夫子时然后言⑤，人不厌其言；乐然后笑，人不厌其笑；义然后取⑥，人不厌其取。"子曰："其然，岂其然乎？"

《论语·宪问篇》第13章

【译文】

孔子向公明贾询问公叔文子的为人，说："他老先生不说，不笑，不取，是真的吗？"公明贾回答说："这是告诉你的人讲错了。他老先生该说的时候才说话，别人不讨厌他的话；高兴时才笑，别人不讨厌他笑；合理的才获取，别人不讨厌他获取。"孔子说："是这样吗？真是这样吗？"

【注释】

①公叔文子：卫国大夫，名拔，卫献公的孙子，"文"是他的谥号。公明贾：姓公明，名贾，卫国人。 ②信：真的，果真。 ③取：收取，获取。 ④以：代词。此，这。 ⑤时：时候。 ⑥义：适宜，合理。

【解读】

孔子带领弟子周游列国，为宣传自己的政治主张，非常重视对当地国情、民生的调查了解，以避免说话时无现实针对性。此章是孔子向公明贾了解卫国大夫公叔文子的为人情况。公明贾认为公叔文子是贤者，对他评价很高，说他"时然后言""乐然后笑""义然后取"，而且别人都不会讨厌。尽管公明贾对公叔文子的评价过高，孔子不一定完全赞同，但他与人为善，仅仅表示有所怀疑，而并未直接否定。

子曰："人能弘道①，非道弘人。"

《论语·卫灵公篇》第29章

【译文】

孔子说："人能够弘扬光大正道，不是正道弘扬光大人。"

【注释】

①弘：扩大。意思是弘扬。道：大道，正道。

一、哲学思想

【解读】

朱熹《论语集注》说:"人外无道,道外无人。然人心有觉,而道体无为,故人能大其道,道不能大其人也。"朱熹认为,孔子所说的人与道的关系,是"人能大其道,道不能大其人"。这种看法很有深意。

孔子认为,人应该有向善之心,并通过人性道德的修养和对外部世界的认识,成为具有德行操守、能够领悟人生真谛、认识事物发展规律的贤德的人,因此能够遵行和弘扬正道;正道能够感化人、启迪人,进而激励人,却不能用来为奸佞、卑劣的人装点门面、提高声望和地位。这就是人与道的辩证关系。

子之武城①,闻弦歌之声②。夫子莞尔而笑③,曰:"割鸡焉用牛刀?"子游对曰④:"昔者偃也闻诸夫子曰⑤:'君子学道则爱人⑥,小人学道则易使也⑦。'"子曰:"二三子⑧!偃之言是也。前言戏之耳。"

《论语·阳货篇》第4章

【译文】

孔子来到武城,听到弹琴唱歌的声音。孔子微笑着说:"杀鸡何必用杀牛的刀?"子游回答道:"过去我听到老师说:'官员学习了礼乐就会仁爱待人,百姓学习了礼乐就容易役使。'"孔子说:"后生们!言偃的话是对的。我刚才说的话不过是开玩笑罢了。"

【注释】

①武城:鲁国城邑,在今山东省费县西南。当时子游担任武城的长官。②弦歌:弹琴唱歌。喻指子游用礼乐教化百姓。③莞(wǎn)尔:微笑的样子。④子游:即言偃,字子游,吴国人,孔子的学生,比孔子小四十五岁。⑤偃:即言偃。⑥君子:指官员。道:指礼乐。爱:仁爱。⑦小人:指百姓。易使:容易役使。指好支配、领导。⑧二三子:后生们,即同学们。

【解读】

礼制规范人的行为,音乐陶冶人的情操。孔子带领几位弟子来到子游担任行政长官的武城,听到弹琴唱歌的声音,看到祥和安宁的景象,感到非常满意,并随口说了"割鸡焉用牛刀"这句幽默的话,意思是说治理国家要实施礼乐教化,治理一个小城邑何必用礼乐教化。子游的回答说明他领悟了礼乐教化的真谛,并在施行礼乐治理武城的实践中取得了成效。孔子听后对弟子们说子游的话是对的,自己刚才说的话不过是开个玩笑,这既对子游的做法给予了充分肯定,又隐含着对跟随自己到武城的几位弟子的期望。

二、人伦思想

在中国古代，人们把人际关系及行为准则称为"人伦"。孔子是中国历史上很早就认识到人伦与人际和谐、社会和谐密切联系的思想家。在他的言论中，谈论君臣、父子、兄弟、朋友、师生等关系的，占有较多的篇幅。在孔子的倡导和影响下，我国先秦时期的儒家形成了"五伦和顺"（父子有亲、君臣有义、夫妇有别、长幼有序、朋友有信）这一协调人际关系的理想模式，这对中国人伦思想的发展及稳定和谐社会的构建，产生了深远的影响。

1. 君臣

孔子谓季氏①："八佾舞于庭②，是可忍也③，孰不可忍也？"

《论语·八佾篇》第 1 章

【译文】

孔子评论季氏，说："他在庭院中使用天子享用的八佾乐舞，如果这样的事能容忍，那还有什么不能容忍呢？"

【注释】

①谓：说，评论。季氏：指季平子，名季孙易如，鲁国大夫。是鲁桓公之子季友的后裔。曾逐放鲁昭公，立昭公之弟为定公。一说为季康子、季桓子，皆不确。　②八佾（yì）：古代乐舞八人一行，称一佾，八佾为六十四人的乐舞。按周代礼制，天子用八佾，诸侯六佾，大夫四佾，士二佾，超过这个标准，就是违礼。　③忍：忍耐，容忍。

【解读】

我国春秋末期，处于封建制取代奴隶制的时代，礼崩乐坏是时代发展的必然，因此新兴阶级犯上作乱、违背礼制的事时有发生。季氏敢于更换国君，当然能违礼使用八佾乐舞。孔子对此不能容忍，所以说出了"是可忍也，孰不可忍也"的话。季氏"违礼"，是时代转型的必然；孔子"维礼"，在所处时代不合时宜。但要构建和谐的社会环境，形成正常、合理的人际关系，任何社会都应该倡导和遵循礼仪制度、人伦准则。有鉴于此，孔子的观点有其合理的

二、人伦思想

成分。

三家者以《雍》彻①。子曰:"'相维辟公②,天子穆穆③',奚取于三家之堂④?"

《论语·八佾篇》第2章

【译文】

鲁国孟孙氏、叔孙氏、季孙氏三家在祭祀祖先时,唱着《雍》这首诗来撤去祭品。孔子说:"《雍》诗里说:'四方诸侯,恭敬助祭;天子端庄,肃穆主祭。'这种诗句怎么能用在三家的庙堂上呢?"

【注释】

①三家:指鲁国当政的孟孙氏、叔孙氏、季孙氏三卿。《雍》:《诗·周颂》的一篇。彻:指撤去祭品。 ②相:辅助。指助祭。维:《中华大字典》:"维,四角也。"这里指四方。辟公:诸侯。 ③穆穆:庄严肃穆。 ④奚:怎么,如何。堂:指庙堂。

【解读】

针对鲁国三个大夫的"违礼"行为,孔子表达了愤慨之情。他认为,"礼"是维护社会正常秩序的规范、准则,任何人都不能违背。如果容忍甚至纵容"违礼"的行为,就会导致社会混乱,人伦丧失。但是,"礼"的具体内容不能一成不变,而应适应社会的发展和处理上下级关系、人与人关系的需要。孔子维护周代礼制,有其合理的一面,但对某些过时的要求和规范不容变通或更改,就是拘泥陈规,不合时宜。

季氏旅于泰山①。子谓冉有曰②:"女弗能救与③?"对曰:"不能。"子曰:"呜呼!曾谓泰山不如林放乎④?"

《论语·八佾篇》第5章

【译文】

季孙氏要去祭祀泰山。孔子对冉有说:"你不能阻止他吗?"冉有回答说:"不能。"孔子说:"唉!难道说去祭祀泰山的人还不如林放知礼吗?"

【注释】

①季氏:指季康子,鲁国大夫。旅:祭祀名。《书·禹贡》:"蔡蒙旅平。"指祭山。按当时礼制,天子和诸侯才有资格祭祀名山大川。 ②冉有:名求,字子有,擅政事,当时在季氏府中任家臣。 ③救:挽回,阻止。 ④曾:岂,难道。泰山:本为山名,这里指代祭祀泰山的季康子。有的学者把"泰山"解作"泰山之神",今不从。

【解读】

孔子的一生中，曾有一段周游列国、宣传和倡导"仁德""礼制"等治国思想和礼制伦常的经历。他对学生冉有不能阻止季氏祭祀泰山一事的责备，表明了他对季氏身为鲁国大夫，却违背礼制，公然要去祭祀泰山的行为的谴责。他说去祭祀泰山的人竟不如林放知礼，既谴责了季孙氏的违礼行为，又对冉有不劝阻季孙氏祭祀泰山进行了严厉批评。

子曰："禘自既灌而往者①，吾不欲观之矣。"

《论语·八佾篇》第10章

【译文】

孔子说："禘祭的礼仪，从第一次献酒以后，我就不想观看了。"

【注释】

①禘（dì）：禘祭。古代天子每隔五年在祖庙中举行的大祭，是一种隆重的祭礼。灌：酌酒浇地。古代禘祭开始时，第一次献酒的一种仪式。

【解读】

孔子以敬畏之心对待周代的礼制，凡是违礼的行为，他都严厉谴责。鲁国国君作为诸侯国的君主，竟然举行天子才能使用的禘祭，孔子认为是僭用天子祭礼，因此不想观看。"在孔子看来，一个人的等级名分，不仅活着的时候不能改变，死后也不能改变。生时是贵者、尊者，死后其亡灵也是贵者、尊者。这里，他对行禘礼的议论，反映出当时礼崩乐坏的状况，也表达了他对现状的不满。"（李择非整理《论语》）孔子推崇礼制、人伦的初衷，是维护正常的社会秩序和人与人之间的关系，但在客观上促成了等级制度的形成，这是他不愿意看到的。

或问禘之说①。子曰："不知也②。知其说者之于天下也，其如示诸斯乎③！"指其掌。

《论语·八佾篇》第11章

【译文】

有人问孔子禘祭的含义。孔子说："不知道。知道禘祭含义的人对于治理天下，就像把天下摆在这里一样吧！"他一边说，一边指着自己的掌心。

【注释】

①说：学说，理论。这里指含义。　②不知也：孔子认为鲁国举行禘祭违礼，但又不想明说，因此委婉地说不知道。　③示：同"置"，摆，放。诸："之于"的合音。斯：这里。指掌心。

二、人伦思想

【解读】

"礼"是事关道德伦理和等级名分的制度。在孔子看来,懂得禘祭的含义,就懂得遵循礼制;用礼治理天下,就像把东西放在掌心一样容易。他说自己不知道禘祭的含义,实际是表示自己对鲁国僭礼行为的不满。在孔子的思想中,存在着"变"与"不变"的认识论成分,但在对待他心目中最完善的周代礼制问题上,却不容许有增减和僭越。在今天看来,这既有坚持真理的积极的一面,也有固守陈规的消极的一面。

子曰:"臧武仲以防求为后于鲁①,虽曰不要君②,吾不信也。"

《论语·宪问篇》第 14 章

【译文】

孔子说:"臧武仲凭借封地防邑,请求鲁国承认臧氏子孙的地位,虽然说不是要挟国君,我是不相信的。"

【注释】

①防:鲁国地名,在今山东省费县东北,当时是臧武仲的封地。后:后人。这里指臧武仲的子孙。 ②要(yāo):要挟。

【解读】

据《左传·襄公二十三年》记载,臧武仲因得罪孟孙氏逃离鲁国,后回到防邑,派人送信给鲁襄公,请求把防邑封给臧氏子孙,以便祭祀祖先,自己则放弃封地,离开防邑。于是鲁襄公把防邑封给臧武仲的异母兄臧为。臧武仲把防邑交给臧为,然后到了齐国。从孔子的叙述看,臧武仲的行为就是要挟国君。要挟国君的行为违背了礼制人伦,孔子对这种行为极为不满。

子言卫灵公之无道也①,康子曰②:"夫如是,奚而不丧?"孔子曰:"仲叔圉治宾客③,祝鮀治宗庙④,王孙贾治军旅⑤。夫如是,奚其丧?"

《论语·宪问篇》第 19 章

【译文】

孔子说卫灵公的昏庸腐败,季康子说:"既然这样,为什么没有败亡?"孔子说:"他有仲叔圉接待宾客,祝鮀管理祭祀,王孙贾统率军队。像这样,怎么会败亡呢?"

【注释】

①卫灵公:名元,卫国国君,公元前 534—前 493 年在位。无道:昏庸腐败。 ②康子:即季康子。 ③仲叔圉:即孔文子,卫国大夫。治:管理。引

申为接待。 ④祝鮀：卫国大夫。宗庙：指祭祀。 ⑤王孙贾：卫国大夫。

【解读】

据《左传》记载，卫灵公宠信弥子瑕和雍渠，溺爱夫人南子，逼走了太子，导致卫国后来的内乱，因此孔子对卫灵公多有指责，甚至说他无道。至于卫国不败亡的原因，孔子认为是因为卫灵公有仲叔圉、祝鮀、王孙贾等能臣分别管理外交、祭祀和军队，使得国家能够稳定。尽管仲叔圉、祝鮀、王孙贾三人都有不足而受到孔子批评，但孔子对他们治理国家和统率军队的才干给予了肯定。足见孔子评价人绝不一概而论，而是具体分析，充分肯定其优点和长处。

附录：孔子弟子的言论

子游曰："事君数①，斯辱矣②；朋友数，斯疏矣③。"

《论语·里仁篇》第26章

【译文】

子游说："侍奉国君过于烦琐，就会招致侮辱；对待朋友过于烦琐，就会受到疏远。"

【注释】

①数：屡次，多次。引申为繁琐。 ②斯：连词。则，乃，就会。 ③疏：疏远。

【解读】

子游认为，一个人无论侍奉国君，还是对待朋友，都应该出自忠诚，但在形式上应把握好"度"。超过这个"度"，就会烦琐，就会令人生厌，使人产生反感。中外历史上这种忠心事主反遭侮辱，诚心待人反被疏远的事还少吗？事君、待友应把握的"度"，从根本上说就是"礼"。在待人处世中注重礼仪，遵循礼节，懂得礼貌，就不会因过于烦琐而招致侮辱或受到疏远。

2. 父子

子曰："三年无改于父之道①，可谓孝矣。"

《论语·里仁篇》第20章

【译文】

孔子说："子女能长时间不改变父亲做人处世的原则，就可以说是孝了。"

【注释】

①道：思想。这里指做人处世的原则。

二、人伦思想

【解读】

此章孔子从做人处世的角度讲子女的孝。孔子认为，子女对父亲的孝，在做人处世方面，应坚持父亲做人处世的原则。孔子把这种原则称为"道"，就应该理解为正面的、合理的。对于这样的"道"或原则，作为子女理所当然应该坚持。推而广之，特别是在当今社会，对父亲做人处世的原则又不能盲从，而应该进行具体分析。正确的，应该坚持；不妥的，不能坚持；错误的，应婉言规劝，不予采纳。能够实事求是地对待父亲做人处世的原则，这才是对父亲真正的孝顺。

子曰："父母之年①，不可不知也②。一则以喜③，一则以惧④。"

《论语·里仁篇》第 21 章

【译文】

孔子说："父母的年龄，不能不记得。一方面因他们长寿而高兴，一方面因他们衰老而忧虑。"

【注释】

①年：指年龄。 ②知：知道。这里意思是记得。 ③以：以之。省略了代词"之"。 ④惧：恐惧。引申为忧虑。

【解读】

孔子要求子女记得父母的年龄，仍然是通过人性情感的培育，让子女树立对父母孝顺的人伦观念。有了这种观念，子女才会从心灵深处关心父母，不但记得父母的年龄，知道父母的身体状况，还能时时、处处从细微之处关心父母，体贴父母。

子曰："孝哉闵子骞①！人不间于其父母昆弟之言②。"

《论语·先进篇》第 5 章

【译文】

孔子说："闵子骞真是孝顺啊！别人不会怀疑他的父母兄弟称赞他的话。"

【注释】

①闵子骞：即闵损，字子骞，孔子的学生，比孔子小十五岁。 ②间：嫌隙。引申为猜疑、怀疑。

【解读】

据《艺文类聚·孝部》载，闵子骞原为兄弟二人。母亲去世后，继母偏爱亲生的两个儿子，为亲生儿子缝的棉衣厚，为闵子骞兄弟缝的棉衣薄。闵子骞的父亲知道后很生气，要休卓妻子。闵子骞不同意，劝父亲说："母在一子单，母去四子寒。"继母很受感动，不再偏爱亲生儿子，后来成为慈母。由于闵子骞以仁孝之心对待父母，又能以宽容态度对待继母，使家庭从此和睦，因此受到父母兄弟的称赞。此章是孔子对闵子骞孝亲行为的赞美。

3. 兄弟

子路问曰："何如斯可谓之士矣？"子曰："切切偲偲①，怡怡如也②，可谓士矣。朋友切切偲偲，兄弟怡怡。"

《论语·子路篇》第28章

【译文】

子路问道："怎样才可以叫作士呢？"孔子说："互相切磋勉励，能够和睦相处，就可以叫作士了。朋友之间，要切磋勉励，兄弟之间，要和睦相处。"

【注释】

①偲（sī）偲：互相切磋，互相督促。切切偲偲：切磋勉励。　②怡怡：和顺的样子。意思是和睦相处。

【解读】

在此章，孔子从处理朋友、兄弟关系的角度回答怎样才叫作士。他认为，朋友应该互相切磋勉励，才能增长学识、受到鞭策、建立友谊，才能为实现理想而共同努力；兄弟应该和睦相处，才能感受到亲情，避免不必要的矛盾，形成和谐的家庭氛围。能够这样处理朋友和兄弟关系的人，才可以叫作士。孔子回答学生的问题，从不泛泛而谈，都具有现实的针对性，简洁朴实的语言中，充满了生活的智慧。

附录：孔子弟子的言论

司马牛忧曰："人皆有兄弟，我独亡①。"子夏曰："商闻之矣：死生有命，富贵在天②。君子敬而无失③，与人恭而有礼。四海之内，皆兄弟也。君子何患乎无兄弟也④？"

《论语·颜渊篇》第5章

【译文】

司马牛忧愁地说："别人都有兄弟，唯独我没有。"子夏说："我听说过：死生不由自己决定，富贵在于后天的努力。君子处世严谨而无过失，待人谦恭而合乎礼仪。全天下的人都是兄弟。君子为什么忧虑没有兄弟呢？"

【注释】

①亡：通"无"，没有。　②天：一说指上天，一说指后天，即后天的努力。从后说。　③敬：恭敬。引申为严谨。失：过失，错误。　④患：忧虑。

二、人伦思想

【解读】

此章是孔子的学生子夏对司马牛的劝导。司马牛之兄司马桓（桓魋）叛乱，他的其他几个兄弟也参与了这件事，因此司马牛非常担忧。针对这种情况，子夏劝慰司马牛：人的生死不由自己决定，富贵可以通过努力获得，只要有高尚的德行，即使兄弟不在了，到处都会有真心相待的兄弟。

关于司马牛的身份，历来有两种说法：一说名犁，司马桓之弟，孔安国持此说；一说名耕，孔子学生，与名犁的司马牛不是一个人，杨伯峻持此说。从"司马牛问君子""司马牛忧"两章司马牛又忧又惧的神态看，孔子的学生司马牛应为司马桓之弟，否则就不会这样忧心忡忡。

4. 朋友

子曰："晏平仲善与人交①，久而敬之②。"

《论语·公冶长篇》第17章

【译文】

孔子说："晏平仲善于与别人交往，交往越久，别人越敬重他。"

【注释】

①晏平仲：齐国大夫晏婴，字仲。他与孔子是同时代人。"平"是他的谥号。交：交往。 ②敬：敬重。

【解读】

孔子谈晏平仲的交友之道，虽然未提及交友的原则、方法，但从赢得别人敬重的结果看，晏平仲是懂得交友之道的。交友难，能长时间保持友谊更难。作为朋友，首先要志趣相投，这是前提；其次要待人以诚，这是关键；第三要彼此尊重，这是重要条件。中国人历来提倡做"诤友"，就是发现朋友待人处世中的不当之处敢于规劝，敢于指出其后果和危害。如果没有对朋友的关心和诚意，这是很难办到的。君子之交应重情谊，重危难时的相互支持、鼓励和帮助，而不能重物质享受，这样的友谊才纯洁，才能长久。

子贡问友。子曰："忠告而善道之①，不可则止②，毋自辱焉。"

《论语·颜渊篇》第23章

【译文】

子贡问如何交友。孔子说："忠心劝告并善意引导他，他不听从就不再劝告，不要自找侮辱。"

【注释】

①道（dǎo）：引导。 ②不可：不能做到。意思是不听从。

【解读】

孔子认为，朋友应该有共同的志向，既要互相关心、帮助，又是平等的关系。因此，孔子主张，当对方有了过错或违礼行为时，要坦诚地劝告和引导，使他认识到不对并加以改正；如果对方执意不听从劝告，也绝不能勉强，应做到适可而止。否则，不但会自找侮辱，而且会伤了朋友的感情。孔子的这一看法并不是听之任之，而是要首先尽自己的努力，在尽力劝告对方都不听的情况下，只好采取冷处理的办法，过一段时间再去劝告，或者换一个角度、换一个人去劝告，或许会有效果。

孔子曰："益者三友，损者三友。友直，友谅①，友多闻，益矣；友便辟②，友善柔③，友便佞④，损矣。"

《论语·季氏篇》第4章

【译文】

孔子说："有益的朋友有三种，有害的朋友有三种。与正直的人交友，与诚信的人交友，与见多识广的人交友，这样就有益；与逢迎谄媚的人交友，与虚伪圆滑的人交友，与夸夸其谈的人交友，这样就有害。"

【注释】

①谅：诚信。　②便辟：逢迎谄媚的样子。　③善柔：阿谀奉承。指虚伪圆滑。　④便佞：花言巧语，阿谀逢迎。指夸夸其谈。

【解读】

此章记述了孔子的交友之道。孔子善于观察人、评价人，因此总结出了"益者三友，损者三友"的经验。他认为，与正直、诚信、多闻的人成为朋友，相互交往、切磋，就对自己有益；如果与逢迎谄媚、虚伪圆滑、夸夸其谈的人成为朋友，就会受其影响，臭味相投，败坏品行，深受其害。可见，一方面，孔子主张交友，认为"有朋自远方来，不亦乐乎"；另一方面，他又强调慎重交友，不能不加区别把什么人都当作朋友。孔子的这一观点，值得今人特别是年轻人借鉴。

原壤夷俟①。子曰："幼而不孙弟②，长而无述焉③，老而不死，是为贼④！"以杖叩其胫⑤。

《论语·宪问篇》第43章

【译文】

原壤伸开两腿坐着等待孔子。孔子说："小时候不谦逊有礼，长大了没有作为，老了还不死，真是个祸害！"说完，用拐杖敲他的小腿。

【注释】

①原壤：鲁国人，孔子的"故旧"（老朋友）。夷：蹲距。似坐而臀下着地，即伸开两腿坐着。俟：等待。　②孙：同"逊"，谦逊。弟：通"悌"，敬爱兄长。意思是有礼。　③无述：没有值得称述的地方，指没有作为。　④贼：伤害。引申为害人、祸害。　⑤胫：小腿。

【解读】

孔子生活的年代，人们礼仪观念淡薄，不但上层官员常常违礼，普通百姓中也有不遵礼节的人。据《礼记·檀弓篇》记载，原壤的母亲去世，孔子去帮助他办丧事，他不但不以礼相待，反而爬上棺木唱歌。此章记述原壤等待孔子的姿势，也很不礼貌。从原壤的个性看，他在老朋友面前可能是一个非常随意、不拘小节的人。孔子却认为，作为一个老年人更应该谦逊有礼，做年轻人的表率，因此毫不客气地批评了他。阅读此章，"原壤的潇洒，孔子的诙谐幽默，二人的亲密关系历历在目，亲切而生动"（毕宝魁《论语精评真解》）。

附录：孔子弟子的言论

曾子曰①："君子以文会友②，以友辅仁③。"

《论语·颜渊篇》第24章

【译文】

曾子说："君子以学问、品德来结交朋友，以朋友的相互帮助来培养仁德。"

【注释】

①曾子：即曾参，字子舆，南武城（今山东费县西南）人，孔子的学生，比孔子小四十六岁。　②文：一说指文章、学问。一说指文德，即学问、品德。孔安国注："友以文德合也。"从后说。会：聚会。指结交。　③辅：辅助。引申为培养。

【解读】

曾参认为，朋友交往，一是为了相互切磋，增长学问；二是为了互相勉励，培养仁德。因此，他提出了"以文会友，以友辅仁"的交友原则。古代的竹林七贤、乾嘉学派，今天的文学沙龙、学术论坛，可以说是"以文会友"的范例。今人中周恩来和邓小平的交往、季羡林和张中行的交往等等，可以说是"以友辅仁"的范例。但古往今来，以酒肉金钱"会友"，"以友"助恶助贪的事例也屡见不鲜，这是值得警戒的。

子夏之门人问交于子张①。子张曰："子夏云何？"对曰："子夏曰：'可者与之，其不可者拒之。'"子张曰："异乎吾所闻：君子尊贤而容众②，嘉善而矜不能③。我之大贤与④，于人何所不容？我之不贤与，人将拒我，如之何其拒人也？"

《论语·子张篇》第 3 章

【译文】

子夏的学生询问子张如何交友。子张说："子夏是怎么说的？"回答说："子夏说：'可以交往的就交往，不能交往的就拒绝。'"子张说："我听到的与这不同：君子尊重贤德的人，而能包容普通人；称赞善良的人，而能怜悯没有能力的人。如果我很贤德，对人有什么不能宽容的呢？如果我不贤德，别人将拒绝我，我怎么能拒绝别人呢？"

【注释】

①门人：学生。交：指交友。 ②容：包容。众：指普通人。 ③嘉：赞美，称赞。矜：怜悯。 ④大贤：最贤德。

【解读】

据蔡邕《正交论》所说：子张交友的面儿宽，孔子告诫他要有所选择；子夏交友的面儿窄，孔子告诫他要宽容别人。可见，孔子对学生的教育因人而异，有很强的针对性。但他们都没能领悟孔子的意思，子夏认为交友的原则是可以交往的就交往，不能交往的就拒绝，缺乏具体分析和选择，交友的面又过窄；子张在交友上强调宽容，虽然更具实用性，但容易走向另一个极端，即由于交友不慎而造成不良后果。可见，在交友问题上孔子的观点是全面而正确的，即：既要慎重交友，又要宽容待友。慎重与宽容结合，才不会失之偏颇。

5. 师生

子在陈①，曰："归与！归与！吾党之小子狂简②，斐然成章③，不知所以裁之④。"

《论语·公冶长篇》第 22 章

【译文】

孔子在陈国时，说："回去吧！回去吧！我家乡的后生志向远大，行事干练，既有文采，又有条理，我不知道怎样去培养、指导他们了。"

【注释】

①陈：春秋时诸侯国名。周初封舜之后妫满于陈，公元前 478 年为楚国所灭。陈国在今河南省淮阳及安徽省亳州市一带。 ②党：古代一种地方基层组织。当时以五家为邻，五邻为里，五百家为党。吾党：指我的家乡。狂简：志向远大，行事疏略。意思是行事干练，不拘泥于细节。 ③斐然：有文采的样子。章：条理。 ④裁：剪裁。意思是培养、指导。

二、人伦思想

【解读】

孔子周游列国时，在陈国受困，和弟子们一起忍饥挨饿。在这种艰难的境遇中，他想到了家乡，想到了家乡的年轻人虽然有志向、才能和文采，但还需要培养和提高，于是发出了"归与！归与！"的感叹。孔子的感叹，饱含着他的思想、主张不为齐、卫、陈等国的当政者采纳，自己也得不到任用的无奈。

伯牛有疾①，子问之，自牖执其手②，曰："亡之③，命矣夫！斯人也而有斯疾也④！斯人也而有斯疾也！"

《论语·雍也篇》第 10 章

【译文】

冉伯牛患了重病，孔子去看望他，从窗口握住他的手，说："你要轻视它，这是命运啊！你这样的人竟会有这样的病！你这样的人竟会有这样的病！"

【注释】

①伯牛：姓冉，名耕，字伯牛，鲁国人。孔门德行科高材生。疾：《淮南子·精神训》："冉伯牛为疠。""疠"就是癞，即恶疮、麻风。因此孔子不能进屋去看他，孔子所说"亡之"也不能解作"丧之"（见徐刚《孔子之道与〈论语〉其书》）。 ②牖（yǒu）：窗口。 ③亡：轻蔑。《史记·范雎列传》："亡其言。臣者贱而不可用乎？"亡之：意思是轻视这个病。有安慰、鼓励的意思。 ④斯：代词。此，这。

【解读】

孔子看望冉伯牛时所说的这番话，说明孔子对冉伯牛这位学生非常满意，一方面安慰、鼓励他，另一方面对他身患重病又十分难过。有感于好人不能健康平安而身患重病，孔子只好归之于命运，这不是相信命运，而是在无奈时发出的感慨。

子曰："从我于陈、蔡者①，皆不及门也②。"

《论语·先进篇》第 2 章

【译文】

孔子说："当年跟随我而困在陈国、蔡国的人，现在都不在身边了。"

【注释】

①陈：春秋时诸侯国名，在今河南淮阳和安徽亳州市一带。蔡：周代诸侯国名，在今河南上蔡、新蔡等地。 ②不及门：不及列于自己的门墙。意思是不在身边。

【解读】

孔子带领弟子周游列国，在鲁哀公四年（前491）由陈国到蔡国，途中因

37

陈、蔡两国担心孔子到楚国后被重用，于是派兵把孔子一行围住，以致断粮七天。《史记·孔子世家》对孔子一行"厄于陈蔡"的事件作了记载。孔子说这番话，一方面表达了他对昔日追随自己的学生的怀念，同时也抒发了对当年在陈、蔡交界地受困的感慨。

子曰："回也非助我者也①，于吾言无所不说②。"

《论语·先进篇》第 4 章

【译文】

孔子说："颜回不是对我有所帮助的人，他对于我说的话没有不赞成的。"

【注释】

①回也："回"指颜回，"也"是语气助词，无实义。 ②说：通"悦"，喜欢。引申为赞成。

【解读】

朱熹《论语集注》说："颜子于圣人之言，默识心通无所疑问，故夫子云然。其辞若有憾焉，其实乃深喜之。"可见，朱熹认为孔子对颜回的评价似贬实褒。李泽厚先生则认为褒贬兼有，可从。

颜回聪明，勤勉，领悟力强，对孔子的教诲没有疑问，因此孔子对他十分满意，以他为得意门生。但孔子也指出了他的不足：不能提出疑问，发现不了自己讲述内容的问题。如果学生对老师讲的内容完全赞成，不能提出一点疑问，就不利于教学相长。孔子对颜回的评价，说明他希望学生不盲从老师，要在老师的基础上有所发展，甚至超过老师。

季康子问①："弟子孰为好学②？"孔子对曰："有颜回者好学，不幸短命死矣！今也则亡。"

《论语·先进篇》第 7 章

【译文】

季康子问："你的学生中谁好学？"孔子回答说："有个叫颜回的学生好学，不幸短命死了！现在没有这样的学生了。"

【注释】

①季康子：季桓子之子，鲁国执政大臣。 ②孰：谁。

【解读】

季康子的父亲季桓子在鲁国执政期间，多有违礼僭越行为，于是孔子离开鲁国，带领弟子周游列国。季桓子临死前曾嘱咐季康子一定迎接孔子回国并予以重用。季康子向孔子询问学生的情况，有选用人才的目的。在《雍也》篇中，鲁哀公也问过同样的问题，孔子的回答比较详细。此章孔子对季康子的回答少了"不迁怒，不贰过""未闻好学者也"等语。有人认为鲁哀公有"迁怒""贰过"的问题，故孔子说颜回"不迁怒，不贰过"有劝谏的意思。

颜渊死，子哭之恸①。从者曰②："子恸矣。"曰："有恸乎？非夫人之为恸而谁为！"

《论语·先进篇》第10章

【译文】
颜回死了，孔子哭得很伤心。跟随的人说："您太悲伤了。"孔子说："我太悲伤了吗？不为这样的人悲伤，还为谁呢？"

【注释】
①恸（tòng）：极其悲痛。　②从者：跟随的人。

【解读】
此章记述了孔子为颜回的死极其悲痛，以至痛哭的情况。孔子说："不为这样的人悲伤，还为谁呢？"这句话可以说是孔子的肺腑之言，说明他对颜回的死非常惋惜，他的悲伤是内心真实情感的体现。这正是孔子的可敬之处。

颜渊死，门人欲厚葬之①，子曰："不可。"门人厚葬之。子曰："回也，视予犹父也②，予不得视犹子也③。非我也，夫二三子也④。"

《论语·先进篇》第11章

【译文】
颜回死了，弟子们要厚葬他，孔子说："不能这样。"弟子们厚葬了颜回。孔子说："颜回啊，你看待我好像父亲一样，我却不能像对待儿子那样看待你。不是我要这样啊，是弟子们这样做的啊。"

【注释】
①门人：弟子。厚葬：丰厚地埋葬。　②犹父：像父亲一样。　③犹子：像儿子一样。　④二三子：几个人。这里指弟子们。

【解读】
为了表达对逝者的尊重，孔子是主张厚葬的。但孔子认为，葬礼的厚、薄，应由丧家的经济情况决定。颜回家中贫寒，加之颜回本人有德行，因此孔子不主张厚葬颜回。弟子们厚葬了颜回，是出于对颜回的敬重和友谊，所以孔子不能加以阻止。孔子曾对颜回的父亲说自己的儿子孔鲤死了，也只置办内棺，不进行厚葬，因此当弟子们厚葬颜回后，孔子说了上述这番话。可见，孔子一方面坚持礼制，不同意厚葬颜回，另一方面又对颜回的死极度悲伤，没有阻止弟子们厚葬颜回。"社会行为坚持原则，个人情感有灵活性"（李泽厚《论语今读》），这就是真实的孔子。

子畏于匡①，颜渊后②。子曰："吾以女为死矣。"曰："子在，回何敢死?"

《论语·先进篇》第23章

【译文】

孔子在匡地被围困，颜回因走散最后赶到。孔子说："我以为你死了。"颜回说："老师还活着，我怎么敢死呢?"

【注释】

①畏：有戒心。这里指被围困。匡：地名，在今河南省长垣县。 ②后：指因走散而后赶到。

【解读】

此章记述了遇险之后师生重逢时的对话，表现了孔子在遭困时师生失散、盼望重逢的焦虑心情，以及颜回对老师的敬重和关心。孔子和颜回的对话，坦率真诚，发自肺腑，老师关心学生、学生敬爱老师的一片真情，溢于言表。

冉子退朝①。子曰："何晏也②?"对曰："有政。"子曰："其事也③。如有政，虽不吾以④，吾其与闻之⑤。"

《论语·子路篇》第14章

【译文】

冉有从官府回来。孔子说："怎么这样晚呢?"冉有回答说："有政务处理。"孔子说："那不过是平常的事务。如果有重大政务，虽然不任用我了，我也会知道的。"

【注释】

①冉子：即冉求，字子有，孔子的学生，比孔子小二十九岁。朝：朱熹《论语集注》："朝，季氏之私朝也。"退朝：指从官府回来。冉有是季氏家臣，不可能入朝议事。 ②晏：晚。 ③事：指平常的事务。 ④不吾以："不以吾"的倒装。以：用，任用。 ⑤与：语助词，用于句中，无义。

【解读】

按礼制规定，"大夫虽不治事，犹得与闻国政"（朱熹《论语集注》）。孔子虽然退职，但有资格"与闻国政"。在孔子的学生中，冉有在季氏府中做家臣的时间最长，也最得季氏的信任。冉有说回来晚是因为处理政务，由于孔子没有听说，所以说那不过是一般的事务。由于季氏专权、违礼，孔子说这番话既表达了对季氏的不满，又希望冉有要关注国事和重大的政务。

二、人伦思想

附录：孔子弟子的言论

子夏曰："君子有三变：望之俨然①，即之也温②，听其言也厉③。"

《论语·子张篇》第9章

【译文】

子夏说："君子的神情态度有三种变化：远看的感觉是庄重拘谨，接近后感觉温和平易，听他的话感觉严厉认真。"

【注释】

①俨然：庄重拘谨。 ②即：靠近，接近。 ③厉：严厉。

【解读】

子夏从"望""即""听"等不同角度谈君子的神情态度，有着深刻的含义。君子庄重拘谨，是因为他坚持正道，在仁德、礼制等大是大非问题上决不让步；君子温和平易，是因为他人格高雅，以礼待人；君子的话严厉认真，是因为他内心真诚，仁爱待人。"俨""温""厉"这三种给人留下的外在印象，实际上是君子重视内在人性道德修养的结果。《述而篇》第38章说："子温而厉，威而不猛，恭而安。"这句话比较全面地刻画了孔子的仪态和给人的印象。可见，子夏所说的君子形象，应是他心目中的孔子的形象。

叔孙武叔语大夫于朝①，曰："子贡贤于仲尼②。"子服景伯以告子贡③。子贡曰："譬之宫墙④，赐之墙也及肩⑤，窥见室家之好⑥。夫子之墙数仞⑦，不得其门而入，不见宗庙之美、百官之富⑧。得其门者或寡矣。夫子之云⑨，不亦宜乎！"

《论语·子张篇》第23章

【译文】

叔孙武叔在朝廷中对大夫们说："子贡比仲尼贤良。"子服景伯把他的话告诉了子贡。子贡说："好比房屋的围墙，我的围墙只达到肩膀那么高，在墙外就能看见房屋的美好。老师的围墙有几丈高，如果找不到门进去，就看不到里面宗庙的壮观、房舍的多样。能找到门进去的人或许不多。叔孙武叔先生的说法，不也是很自然的吗？"

【注释】

①叔孙武叔：名州仇，鲁国大夫，"武"是他的谥号。 ②于：介词。比。 ③子服景伯：人名。 ④宫墙：房屋的围墙。 ⑤赐：子贡的名。 ⑥室家：指房屋。 ⑦仞：古代长度单位，一般以七尺为仞，也有以八尺或五尺六寸为仞的。 ⑧官：官舍。这里指房舍。 ⑨夫子：指叔孙武叔。

【解读】

《史记·仲尼弟子列传》说："子贡好废举，与时转货资。喜扬人之美，不能匿人之过。常相鲁、卫，家累千金。卒终于齐。"因子贡晚年在鲁国做官，很有威望，所以叔孙武叔说他比孔子贤良。子贡以房屋的围墙为喻，说明自己的学问道德远不如孔子。子贡认为，孔子的学问道德博大精深，一般的人只能学到皮毛，却不能登堂入室，进而领悟其中蕴涵的深刻哲理。孔子去世后，他在世人中的地位不断提高，子贡对他的赞美和推崇是一个重要的原因。

子贡的才干和人品，以及他对恩师的敬重，对孔子学说的推崇的行为，值得人们学习。

叔孙武叔毁仲尼①。子贡曰："无以为也②！仲尼不可毁也。他人之贤者，丘陵也，犹可逾也③；仲尼，日月也，无得而逾焉④。人虽欲自绝⑤，其何伤于日月乎？多见其不知量也⑥！"

《论语·子张篇》第 24 章

【译文】

叔孙武叔毁谤仲尼。子贡说："不要这样做！仲尼是不可以诋毁的。其他人的贤德，就像丘陵，还可以超越；仲尼的贤德，像天上的日月，是不可能超越的。即使一个人要自动断绝与日月的关系，那对于日月又有什么损害呢？只不过表现他不自量力罢了。"

【注释】

①毁：毁谤，诋毁。　②以：代词。此，这样。　③逾：超越。　④无得：不能。　⑤自绝：自动脱离、断绝原有的关系。这里指自动与日月断绝关系。　⑥不知量：不知自己的分量。意思是不自量力。

【解读】

子贡对叔孙武叔毁谤孔子的行径十分不满，对他进行了严厉的批评。子贡批评叔孙武叔，仍然使用了比喻的修辞手法，既言辞犀利，又富有文采，表现了子贡的灵活和智慧，以及他对孔子的爱戴和忠诚。子贡认为"仲尼不可毁"，并不是指孔子的学说、为人十全十美，毫无缺点，而是认为孔子的德行操守、理想信念，以及他对社会的贡献，给民众带来的恩泽，是世人难以超越的。子贡的睿智，就在于他能全面而深刻地认识和评价孔子。由于他的推崇和宣传，使得孔子的学说作为中国的优秀传统文化对中华民族产生了重大而深远的影响。

三、治国思想

在如何治理国家的问题上,孔子提出了"为政以德"的政治主张,这是他一生奉行的以仁义道德治天下思想的体现。以孔子为代表的儒家所坚持的"王道",则是与法家提出的"霸道"截然不同的以仁义道德治理国家的理论。这一理论的源头,则是孔子学说中的"仁政""德治"思想。孔子的治国思想,成为中国历代统治者治理国家的重要指导思想,对我国现在以德治国、以人为本等执政理念的形成有着重要的作用。

1. 王道

子曰:"为政以德①,譬如北辰②,居其所而众星共之③。"

《论语·为政篇》第一章

【译文】

孔子说:"国君用道德教化来治理国家,就像北极星一样,处在它所在的位置上,其他星辰都环绕在它的周围。"

【注释】

①为政:处理政务。《诗·小雅·节南山》:"不自为政,卒劳百姓。"也可解作治理国家。　②北辰:北极星。古人认为北辰在天的中心位置。　③所:处所,位置。共:同"拱",环绕。

【解读】

"以德治国"是孔子政治思想的核心。孔子以北极星为喻,告诫国君只有坚持"以德治国",才能得到众臣的拥戴、百姓的拥护。孔子倡导的"以德治国"的思想,是中华民族传统文化中的珍宝,经过两千多年的积淀和完善,在今天更焕发出其异彩,成为中国传统文化对人类和世界的一大贡献。

樊迟问仁。子曰:"爱人。"问知①。子曰:"知人。"樊迟未达②。子曰:"举直错诸枉③,能使枉者直。"樊迟退,见子夏,曰:

"乡也吾见于夫子而问知④,子曰,'举直错诸枉,能使枉者直',何谓也?"子夏曰:"富哉言乎⑤!舜有天下,选于众,举皋陶,不仁者远矣⑥。汤有天下,选于众,举伊尹,不仁者远矣。"

《论语·颜渊篇》第22章

【译文】

樊迟问怎样做是仁德。孔子说:"关爱人就是仁德。"樊迟问怎样做是明智。孔子说:"了解人就是明智。"樊迟没有明白。孔子说:"举用正直的人并安置在邪恶的人之上,能使邪恶的人变得正直。"樊迟退出来,看到子夏,就说:"刚才我见了老师问他什么是明智,老师说'举用正直的人并安置在邪恶的人之上,能使邪恶的人变得正直',说的什么意思呢?"子夏说:"这句话含义丰富啊!舜拥有天下,在民众中挑选人才,举用了皋陶,不仁德的人就离去了。汤拥有天下,在民众中挑选人才,举用了伊尹,不仁德的人也离去了。"

【注释】

①知:同"智",明智。 ②未达:意思是没有明白。 ③错:安置。枉:不正直,邪恶。 ④乡(xiàng):通"向",从前,刚才。 ⑤富:丰富。 ⑥远:指远离,离去。

【解读】

孔子认为"仁"就是"爱人",这个解释既精辟又透彻,指出了"仁"的实质。不关爱他人,只谋求个人私利的人,不可能成"仁"。孔子对"智"的解释是"知人"(即了解人),同样透彻精辟,但樊迟不明白其含义,孔子就以用人为例来进一步说明。"举直错诸枉,能使枉者直",简洁明了的十个字,说出了了解人,进而任用人的重要性。试想,如果不能了解和识别人,任用了邪恶而不遵行仁德的人,其后果将会怎样?可是樊迟还没能理解孔子的意思,于是又去问子夏。子夏就以舜在民众中挑选出皋陶并加以任用,汤在民众中挑选出伊尹并加以任用,都使不仁德的人离去的实例,说明了了解和识别人的重要性。樊迟领悟力不强,但不懂就问,这种精神难能可贵。

此章记述的是师生之间的问答,但涉及治理国家的大政方针。孔子认为,治理国家要尊崇仁德,以德治国是当政者应坚持的基本原则。但治理国家、管理社会的关键是人才,只有伯乐才能识别千里马,只有明智的领导者才能识别和任用真正的人才。

樊迟请学稼①。子曰:"吾不如老农。"请学为圃②。曰:"吾不如老圃③。"樊迟出。子曰:"小人哉,樊须也!上好礼④,则民莫敢不敬;上好义,则民莫敢不服;上好信,则民莫敢不用情⑤。夫如是，则四方之民襁负其子而至矣⑥，焉用稼？"

《论语·子路篇》第 4 章

【译文】

樊迟请教学习种庄稼的知识。孔子说："我不如老农民。"樊迟又请教学习种蔬菜的知识。孔子说："我不如老菜农。"樊迟走出去。孔子说："樊迟真是没出息的小人！执政者喜好礼仪，民众就不敢不尊敬；执政者喜好道义，民众就不敢不服从；执政者讲求信用，民众就不敢不真诚相待。如果这样，各地的民众就会背负着孩子来投奔，为什么要去种庄稼呢？"

【注释】

①稼：种植谷物。泛指种庄稼。 ②圃：种植果木瓜菜的园地。为圃：指种蔬菜。 ③圃：指种菜的人。 ④上：在上位的人。指统治者、执政者。 ⑤用：以。用情：以真诚相待。 ⑥襁：背负婴儿的背带。襁负：用襁褓背负。

【解读】

樊迟请教学习种庄稼、种蔬菜的知识，都被孔子婉言回绝，并批评他是没出息的小人。有人据此批评孔子鄙视劳动，这是不对的。孔子鼓励学生勤思好学，希望学生在治理国家、处理政务中遵循仁德、礼制，说明他办教育的目的是培养贤才、君子，而不是培养一般的劳动者。孔子认为，作为一个参与治理国家的执政者，应该遵循礼仪，尊崇道义，讲求信用，并以自己的言行来影响教育民众。这样，就会得到民众的拥护，生产就会得到发展，就没有必要自己去从事普通的生产劳动。李泽厚先生说："'士'的职责是'致君泽民'，'安邦定国'，管理政事，成为社会结构中的骨架和脊梁。在民主政治和现代官僚体制出现之前，中国文官体制是最完备和最有效的，其基本观念可说来自此处。"（《论语今读》）

子适卫①，冉有仆②。子曰："庶矣哉③！"冉有曰："既庶矣，又何加焉④？"曰："富之。"曰："既富矣，又何加焉？"曰："教之。"

《论语·子路篇》第 9 章

【译文】

孔子到卫国，冉有为他驾车。孔子说："真是人口众多啊！"冉有说："已经人口众多了，还需要做什么呢？"孔子说："使他们富裕。"冉有说："已经富裕了，还需要做什么呢？"孔子说："让他们受教育。"

【注释】

①适：到。 ②仆：驾车的人。这里作动词。 ③庶：众多。 ④何加：增加什么。意思是还需做什么。

【解读】

孔子在回答冉有的问题时,提出了对百姓应该先"富之"后"教之"的观点。孔子认为,当政者应该首先解决老百姓的吃饭问题,并让他们富裕,在此基础上对他们进行教育,以提高他们的文化水平和道德素质。所谓衣食足则礼义兴,就是说的这个道理。从认识论的角度看,物质是基础,意识是人脑对物质世界的反映。忽视物质这个基础,片面强调意识和精神的作用,显然是错误的。孔子在两千多年前就能明白这个道理,的确难能可贵。

子曰:"上好礼①,则民易使也。"

《论语·宪问篇》第41章

【译文】

孔子说:"执政的官员崇尚礼制,就易于让民众知礼行礼了。"

【注释】

①上:在上位的执政者。好礼:崇尚礼制。

【解读】

春秋末期,由于国君或执政大臣违礼僭越,导致人伦丧失,世风日下。孔子认为,只有身居上位的国君和执政的官员崇尚礼制,带头遵循礼制,才能建立规范的礼仪制度和法律体系,进而规范民众的行为,使民众做到知礼行礼。孔子告诫执政者上行下效的道理,目的在于构建一个人人都能知礼行礼的和谐融洽的"礼仪之邦"。

子曰:"知及之①,仁不能守之,虽得之,必失之。知及之,仁能守之,不庄以莅之②,则民不敬。知及之,仁能守之,庄以莅之,动之不以礼③,未善也。"

《论语·卫灵公篇》第33章

【译文】

孔子说:"凭聪明才智得到它,不能以仁德保持它,即使得到了,也一定会丧失。凭聪明才智得到它,能够以仁德保持它,但不用严肃的态度对待它,老百姓就不会敬重拥护。凭聪明才智得到它,能够以仁德保持它,用严肃的态度对待它,但行为不合乎礼制,还算不上完善。"

【注释】

①知:同"智",指聪明才智。之:此章一连出现了十一个"之"字,其所指一说是百姓,一说是禄位、天下,一说是大道、正道。今从第二说。 ②莅:临,到。这里意思是对待。 ③动:举动。指行为。

【解读】

　　此章讲述国君和官员得到各自的职位后如何忠于职守、做到尽善尽美的问题。孔子认为，国君和官员要保持自己的职位，就必须尊崇和施行仁德；要得到老百姓的敬重拥护，就必须以严肃的态度对待自己的职责，做到忠于职守；要做到尽善尽美，还必须在执政过程中使行为合乎礼制，不做徇情枉法的事情。"仁""庄""礼"是孔子向执政者提出的为政之道，也是执政者加强自身修养的三个层次。执政者能够做到以德治国、忠于职守、依法行政，才能达到尽善尽美的执政为民的境界。

　　子曰："能以礼让为国乎①？何有②？不能以礼让为国，如礼何③？"

《论语·里仁篇》第13章

【译文】

　　孔子说："能够用礼制、谦让来治理国家吗？这有什么困难呢？不能用礼制、谦让来治理国家，礼用来干什么呢？"

【注释】

　　①让：谦让。朱熹《论语集注》："让者，礼之实也。"是礼的具体内容之一。为：治理。　②何有："何难之有"的省略。意思是有什么困难。　③如何：怎样。如礼何：怎样对待礼。意思是礼用来干什么。

【解读】

　　孔子认为，"礼"是建立道德伦常和正常秩序的规范、准则，"让"是克制个人情绪、欲望的品德。用礼制、谦让来治理国家，才能以谦让、谨慎的态度对待民众，处理问题，才能做到以礼治国、以德服人，从而避免以上欺下、以强凌弱的暴政。对个人而言，以谦让、恭谨的态度待人和处世，自然就体现了礼。孔子所推崇的礼让思想，对中华民族产生了深远的影响，使中华民族在礼让之风的熏陶下成为礼仪之邦。

　　子曰："齐一变①，至于鲁；鲁一变，至于道②。"

《论语·雍也篇》第24章

【译文】

　　孔子说："齐国变革一下，就能达到鲁国崇尚礼义的状况；鲁国变革一下，就能达到大道，进入理想的道德境界。"

【注释】

　　①变：变革，改革。　②道：大道。指以仁德、礼制治理天下的理想境界。

【解读】

齐国和鲁国都是周朝所封的诸侯国,姜太公和周公分别是这两个国家的开创者,因此这两个国家都传承了西周的礼制和传统美德。但这两个国家又有区别。齐国国力强盛,崇尚武力;鲁国继承周礼,崇尚礼义。孔子认为,齐国如果变革,就能像鲁国那样崇尚礼义;鲁国如果变革,就能进而达到大道,进入理想的道德境界。这充分体现了孔子的政治理想。尽管孔子的政治理想最终未能实现,但他的主张和学说却传承下来,历久弥新,成为中华民族优秀传统文化的瑰宝,闪耀着不朽的光芒!

子曰:"凤鸟不至①,河不出图②,吾已矣夫!"

《论语·子罕篇》第9章

【译文】

孔子说:"凤凰不飞来,河图不出现,我这一生恐怕到此为止了!"

【注释】

①凤鸟:凤凰,古代传说中的神鸟。古人认为凤鸟出现象征着圣人将要出现,预示着天下将会太平。 ②河图:传说黄河出现祥瑞之图象征着圣人将会出现。

【解读】

孔子一生为推行仁德、礼制而奔走,但始终得不到当政者的重用,他感到没有贤明的君主当政,自己恢复礼制、推行仁德的愿望已无法实现,于是发出了"吾已矣夫"的感叹。从孔子晚年潜心于古代典籍的整理和致力于教育事业的成就看,他在实现自己的政治理想无望的情况下并没有消沉,而是另辟蹊径,采取另一种方式,实现了自己的人生理想和价值追求。

子曰:"如有王者①,必世而后仁②。"

《论语·子路篇》第12章

【译文】

孔子说:"如果有推行仁道而治理天下的人,必须经过三十年才能使仁德普遍推行。"

【注释】

①王(wàng)者:成就王业者。指行仁道而治天下者。 ②世:古代以三十年为一世。仁:有三种说法,即仁政、仁心、仁德。这里取第三种说法,意思是使仁德普遍推行。

【解读】

孔子的政治理想是使仁德在社会上普遍推行,让官员和民众都具有仁爱之心,但由于当时战乱频发、社会混乱、人伦丧失,因此他认为要实现这个目标不可能一蹴而就,需要行仁道而治天下的人呕心沥血,不懈努力,付出整整一代人的心血,才能达到由乱世转为治世、民众安居乐业、仁德普遍推行的境界。

南宫适问于孔子曰①:"羿善射②,奡荡舟③,俱不得其死然。禹、稷躬稼④,而有天下。"夫子不答。南宫适出,子曰:"君子哉若人⑤!尚德哉若人!"

《论语·宪问篇》第 5 章

【译文】
南宫适问孔子说:"羿擅长射箭,奡能陆地行舟,都不得好死。夏禹、后稷亲自耕种,却得了天下。"孔子不回答。南宫适出去后,孔子说:"这个人真是君子!这个人真崇尚德行!"

【注释】
①南宫适:南容,字子容。孔子的学生。 ②羿(yì):夏代有穷氏的国君,因不体恤民众,被家臣寒浞杀害。 ③奡(ào):寒浞之子,力大,相传能陆地行舟,为夏后少康所杀。荡舟:指在陆上行舟。 ④稷:周朝的先祖,舜的农官,封于邰,号后稷,别姓姬氏。 ⑤若人:这个人。

【解读】
羿擅长射箭,奡力大无穷,都因为没有德行而被杀身亡;禹和稷亲自耕种,造福百姓,以德行和仁义获得民众拥戴,因此得了天下。南宫适所提的问题,含义很深,不答自明,即依靠武力不可能得到百姓的拥戴,尊崇仁德、礼义才是治国之本。因此,孔子对南宫适非常满意,并极力称赞。人类进入21世纪以后,许多国家为反恐耗费了大量人力、财力,可以说是伤透了脑筋,结果却"越反越恐"。这些国家的决策者们却不愿意深刻反思恐怖分子为什么宁愿舍弃宝贵的生命也要与自己作对的原因,也拿不出一整套从源头上使恐怖分子不再从事恐怖活动的办法。这是一些反恐大国的悲哀,也是人类共同面临的一大难题。

季康子问政于孔子,曰:"如杀无道①,以就有道②,何如?"孔子对曰:"子为政,焉用杀?子欲善而民善矣!君子之德风,小人之德草。草上之风,必偃③。"

《论语·颜渊篇》第 19 章

【译文】
季康子向孔子询问如何治理国家,说:"如果杀掉暴虐的人,亲近有道德的人，怎么样？"孔子回答说："您治理国家，怎么能用杀戮的办法？您追求善民众就会行善！君子的品德像风，百姓的品德像草。草遇上大风，一定会倒伏。"

【注释】

①无道：暴虐，没有德政。　②就：靠近，亲近。有道：指有道德、有才艺的人。　③偃：倒伏。草上之风，必偃：意思是草遇上大风，一定会倒伏。

【解读】

季康子作为鲁国的执政大臣，沿袭了其父季桓子的施政方针，违背礼制，聚敛财富。他所说的"无道"，不一定是暴虐的人，很可能是持不同政见的大臣。孔子认为，君子的行为会影响百姓的行为，只有君子追求善，百姓才会行善，这正如风和草的关系，草遇上大风必定倒伏，老百姓遇到追求善的有德行的人，一定会在潜移默化中受到影响，也会由向善而行善。因此，孔子反对季康子用杀人的办法来治理国家。这一观点，体现了孔子强调德治教化、坚持以德治国的政治主张。

子曰："射不主皮①，为力不同科②，古之道也③。"

《论语·八佾篇》第16章

【译文】

孔子说："比赛射箭，不以射穿箭靶为主，因为每个人的力量大小不同，这是古时候的规矩。"

【注释】

①射：射箭。这里指比赛射箭，而不是战场上的射箭。皮：指用皮做的箭靶。　②同科：同等。不同科：指力量大小不同。　③道：规矩。

【解读】

"射不主皮"是周代"射礼"的规定，体现的是以礼治国的思想。春秋末期，由于诸侯国之间战争频繁，社会上出现崇尚武力的风气，比赛射箭主张"主皮"（以射穿箭靶为主）。针对这种情况，孔子以力量大小不同和古时规矩两条理由，重提"射不主皮"的要求，体现了他维护周代礼制、倡导以礼治国的思想。

子曰："夷狄之有君①，不如诸夏之亡也②。"

《论语·八佾篇》第5章

【译文】

孔子说："落后偏远的部族有君主，不如中原地区没有君主。"

【注释】

①夷：指我国古代住在东方的少数民族。狄：指我国古代住在北方的少数

民族。　②诸夏：中原地区，即周代分封的诸侯国所在地区。亡：通"无"，没有。

【解读】

历来学者对此章的理解分歧较大。一说偏远落后部族还有国君，而中原各诸侯国却无视天子，违礼僭越；一说偏远落后部族虽然有国君，却不如中原没有国君的国家民众文明守礼。今从后说。

此章体现了孔子以文化为中心的思想。在孔子看来，"道"高于"君"，人文精神高于政治体制。夏代虽亡，其文化却流传下来；周代的诸侯国有的暂时无君，有的更换君主，但周代的部分礼制照样延续。中国两千多年的历史，说明礼制、仁德的传统，人文精神的传承，对于一个国家和民族非常重要。

附录：孔子弟子的言论

有子曰①："礼之用②，和为贵③。先王之道④，斯为美⑤，小大由之⑥。有所不行，知和而和，不以礼节之⑦，亦不可行也。"

　　　　　　　　　　　　　　　　　　《论语·学而篇》第12章

【译文】

有子说："礼的应用，以达到和谐为珍贵。前代帝王的治国思想，这一点做得最为完美，所以无论大小事情都应遵循这个原则。遇到行不通的时候，如果为了和谐而求和谐，不以礼进行规范、节制，也是行不通的。"

【注释】

①有子：即有若，鲁国人，孔子的学生，比孔子小四十二岁。在《论语》中，对孔子的学生特称"子"的，只有有若和曾参，所以有人认为《论语》是由有若和曾参的学生编著的。　②用：作用。这里指应用。　③和：和谐，得当。　④先王：指尧、舜、禹、成汤、周文王、周武王等古代帝王。道：思想。　⑤斯：此，这。《礼·檀弓下》："歌于斯，哭于斯。"　⑥由：遵循。　⑦节：节制，规范。

【解读】

"和"是孔子的重要哲学思想，孔子学说中的政治思想、伦理思想等等，都是建立在"和"这一哲学思想基础之上的。此章讲述了"和"与"礼"的关系，强调要达到"和谐"的人际关系、社会关系境界，必须以"礼"来规范和节制。"和为贵"的思想，是孔子和他的学生奉献给中华民族和全人类的极其重要的人文成果。"这一观念，经过两千多年的历史涤荡，已构成我们中华民族的重要思想理念。当然，古代和合理念因其产生年代久远，亦有它的许多历史局限性……只有在人民的物质、文化需求不断得到满足的条件下，才会真正达到'和'的境界，感到'和'的可贵。"（韩喜凯《名家评说孔子辨析》）

2. 人治

子曰："其身正①，不令而行②；其身不正，虽令不从。"

《论语·子路篇》第 6 章

【译文】

孔子说："自己办事公正，不发布命令事情也行得通；自己办事不公正，即使发布命令也没有人听从。"

【注释】

①正：正当，公正。　②令：命令。这里指发布命令。

【解读】

古代氏族首领的领导，主要靠自己的德行和威望。有德行的首领，自己行为正派，处事公正，不需要发布命令，民众也会效法和听从。孔子赞同这种领导方式，并强调了以身作则在治国理政中的重要作用。在民主政治盛行的今天，如果各级各部门的官员都能以身作则，为政清廉，就会得到广大民众的拥护，各项政策就能顺利实施。

子路问君子。子曰："修己以敬①。"曰："如斯而已乎？"曰："修己以安人②。"曰："如斯而已乎？"曰："修己以安百姓。修己以安百姓，尧、舜其犹病诸③！"

《论语·宪问篇》第 42 章

【译文】

子路问怎样才是君子。孔子说："修养自己，办事严肃认真。"子路说："像这样就行了吗？"孔子说："修养自己，使他人安乐。"子路说："像这样就行了吗？"孔子说："修养自己，让百姓安乐。修养自己，让百姓安乐，尧、舜恐怕都感到难以做到！"

【注释】

①敬：恭敬。指办事严肃认真。　②安人：使人安乐。此处"人"指身边的人。　③病：为难。

【解读】

此章是孔子循循善诱地引导学生的范例。孔子认为，要做一个君子，首先应忠于职守，对工作严肃认真；其次是要使身边的人安乐；再就是要使广大百姓安乐。由己及人，从自身到他人，再到百姓，这是一个循序渐进、逐步提升的过程。使广大百姓安乐，这是君子为人的最高目标，也难以做到，因此孔子以"尧、舜恐怕都感到难以做到"来强调，并希望子路朝着这个目标努力。要实现君子为人的三个目标，关键的措施是加强自身修养，随着自己道德品行的逐步提高，就能够依次实现敬事、安人、安百姓的目标。

子路问政。子曰："先之①，劳之②。"请益③。曰："无倦。"

《论语·子路篇》第1章

【译文】

子路问怎样从政。孔子说："以身作则，共同努力。"子路请求孔子作进一步解释。孔子说："不要懈怠。"

【注释】

①先：前。先之：意思是走在前面，以身作则。　②劳之：指与下属勤于政事。意思是共同努力。　③益：进一步。请益：请求作进一步解释。

【解读】

孔子在回答子路的问题时，提出了自己的为政之道：当政者应率先垂范，以身作则，要求下属或民众做到的，自己应首先做到；要与下属一道，不辞辛劳，勤奋工作；处理政务时，要勤恳认真，不能懈怠。当政者做到了以身作则、勤于政事、毫不懈怠，何愁不能履行好职责，不能做好自己的本职工作？此章所体现的，是孔子从政思想的具体要求，对中国治国理政观念的形成产生了积极而深远的影响。

仲弓为季氏宰①，问政。子曰："先有司②，赦小过③，举贤才。"曰："焉知贤才而举之？"子曰："举尔所知。尔所不知，人其舍诸？"

《论语·子路篇》第2章

【译文】

冉雍做了季氏的总管，向孔子询问怎样从政。孔子说："给下属做好表率，不计较小的过错，举用优秀人才。"冉雍说："怎样识别优秀人才并选拔任用呢？"孔子说："举用你所知道的。你不知道的，难道别人会舍弃他们吗？"

【注释】

①仲弓：即冉雍。宰：周代官吏的通称。春秋时卿大夫的家臣和采邑的长官也称宰，即家臣之长、总管。　②有司：主管部门，指下属。　③赦：赦免。指不计较。

【解读】

孔子给冉雍提出的从政要领是三条：一是以身作则，做好表率；二是不计小过，抓好大事；三是重视人才，举用贤能。以身作则才能体现公正，不计小过才能抓好大事，举用人才才能事业兴盛。孔子认为，识别人才的关键在于了解人才，只要你所知道的优秀人才得到了任用，别人也会向您推荐优秀人才，真正优秀的人才是不会被埋没的。孔子在两千多年前就能提出这样精辟的从政要领和理念，说明他不愧为杰出的思想家、政治家。他所提出的这一理念，丰富了中华民族优秀传统文化的宝库。

子曰："苟有用我者，期月而已可也①，三年有成。"

《论语·子路篇》第 10 章

【译文】

孔子说："如果有人任用我治理国家，一年就可以收到成效，三年就能有成就。"

【注释】

①期：同"稘"（jī）。期月：一整年。《十三经注疏》："期月，周月也，谓周一年之十二月也。"一说为一整月。认为治国收到成效仅需一个月，显然不合情理，故不从。

【解读】

据《史记·孔子世家》记载，孔子曾在鲁国担任大司寇，为政颇有成效。后来到卫国，虽然得到卫灵公的礼遇，却不被卫灵公任用，于是孔子说了这番话。从孔子的德行、学问、能力来看，他完全有资格担当治理国家的重任，但当时的国君为了维护统治集团的既得利益而不任用孔子，所以孔子在这句话中既体现了自信，又对这种遭遇十分感慨。

季康子患盗①，问于孔子。孔子对曰："苟子之不欲②，虽赏之不窃③。"

《论语·颜渊篇》第 18 章

【译文】

季康子担忧盗贼太多，向孔子求教。孔子回答说："假如你不贪财，即使鼓励偷窃，也没有人去做。"

【注释】

①患：忧虑，担忧。　②欲：贪欲。这里指贪财。　③赏：奖励。这里意思是鼓励。

【解读】

春秋时期，由于上层统治者肆意搜刮百姓，贫富分化极为严重，老百姓苦不堪言，于是社会上盗贼成灾。季氏一家四代相继在鲁国执掌国政，季康子执政期间也大肆聚敛财富，不听孔子的劝告。此章孔子对季康子的回答，可说是一针见血，既谴责了季康子执政不公正的行为，又表达了自己对这种行为的不满。

三、治国思想

子欲居九夷①。或曰:"陋②,如之何!"子曰:"君子居之,何陋之有?"

《论语·子罕篇》第 14 章

【译文】

孔子想到偏远落后的地区去居住。有人说:"那里风俗不好,怎么行呢?"孔子说:"君子居住在那里,还会风俗不好吗?"

【注释】

①夷:古代东方少数民族泛称夷。九夷:淮夷,春秋时生活在淮水、泗水一带的少数民族。这里指偏远落后地区。 ②陋:一说指简陋,即条件艰苦,文化落后。一说指陋俗,即不好的风俗。此从后说。

【解读】

由于当时中原各诸侯国不行仁义,礼崩乐坏,战乱频发,孔子感到实现自己的政治理想已经无望,于是萌生了到偏远落后地区去居住的想法。他认为,君子身处偏远落后的地区,会致力于发展当地的文化,以仁德、礼制的学说影响当地的民风民俗,偏远落后之地就会发展变化,大为改观。今天看来,孔子的观点是可行的。孔子在两千多年前就能有这样的愿望,是难能可贵的。

子曰:"鲁卫之政,兄弟也①。"

《论语·子路篇》第 7 章

【译文】

孔子说:"鲁国和卫国的政治,像兄弟一样相似。"

【注释】

①兄弟:朱熹《论语集注》:"鲁,周公之后。卫,康叔之后。本兄弟之国,而是时衰乱,政亦相似,故孔子叹之。"

【解读】

鲁国的始封者周公和卫国的始封者康叔是兄弟。两国在居初时政治清明,犹如兄弟;到了春秋时期,鲁国国君昏聩,季氏专权;卫国卫灵公宠幸妃子,重用佞臣,后来又出现蒯聩、蒯辄父子争夺君位。两国都政治衰败,也犹如兄弟。孔子以兄弟关系来比喻鲁国和卫国的政治,措辞委婉,却表达了自己对鲁、卫两国政治的不满。

3. **民本**

子曰:"民可使由之①,不可使知之②。"

《论语·泰伯篇》第 9 章

【译文】

孔子说:"对于民众应该让他们遵循礼,没必要让他们知道为什么要这样做。"

【注释】

①可:应该。由:从。引申为跟从,跟随。这里指遵循礼。之:代词。这里指代礼制。刘开《论语补注》:"盘庚迁殷,民皆不欲,盘庚决意行之,诰谕再三,而民始勉强以从其后。子产治郑,都鄙有章,郑民始怨而后德之。故使之行其事,可也;而欲使明其事,则势有不能。" ②可:适合。不可:不适合、没必要。

【解读】

对孔子这一观点的理解,历来众说纷纭,甚至有人认为这一观点体现了孔子的愚民思想。从刘开《论语补注》所述的事例看,认为孔子的这一观点是愚民思想的体现显然过于牵强。"礼"是孔子学说的核心内容之一,要让民众"知礼""懂礼",并进而"遵循礼",并不是一件立竿见影的事情,因为既要让民众知道礼,又要让实践证明礼的重要,需要一个过程。因此,孔子认为首先要让民众知道礼、遵循礼,而没必要一定让他们知道为什么要遵循礼。在民众亲眼看到遵循礼带来的好处后,他们自然就知道为什么要遵循礼了。可见,孔子的这一观点是符合实践出真知的认识论思想的。

有的学者认为,此章的"使"解作"使用、动用","由"解作"用"或"因利而用""循势而用"。这样,此章应读为:"民可使,由之;不可使,知之。"意思是:如果民众可以使用,为政者就顺势、循情而使用他们;如果民众不能使用,为政者就应当知道其中的原因。"这就提醒为政者,应洞察民情、了解民意,不要硬做悖民意、违民时、伤民力的事。这样,便能够真正体现孔子那时的爱民思想和'使民以时'的主张。"(韩喜凯《名家评说孔子辨析》)

韩喜凯先生在比较各家观点优劣的基础上,做出了上述解读,既言之成理,又符合孔子的爱民思想和"使民以时"的主张。与拙著的解读比较,两者对前一个"之"字所指代的对象解释不同。韩喜凯先生解作"他们",指民众;拙著解作"它",指礼制,因而整句话所表达的观点就不同。两种解读各有侧重,都比较符合孔子一贯的思想。

子贡问政①。子曰:"足食,足兵,民信之矣。"子贡曰:"必不得已而去②,于斯三者何先?"曰:"去兵。"子贡曰:"必不得已而去,于斯二者何先?"曰:"去食。自古皆有死,民无信不立③。"

《论语·颜渊篇》第 7 章

【译文】

子贡询问怎样从政。孔子说:"要使粮食充足,军备充实,民众信任。"子

三、治国思想

贡说:"如果不得已要去掉一项,这三项中先去掉哪一项?"孔子说:"去掉军备。"子贡说:"如果不得已要再去掉一项,在剩下的两项中去掉哪一项?"孔子说:"去掉粮食。自古以来人都会死,如果民众不信任,国家就难以立足。"

【注释】

①政:政事。指从政。 ②必:副词。如果。去:去掉,放弃。 ③立:指立足。

【解读】

孔子认为,粮食充足,军备充实,民众信任,是执政的三大要务,当政者务必要高度重视。但三者之中,民众的信任是关键。如果当政者得到民众信任,能够得民心、顺民意,军备不足可以充实,粮食缺少可以生产。如果失去了民众的信任,不但国家难以立足,当政者也不会有好的结局。中外政坛上,可以看到许多得民心而政通人和、失民心而众叛亲离的事例。正因为这样,孔子所说的"自古皆有死,民无信不立"成了脍炙人口、流传千古的警句。

叶公问政①。子曰:"近者说②,远者来。"

《论语·子路篇》第 16 章

【译文】

叶公询问如何执政。孔子说:"让境内的人快乐,境外的人来投奔。"

【注释】

①叶(shè):春秋时楚国城邑名,在今河南省叶县以南。叶公:叶地的长官,名沈诸梁,字子高。《风俗通》:"楚沈尹戌生诸梁,食采于叶,因氏焉。" ②近者:近处的人。一说指境内的人,可从。

【解读】

春秋末期,楚国不断对外扩张,楚国邻国蔡国、吴国的百姓为战乱所扰,苦不堪言,楚国国内百姓负担沉重,怨声载道。针对楚国当时的情况,孔子劝告叶公要使"近者说,远者来",言外之意就是要楚国的当政者实行仁政,体恤百姓,关注民生,这样才能得到百姓的拥戴。

师冕见①,及阶,子曰:"阶也。"及席,子曰:"席也。"皆坐,子告之曰:"某在斯,某在斯。"师冕出。子张问曰:"与师言之道与②?"子曰:"然。固相师之道也③。"

《论语·卫灵公篇》第 42 章

【译文】

乐师冕来见孔子,走到台阶边,孔子说:"这是台阶。"走到坐席旁,孔子说:"这是坐席。"都坐好了,孔子告诉他说:"某人在这里,某人在这里。"乐师冕出去了。子张问道:"这是与盲人谈话的礼节吗?"孔子说:"对。这本来是帮助盲人的礼节。"

【注释】

①师:指乐师。冕:乐师的名。古代乐师,一般都是盲人。 ②师:乐师。这里指盲人。道:这里指方式、礼节。 ③固:本来。相(xiàng):扶助,帮助。

【解读】

盲人生活艰难,行动不便,是社会上的弱者。孔子在接待盲人乐师时小心翼翼,谈话时非常客气,体现了他以礼待人,特别是以礼接待盲人的仁者情怀。在这里,仁爱之心是孔子的内在情感,待人的礼节是仁的外在表现。仁和礼互为表里,相互依存,缺一不可。孔子在回答子张的问话时说:"固相师之道也。"这说明,在古代礼制中已有体现关心、尊重盲人的礼节。孔子对待盲人的态度和与盲人谈话的礼节,是世人学习的典范。

附录:孔子弟子的言论

子夏曰:"君子信而后劳其民①,未信,则以为厉己也②。"

《论语·子张篇》第10章

【译文】

子夏说:"君子得到信任后才去动员百姓,没有取得信任,百姓会认为在虐待伤害自己。"

【注释】

①劳(lào):劝勉。意思是动员。 ②厉:虐害。

【解读】

子夏认为,作为君子,对百姓首先要取得他们的信任,才能去动员。可见,取得对方充分的信任,是君子有所作为的前提条件。子夏的这句话也说明,作为领导者(官员、企业总裁、学校校长等等)要想在事业上有所建树,一是要取信于民,得到群众和下属的信任;二是要信任下属或群众,在明确职责、任务后,放手让他们去做,这样才能充分发挥他们的聪明才智,同时也能从他们那里听到好的意见和建议,有利于工作的开展。

4. 无为而治

子曰:"无为而治者①,其舜也与!夫何为哉②?恭己正南面而已矣③。"

《论语·卫灵公篇》第5章

三、治国思想

【译文】

孔子说:"以德政感化百姓而使天下太平的人,大概是舜吧!他做了什么呢?不过是以身作则,昭示天下罢了。"

【注释】

①无为:指以德政感化百姓,不滥施刑罚。与道家主张的顺其自然、不求有所作为不同。 ②夫:代词。他。 ③恭己:指帝王以端正严肃的态度约束自己。意思是谨慎地修养自身。南面:古代以坐北朝南为尊位,后泛指帝王或大臣的统治为南面。恭己正南面而已矣:谨慎地修养自身,端坐在王位上罢了。意思是以身作则,昭示天下罢了。

【解读】

孔子主张以德治国,反对对民众滥施刑罚。他所说的"无为而治",是指以德政感化百姓,不滥施刑罚,与道家主张的"无为而治"有根本的不同。孔子认为,实施"无为而治"的治国纲领,关键在于举用贤德的人才。据《尚书·舜典》记载,舜不但有德行,而且知人善任,任用禹做司空、弃为后稷、契做司徒、皋陶做士,分别负责水利、农业、教化、法律等政务。因此孔子称赞舜实现了"无为而治",由于他有一批贤能之士辅佐,自然不必多做什么。

四、教育思想

作为中国古代最杰出的教育家,孔子开了中国私立教育的先河。相传孔子先后教过的学生达三千人之多,并培养出了许多有才干的学生。由于孔子在其人生历程的后期一面进行古代文化典籍的整理,一面潜心于教育事业,并善于结合教育教学的实践进行探讨和总结,因而构建了涉及教育功能、教育内容、教学方法、学习方法、尊师重道等的完整的教育思想体系,成为中华民族教育思想的重要组成部分和璀璨夺目的珍宝。

孔子总结的"温故而知新"的学习规律、"学而不思则罔,思而不学则殆"的学习方法、"不愤不启,不悱不发,举一隅不以三隅反,则不复也"的教学方法,以及有针对性地教育学生的方法,等等,对中华民族历代的知识分子产生了广泛而深远的影响。

由于孔子的教育思想不可避免地会打上时代和阶级的烙印,我们在学习和研究孔子的教育思想时,必须剔除其唯心的、不合理的成分,继承其符合认识论原则和教育规律的精华。

1. 教育功能

或谓孔子曰①:"子奚不为政②?"子曰:"《书》云③:'孝乎惟孝④,友于兄弟,施于有政⑤。'是亦为政,奚其为为政⑥?"

《论语·为政篇》第 21 章

【译文】

有人对孔子说:"你为什么不参与政治?"孔子说:"《尚书》上说:'孝呀!只要孝顺父母,又能友爱兄弟,就会影响到政治。'这也就是参与政治,为什么做官才算参与政治呢?"

【注释】

①或:有人。　②奚:如何,为何,疑问词。为政:参与政治,从政。　③《书》:指《尚书》。　④乎:助词,表示赞叹。惟:只有。　⑤施:延续。这里意思是影响。　⑥其:助词,无义。《诗·唐风·扬之水》:"既见君子,

四、教育思想

云何其忧?"为为政：前一个"为"指做官，后一个"为"指参与。

【解读】

孔子引用《尚书》上的话，说明孝悌伦理对政治的影响。孔子认为，参与政治有多种途径，做官从政是参与政治，尊崇孝道、倡导人伦也是参与政治。从孔子一生的经历看，他曾先后担任过鲁国的中都宰、司寇等官职，后周游卫、宋、陈、楚等国，宣传他的政治主张，晚年回到鲁国，从事教育和古代文献整理，并创立了以"仁"为核心、以"礼"为形式的学说。可以说，孔子的一生都与政治有着密切的联系，他的积极入世的观念，在他一生的经历中得到了诠释。正如李泽厚先生所说："孔子的为政思想，实际是从做人来强调的。在孔子看来，不论为政者也好，不为政者也好，首要的就是要学会做人。"（《论语今读》）

子曰："自行束脩以上①，吾未尝无诲焉。"

《论语·述而篇》第 7 章

【译文】

孔子说："从达到入学年龄以上的人开始，我从来没有不教诲的。"

【注释】

①自行：从某种行为开始。脩：干肉。束脩：一说指十条干肉。这是古代上下亲友之间相互赠献的一种礼物。一说古代十五岁入学，入学必用束脩，因此指入学为束脩。郑玄《论语注》："谓年十五已上。"从后说。

【解读】

孔子历来重视因材施教，循序渐进。他的教学内容是六艺，要求十五岁以下的未成年人学习这些知识，未免操之过急，超过了他们的智力水平和接受能力。因此，孔子的教学针对十五岁以上的青年和成年人。这样的人，只要愿意做他的学生，他都不分贵贱，一视同仁，给予他们耐心细致的教诲，这充分体现了孔子以人为本、有教无类的教育思想。

子曰："有教无类①。"

《论语·卫灵公篇》第 39 章

【译文】

孔子说："教育学生要一视同仁，不要区分他们的类别。"

【注释】

①类：种类，类别。

【解读】

周代至春秋时期，由朝廷和官府办学，天子为贵族子弟设的大学叫辟雍，诸侯为贵族子弟设的学校叫泮宫，只有卿大夫的子弟才能入学。孔子创办"私学"，不问出身，广收门徒，打破了当时"学在官府"的局面，使不同阶级、出身的人都得到了受教育的机会。在孔子的学生中，有出身贵族的孟懿子，出身卑贱的仲弓，富有的子贡，也有学习勤奋的颜回，懒惰贪睡的宰予，率直果敢的子路。他们出身不同，性格各异，学习态度不一样，都在孔子办的学校里学习。孔子"有教无类"的教育思想，是中国教育史上的一个创举，一面旗帜，在世界教育史上也具有重要的意义。

附录：孔子弟子的言论

子夏曰："百工居肆以成其事①，君子学以致其道②。"

《论语·子张篇》第7章

【译文】

子夏说："各种工匠在作坊里完成自己的制作，君子通过学习来实现自己的理想。"

【注释】

①百工：各种工匠。肆：本指集市贸易的场所，这里指作坊。 ②致：达到。引申为实现。道：大道。指仁德等理想。

【解读】

子夏以各种工匠只有在作坊里才能完成制作为喻，说明君子实现理想、成就仁德必须通过学习的道理。子夏认为，学习仁德等知识，是实现理想、成就仁德的重要途径；一个人要成就仁德、实现理想，就必须专心致志地认真学习，而不能厌学、弃学。

2. 教育内容

子曰："弟子入则孝①，出则弟，谨而信②，泛爱众③，而亲仁④。行有余力⑤，则以学文⑥。"

《论语·学而篇》第6章

【译文】

孔子说："年轻人在家里，就孝顺父母；在外面，就尊敬兄长；处事谨慎，待人诚信，博爱众人，亲近有仁德之心的人。躬行之后还有余力，就去学习礼、乐等技艺。"

【注释】

①弟子：年幼的人。也泛称子弟。这里指年轻人。入：指在家里。与下文的"出"对应。 ②谨：谨慎。信：信用，诚信。 ③泛爱：博爱。 ④仁：

仁德。这里指有仁德之心的人。　⑤行：实行，躬行。指做到以上几件事。
⑥文：文献。朱熹《论语集注》："文，谓《诗》《书》六艺之文。"郑玄认为"文"指礼、乐、射、御、书、数等六项技艺。可从。

【解读】

此章是孔子对年轻人在待人、处世、交友、求知等方面提出的具体要求，体现了孔子的道德伦理思想。他所提出的要求虽然简单，却蕴涵着深刻的做人之道。在求知与做人的关系上，孔子强调首先要学会做人，懂得做人的规范和道理。在此基础上，再学习礼、乐等技艺，才能成为一个德才兼备的人。

子曰："人而不仁①，如礼何②？人而不仁，如乐何③？"

《论语·八佾篇》第3章

【译文】

孔子说："人如果没有仁爱，讲什么礼仪？人如果没有仁爱，讲什么音乐？"

【注释】

①仁：仁德，仁爱。　②礼：礼仪。　③乐：音乐。相传孔子整理诗、书、礼、乐、易、春秋六经，其中乐经就是音乐方面的著作。乐经亡于秦始皇焚书时。

【解读】

"仁"是孔子思想的核心内容之一。一个人有高尚的品德，有仁爱善良之心，才能在待人处世中遵循礼仪，才会去欣赏高雅纯正的音乐，并进而提升和塑造自己的品德情操。孔子认为，遵循礼仪、欣赏雅乐是仁爱、仁德的外在表现，但两者有着密切的联系。试想，一个不遵礼仪、行为粗野的人，怎么可能有仁爱之心呢？同样，一个乐于声色、喜好淫靡之音的人，怎么可能是仁德之人呢？因此，要成为一个举止高雅、文明守礼的人，就必须加强品德的修养，促进人性的完善。

子曰："志于道，据于德①，依于仁②，游于艺③。"

《论语·述而篇》第6章

【译文】

孔子说："立志于道，据守于德，依靠于仁，游憩于六艺。"

【注释】

①据：依据。引申为据守。朱熹《论语集注》："据者，执守之意。"
②依：依靠。　③游：游憩。朱熹《论语集注》："游者，玩物适情之谓。"艺：指礼、乐、射、御、书、数六艺。

【解读】

此章体现了孔子培养人才应德才兼备的教育思想。对处于求学阶段的人而言，立志是前提，修身是基础，仁德是目标，六艺是具体的学习内容。孔子认为，游憩于六艺，犹如投身于学海，不但能够学习文化知识，得到获取知识的快乐，而且能够使身心得到修养，德行得到提升。这就是孔子所追求的让学生在学习过程中既丰富知识，又享受快乐，并陶冶情操的教育的理想境界。

子曰："兴于《诗》①，立于礼，成于乐②。"

《论语·泰伯篇》第8章

【译文】

孔子说："《诗经》使人振奋，礼制使人自立，音乐使人成熟。"

【注释】

①兴（xīng）：喜悦。引申为振奋。　②成：成熟，完善。

【解读】

诗、礼、乐是孔子教学的主要内容。孔子以兴、立、成三个字，简明扼要地阐述了学习诗、礼、乐对于修身的重要性。诗歌作为表达人的情感的文学形式，能够陶冶人的情操，启迪人的心智，振奋人的精神；礼制能够规范人的行为，提高人的素质；音乐能够怡情养性，提高人的审美情趣，使人性得到成熟和完善。可见，孔子的教学内容是全面的，他要求学生既要重视自己的人性修养，又要掌握全面的知识和技能，这样才能担当大任，建功立业。

附录：体现孔子教育内容的章节

子以四教：文①、行②、忠、信。

《论语·述而篇》第25章

【译文】

孔子以四项内容教育学生：文献典籍、社会实践、忠于职守、诚实守信。

【注释】

①文：古代文献。　②行：躬行。引申为社会实践。

【解读】

此章虽不是孔子的言论，但介绍了孔子教育学生的内容。孔子教育学生的内容，一是文献典籍，这是传承古代优秀文化遗产的重要途径；二是社会实践，通过带领弟子们周游列国，或让一些弟子去从政，在社会实践中运用所掌握的知识，并通过实践增长才干；三是道德修养，教育弟子在平时注重道德品质的修养，并在社会实践中进一步树立忠于职守、诚实守信的精神。可见，孔子对学生的要求是全面的，他的教育目标是培养德才兼备的、能够治国平天下的优秀人才。孔子作为教育家,他的培养目标是明确的、高远的,非一般的教书匠所能做到。

子罕言利与命与仁①。

《论语·子罕篇》第1章

【译文】
孔子很少谈论功利和命运,却赞许仁德。

【注释】
①罕:少。利:指功利。与命:"与"(yǔ)为连词,和。与仁:"与"(yù)为动词,称誉,赞许。

【解读】
此章虽然不是孔子的言论,但却从孔子日常的言谈反映了他重视对学生进行人品道德教育的情况。

历来对此章的两个"与"有不同理解。有人认为均为连词;有人认为均为动词,都译为"许";有人认为均为动词,但前一个"与"译为"相信",后一个"与"译为"赞许";有人认为前一个"与"是动词,译为"赞许",后一个"与"是连词;金池、雅瑟则认为前一个"与"是连词,后一个"与"是动词(译为"赞许")。通观《论语》全书,把此章译为"孔子很少谈论功利和命运,却赞许仁德",体现了孔子一贯的思想。为此,本著采用金池、雅瑟的观点。

孔子认为,君子应该心怀天下,重义轻利,因此应该少谈功利;人的命运不可捉摸,带有很大的偶然性,可以重视,但不必去追求;仁德是关系人性道德修养和社会公德的大事,因此应该赞许,应该推行和弘扬。

李泽厚先生对孔子很少谈论的"命"有一段精彩的评论:"今日可以做的,似乎是应该去掉这一主宰人们的异己力量,将'命'不看作必然,而解作偶然。……从偶然中去建立必然,从机遇中去把握生活,从主动中去开辟未来,而不是等待、接受、认同种种偶然,这就是自己把握命运,战胜所谓'宿命'。这才是真正的'知命''立命',这才是真正的主体性。"(《论语今读》)

3. 教学方法

子贡曰:"贫而无谄①,富而无骄,何如②?"子曰:"可也。未若贫而乐③,富而好礼者也。"

子贡曰:"《诗》云:'如切如磋,如琢如磨④',其斯之谓与?"子曰:"赐也⑤,始可与言《诗》已矣⑥!告诸往而知来者⑦。"

《论语·学而篇》第15章

【译文】

子贡说:"贫穷却不奉承献媚,富有却不傲慢无礼,这种行为怎么样?"孔子说:"可以。但不如贫穷却乐于道德修养,富有却崇尚礼义的人。"

子贡说:"《诗·卫风·淇澳》说:'要像加工骨器、象牙、玉器、石器一样,不断地切磋琢磨',说的就是这个意思吗?"孔子说:"子贡呀,现在可以和你讨论《诗》了!告诉你一个道理,你就能自行发挥、触类旁通了。"

【注释】

①谄:奉承,献媚。 ②何如:怎么样。 ③贫而乐:皇侃《论语义疏》:"乐"后有"道"字。《史记·仲尼弟子列传》亦作"贫而乐道"。可从。 ④如切如磋,如琢如磨:语出《诗·卫风·淇澳》。古时骨器加工叫切,象牙加工叫磋,玉的加工叫琢,石的加工叫磨。后用来比喻相互间的研讨。 ⑤赐:子贡名。孔子对他的学生都略去姓而直接称名。 ⑥始:方,才。这里意为现在。言:谈,讨论。 ⑦诸:指代人或事、物,通"之"。往:过去的事。这里指刚讲过的道理。来者:未来的事。这里指还没讲的知识或道理。

【解读】

孔子和学生子贡的对话,体现了孔子循循善诱、举一反三的教学方法,成为中国教育史上广为流传的生动案例。在教学内容上,孔子提出的"贫而乐道""富而好礼"的要求,体现了孔子以德为先的教育观。孔子希望自己的学生"乐道""好礼",他所推崇的伦理观念显然具有时代的局限性。在两千多年后的今天,我们有必要赋予其新的内涵,使他的思想和学说更具生命的活力。

子谓子贡曰:"女与回也孰愈①?"对曰:"赐也何敢望回②?回也闻一以知十③,赐也闻一以知二。"子曰:"弗如也④!吾与女弗如也。"

《论语·公冶长篇》第9章

【译文】

孔子对子贡说:"你和颜回谁强些?"子贡回答说:"我怎么敢和颜回相比?颜回听到一件事就能推知十件事,我听到一件事只能推知两件事。"孔子说:"真比不上!我和你都比不上。"

【注释】

①也:语气词。用在句中,表示停顿,以引起下文。愈:胜过。孰愈:谁强。 ②望:通"方",比较。《礼·表记》:"以人望人,则贤者可知己矣。" ③闻一以知十:形容聪明,善于类推。知:知道。这里指推知。 ④弗如:不如,比不上。

【解读】

颜回聪明好学,领悟能力很强,是孔子的得意门生。孔子想知道学生子贡

四、教育思想

对颜回的评价，实际是想从侧面对颜回做一番了解。以印证自己对颜回的看法。孔子这个做法显然是符合认识论的。由于颜回能够闻一知十，善于类推，因此孔子坦陈自己也比不上。他这样坦荡、自谦，以身示范，体现了他要求学生谦虚好学的良苦用心。

子曰："中人以上①，可以语上也②；中人以下，不可以语上也。"

《论语·雍也篇》第21章

【译文】

孔子说："中等水平以上的人，可以谈论高深的道理；中等水平以下的人，不可以谈论高深的道理。"

【注释】

①中人：智力和学识中等的人。　②上：指高深的学问或道理。

【解读】

循序渐进，因材施教，是孔子教育思想的重要内容。孔子认为，对不同水平和层次的人，要针对性地教给不同的知识，否则就会事与愿违，收不到预期的效果。对中等水平以下的人谈论高深的道理，无异于对牛弹琴，听者痛苦，讲者也费力。因此，无论是教学，还是演讲或谈话，都要弄清对象，讲的内容一定要因人而异，做到有的放矢，有针对性。

子曰："不愤不启①，不悱不发②。举一隅不以三隅反③，则不复也④。"

《论语·述而篇》第8章

【译文】

孔子说："不到苦思苦想而不能领会时，就不开导；不到想说而不能恰当说出时，就不启发。举出事物的一个方面，不能进而类推事物的其他方面，就不重复教他了。"

【注释】

①愤：憋闷，郁积。指思考问题而不能领会。　②悱（fěi）：想说而不能恰当说出的样子。意思是产生疑虑。　③一隅：一个角落。比喻事物的一个方面。三隅：比喻事物的其他方面。反：类推。　④复：再次，重复。

【解读】

此章是孔子在中国教育史上有着重要影响的名言。孔子认为，教学应注重启发式，要采取多种措施让学生自己去思考问题，加深对知识的理解。古今许多教师在课堂上口若悬河，滔滔不绝，只顾自己讲，不管学生听不听，理解不理解。这种填鸭式、满堂灌的教学方法，既不符合孔子的要求，也违背了教学规律。在此章，孔子还强调，学生在课堂上应该有主动性，要积极主动地思考问题，做到举一反三，善于类推，这样才能真正理解和掌握所学的知识，同时又能提高分析问题、解决问题的能力。

互乡难与言①，童子见②，门人惑。子曰："与其进也，不与其退也，唯何甚③？人洁己以进④，与其洁也，不保其往也⑤。"

《论语·述而篇》第29章

【译文】

互乡这个地方的人很难打交道，那里的一个少年得到孔子的召见，学生们感到困惑。孔子说："要容许他进步，不赞成他退步，为什么那么过分？别人洁身自好以求进步，容许他洁身自好，并不是要保证他过去没有过错。"

【注释】

①互乡：地名，所在地点不详。言：交谈。指打交道。　②童子：未成年的人。　③唯：以，因为。唯何：因为什么，为何。甚：过分。　④洁己：把自己清洗干净。意思是洁身自好。　⑤保：保证。一说"保护"（李泽厚持此说）；一说"守"，译为"死记住"（杨伯峻持此说）。均可。

【解读】

此章说明，孔子看一个人重现实表现，而不纠缠以往的过失。他鼓励别人进步，宽容别人的缺点，体现了一个具有仁爱之心的人的宽广胸怀。正如李泽厚先生所说："重视后天的学习、教育、建构、塑造，其中包括改正错误，此乃儒学根本精神，而所谓人性、人道、善行、善业均由此而获得，由此亦见孔子的宽容精神：常与人为善。"（《论语今读》）

子路问："闻斯行诸①？"子曰："有父兄在，如之何其闻斯行之②？"冉有问："闻斯行诸？"子曰："闻斯行之。"公西华曰："由也问'闻斯行诸'，子曰'有父兄在'。求也问'闻斯行诸'，子曰'闻斯行之'。赤也惑③，敢问。"子曰："求也退④，故进之⑤；由也兼人⑥，故退之⑦。"

《论语·先进篇》第22章

【译文】

子路问："听到可以做的事就去做吗？"孔子说："父亲兄长健在，怎么能听到可以做的事就去做呢？"冉有问："听到可以做的事就去做吗？"孔子说："听到了可以做的事就去做。"公西华说："子路问'听到可以做的事就去做吗'，老师说'父亲兄长健在'。冉有问'听到可以做的事就去做吗'，老师说

四、教育思想

'听到了可以做的事就去做'。我感到困惑,因此向老师请教。"孔子说:"冉有为人谦让,所以我鼓励他;子路好勇过人,所以我抑制他。"

【注释】

①斯:这。指可以做的事。行:实行,做。　②如之何:怎么能。　③赤:即公西华,名赤,字子华,比孔子小四十二岁。　④退:谦让。　⑤进:促进。这里意思是鼓励。　⑥兼人:胜过别人。指子路好勇过人。　⑦退:除掉,停止。意思是抑制。

【解读】

孔子长期从事教育,积累了丰富的教育、教学经验。他在教学和育人中注重针对性,真正做到了因材施教,此章就是一个既生动又典型的例证。正如毕宝魁先生所说:"这种对于不同个性心理进行有针对性发掘和实现的方式,是孔子教育思想的一大特色,具有深远和普遍的意义,对于现代教育也有很大的启发和指导作用。"(《论语精评真解》)到了21世纪,那些抱着"填鸭式""满堂灌"教学方法不放的教师,对照一下两千多年前孔子的教学方法,难道不觉得愧对自己的学生吗?

子曰:"赐也,女以予为多学而识之者与①?"对曰:"然,非与?"曰:"非也。予一以贯之②。"

《论语·卫灵公篇》第3章

【译文】

孔子说:"子贡啊,你以为我是博学又能记得住的人吗?"子贡说:"对啊,难道不是这样吗?"孔子说:"不是这样,我是用一个基本观念来贯穿它。"

【注释】

①识(zhì):通"志",记住。　②一以贯之:用一个基本观念贯穿它。

【解读】

在《里仁篇》孔子与曾参的对话中曾说过"吾道一以贯之"。曾参认为孔子所说的"道"就是"忠恕"。子贡聪明好学,反应敏捷,是孔子的得意门生,孔子询问他自己是不是博学又能记得住的人,目的是要告诉子贡治学要"一以贯之"的道理。孔子认为,治学不能只求获得广博的知识并能记住,关键在于加深理解,能够运用。否则,学习和记忆的知识再多,却不能在实践中运用,也只能是夸夸其谈的书呆子。

古今学者对"一以贯之"的理解,分歧较大。汉代儒者以"驾行"解"一贯",认为应以行为贯串一切知识;宋代儒者以"忠恕"解"一贯",认为应以忠恕和宽容的思想贯串所学知识。李泽厚先生认为,"一贯"应指"统帅贯串这些知识的基本观念和结构。无这基本观念、结构,尽管博闻强记,学问仍如一地散钱而已。所谓大学问家者，不也有如此的么？"(《论语今读》)三种说法都有其道理，但第三种说法更为贴切，也更符合孔子的意思。应该注意的是，对"基本观念"可有多种解释：学习知识重在理解、运用的观念；分门别类学习知识的观念；学习知识目的在于以忠恕之道待人处世的观念等。

"唐棣之华①，偏其反而②。岂不尔思③？室是远而④。"子曰："未之思也，夫何远之有？"

《论语·子罕篇》第31章

【译文】

"唐棣树的花，不停地摆动。难道不想念你吗？因为家住得太遥远。"孔子说："那是没有真的想念，如果真的想念，有什么遥远的呢？"

【注释】

①唐棣：即郁李，植物名。也作棠棣。属蔷薇科落叶小灌木，种子称"郁李仁"。《诗·小雅》中有"棠棣"一诗。华：同"花"。 ②偏：侧，不正。反：反复。偏其反而：形容花摇摆不定。 ③尔思：思念你。 ④室：住处。

【解读】

此章前四句在今本《诗经》中没有，是古代逸诗。诗的前两句喻指思念的对象，或许是年轻美貌的姑娘。孔子借此发挥，以"唐棣之华"喻指周代制定的礼仪制度。孔子认为，如果真的要传承周代礼制，对民众施行仁政，就不会觉得周代礼制离自己太遥远。可见，"孔子这是借题发挥，用类比的方法阐述他'仁远乎哉？我欲仁，斯仁至矣'的观点，不放弃任何机会对学生进行教育"(毕宝魁《论语精评真解》)。

附录：孔子弟子的言论

颜渊喟然叹曰①："仰之弥高②，钻之弥坚③。瞻之在前④，忽焉在后。夫子循循然善诱人⑤，博我以文⑥，约我以礼，欲罢不能。既竭吾才，如有所立卓尔⑦。虽欲从之，末由也已⑧。"

《论语·子罕篇》第11章

【译文】

颜回感叹地说："仰望它更觉得崇高，钻研它更觉得艰深。观望时好像在前面，忽然又觉得在后面。老师善于一步步地引导，用文献典制来丰富我，用礼仪规范来约束我，使我想停止不学都不可能。我已经竭尽了自己的才能，好像有所成就。虽然想跟随老师继续前行，又不知道从何处入手。"

【注释】

①喟然：感叹的样子。　②弥：更加。　③钻：钻研。坚：坚固。这里意思是深奥、艰深。　④瞻：向上或向前看。这里指观望。　⑤循循然：有次序的样子。诱：劝导，引导。　⑥博：丰富。文：指文献典制。　⑦卓：高超。有所立卓尔：意思是有所成就。　⑧末：无，没有。意思是不知。由：从，从何。

【解读】

颜回非常敬佩老师孔子，用"仰之弥高，钻之弥坚。瞻之在前，忽焉在后"十六个字称赞孔子的道德、学问崇高、艰深，使人感到难以企及。但孔子不愧为杰出的教育家，他采取循循善诱的教学方法，使学生掌握丰富的文献典制知识，并以礼仪规范约束自己的行为，使学生产生了学习的兴趣和强烈的求知欲，达到了"欲罢不能"的境地。颜回又说：当自己努力学习而学有所成后，想跟随老师继续前行而不知从何入手，一方面表现了他的谦虚和对老师的敬重，另一方面说明了孔子学问的广博和高深。

子游曰："子夏之门人小子，当洒扫①、应对②、进退③，则可矣。抑末也④，本之则无⑤，如之何？"子夏闻之，曰："噫！言游过矣⑥！君子之道，孰先传焉？孰后倦焉⑦？譬诸草木，区以别矣。君子之道，焉可诬也⑧？有始有卒者⑨，其惟圣人乎！"

《论语·子张篇》第12章

【译文】

子游说："子夏的学生，担任打扫卫生、接待客人、进退礼仪这样的事，是可以的，但这是细枝末节，根本性的大道却没有，怎么行呢？"子夏听说后，说："唉！子游说错了！君子的大道，先传授的，就会先厌倦；后传授的，就会后厌倦。好像花草树木，各有不同的类型。君子的大道，怎么可以曲解呢？有始有终按先小后大的次序传授大道，只有圣人才能做到。"

【注释】

①洒扫：洒水扫地。指打扫卫生。　②应对：交答。指接待客人。　③进退：指向主人引荐客人并退出时的礼节。　④末：细枝末节。　⑤本：根本。指根本性的大道。　⑥言游：言偃字子游，故称言游。　⑦倦：厌倦。孰先传焉，孰后倦焉：此句用了互文的修辞方法，完整的表达应为："孰先传焉，孰先倦焉；孰后传焉，孰后倦焉。"（徐刚《孔子之道与〈论语〉其书》）　⑧诬：诬蔑。引申为歪曲、曲解。　⑨卒：完毕，终了。

【解读】

子夏认为子游的观点不符合循序渐进的教学原则,因此进行了反驳,并指出教育学生应该从近处、小处入手,逐步达到更高的层次。正如宋代学者程颐所说:"君子教人有序,先传以小者、近者,而后教以大者、远者。非先传以近、小,而后不教以远、大也。"(朱熹《论语集注》)子夏主张从日常行为规范入手,让学生懂得仁德、礼仪的道理;然后再根据学生的学习情况,进行分类教学,因材施教。子游则主张本、末兼顾,寓仁德、礼仪的道理于日常行为规范的教育之中。两人所主张的教学方式不同,各有其特点和优势。但对于难易程度不同、要求不同的知识,还是以先易后难、循序渐进的教学方法为宜。

4. 学习方法

子曰①:"学而时习之②,不亦说乎③?有朋自远方来④,不亦乐乎?人不知而不愠⑤,不亦君子乎⑥?"

《论语·学而篇》第1章

【译文】

孔子说:"学习知识并经常复习,不也很愉快吗?志同道合的人从远方来,不也很快乐吗?别人不理解却不怨恨,不也是君子吗?"

【注释】

①子:古代对有学问、有道德男子的尊称。在《论语》中,"子曰"的"子"均指孔子。 ②习:复习,练习。《礼·月令·仲春之月》:"命乐正习舞。" ③说(yuè):通"悦",高兴,愉快。 ④有:通"友",亲爱,友爱。《左传·昭公二十年》:"若不获扞外役,是不有寡君也。"朋:同学。汉郑玄注:"同门曰朋,同志曰友。"这里指弟子。有朋:指志同道合的人。 ⑤愠(yùn):怨恨,恼怒。《诗·邶风·柏舟》:"忧心悄悄,愠于群小。" ⑥君子:泛称有才德的人。

【解读】

此章作为《论语》第一篇的首章,开宗明义,介绍了学习的方法和待人的态度,反映了作为教育家的孔子学而不厌、重视相互切磋和人格修养的主张。此章语言简洁,内涵丰富,读之浅易上口,思之启人心智,成为两千多年来脍炙人口的名言。

子入太庙①,每事问②。或曰:"孰谓鄹人之子知礼乎③?入太庙,每事问。"子闻之,曰:"是礼也。"

《论语·八佾篇》第15章

四、教育思想

【译文】

孔子走进太庙,每件事情都要询问。有人说:"谁说叔梁纥的儿子懂得礼呢?他走进太庙后,每件事都要询问。"孔子听到这种议论,说:"这就是礼。"

【注释】

①庙:古代供祀祖宗的屋舍。太庙:古代天子的祖庙。春秋时,鲁国对周公的庙也称太庙。　②每事:指有关祭祀的礼器和仪式等。　③鄹(zōu):鲁国的一个城邑。因孔子的父亲叔梁纥曾做鄹大夫,因此称为鄹人。

【解读】

此章所说孔子入太庙的时间不详。如果是在年轻时入太庙,则对祭祀的礼器、仪式等知道得不多;如果是在中年以后,特别是熟悉周礼之后入太庙,则对祭祀的内容和要求非常熟悉。但无论他是何时进入太庙,他能对每件不知道的事情提问,甚至知道的事情也询问,说明了他的好学和谦虚。特别是对知道的,或一知半解的事情提问,更说明了他对问题的谨慎,反映了他"知之为知之,不知为不知"的求知精神。

　　冉求曰:"非不说子之道①,力不足也。"子曰:"力不足者,中道而废②。今女画③。"

《论语·雍也篇》第 12 章

【译文】

冉求说:"不是不喜欢先生的学说,是我能力不够。"孔子说:"能力不足的,走到中途才会停歇。现在你是划定界限而不往前走。"

【注释】

①说:通"悦",高兴,喜欢。　②废:废除,停止。　③画:同"划",划定界限。朱熹《论语集注》:"谓之画者,如画地以自限也。"

【解读】

冉求在学习孔子学说过程中产生了畏难情绪,孔子不是简单地批评,而是为他分析原因,这体现了孔子对学生循循善诱的态度,以及诲人不倦的精神。当今社会,许多在学业和事业上遇到困难,产生了畏难情绪的人,不妨向孔子学习,认真去找一下原因,并进而提出解决问题的有效办法。在困难或问题面前裹足不前,将会前功尽弃,一事无成。对待学习和事业是这样,对待个人修养也是这样。

　　子曰:"譬如为山,未成一篑①,止,吾止也②;譬如平地,虽覆一篑③,进,吾往也。"

《论语·子罕篇》第 19 章

73

【译文】

孔子说:"好比堆土成山,只差一筐土就完成,却停下来,是我中途停止;好比平整土地,虽然只倒下一筐土,却在进行,我就在不断前进。"

【注释】

①篑(kuì):盛土的竹筐。一篑:指一筐土。 ②止:指中途停止。 ③覆:覆盖。这里指倒土。

【解读】

孔子以堆土成山和平整土地做比喻,说明做任何事情都必须有韧性,只有坚持到底,而不半途而废,才能取得成功。这个比喻还说明,事物在发展过程中,经过量的积累才能达到质的飞跃。人的学习、修身,也必须具有矢志不渝、永不言弃的精神,才能实现预期的目标。孔子善于联系生活实际,以具体事物做比喻,进而说明深刻的道理。这正是孔子的伟大之处,也是孔子智慧的生动体现。

子曰:"吾尝终日不食,终夜不寝,以思,无益,不如学也。"

《论语·卫灵公篇》第31章

【译文】

孔子说:"我曾经整天不吃饭,整晚不睡觉,用来思考,结果没有收获,不如去学习。"

【解读】

此章讲思考和学习的关系。孔子认为,如果脱离学习和实践,整天冥思苦想,只能是空想、玄想,不会有所收获。与其这样去空想,不如认真学习,并结合所学知识进行思考,以加深对知识的理解并能在实践中运用。孔子所说的学习,很重要的内容就是仁德、礼制思想。通过对包括仁德、礼制在内的文化典籍的学习,并认真思考、领悟,从而提升自己的德行、操守,才能使自己成为有德行、有学问的君子。孔子反对空想,主张学、思结合的观点,符合人的认识规律,值得学习和借鉴。

子贡问曰:"孔文子何以谓之'文'也①?"子曰:"敏而好学②,不耻下问③,是以谓之'文'也。"

《论语·公冶长篇》第15章

【译文】

子贡问道:"孔文子因为什么被授予'文'的谥号?"孔子说:"他勤勉好学,不以向不如自己的人请教为耻,所以授予他'文'的谥号。"

四、教育思想

【注释】

①孔文子：名圉（yǔ），卫国大夫。"文"是他的谥号。谓：称为。这里指授予。 ②敏：勤勉。 ③下问：以能问于不能，以多问于少，以上问于下，都称下问。不耻下问：不以向学识、地位不如自己的人请教为耻。

【解读】

孔子通过评价孔文子，提出了学习中应该重视的两个问题，即勤勉和虚心。学习知识是一个漫长而艰苦的过程，没有勤奋学习的精神和矢志不渝的恒心，不可能获得真才实学。因此，只有虚怀若谷，不耻下问，才能增长见闻，取他人之长补自己之短。"敏而好学，不耻下问"这句孔子所说的流传千古的名言，启示并滋养了中华民族发展史上一代又一代的学者，使他们成为学术领域的大师和泰斗，取得了令世人瞩目的学术成就。

子曰："攻乎异端①，斯害也已②。"

《论语·为政篇》第16章

【译文】

孔子说："攻击与自己不同的观点、主张，这是有危害的。"

【注释】

①攻：攻击。异端：指与自己不同的观点、主张。朱熹《论语集注》："异端，非圣人之道，而别为一端，如杨、墨是也。" ②斯：此，这。也：语气词，表示判断语气。已：语气词，用于语尾，表示确定。

【解读】

和谐、包容是孔子一贯的思想。孔子认为，不同的观点和主张，应该交流、争论甚至碰撞，这体现了孔子学说求同存异的宽容精神，这正是战国时期出现百家争鸣、学术繁荣局面的原因之一。汉代罢黜百家、独尊儒学的做法，有悖于孔子求同存异的主张，但在儒学的倡导和发展过程中，仍然吸纳了道家、法家、阴阳家甚至佛学典籍中的不少有益成分，并进而形成康有为、谭嗣同为代表的近代儒学。可见，兼容并包、求同存异的宽容精神，是学术繁荣、社会发展不可缺少的重要因素，在人类进入信息化、多元化的时代，这种精神尤为重要。

子曰："述而不作①，信而好古，窃比于我老彭②。"

《论语·述而篇》第1章

【译文】

孔子说："传述阐释而不创作，相信并喜爱古代文化，我私下把自己和老彭相比。"

【注释】

①述：传述、阐述已有的成果。作：创作，创立新说。 ②窃：私下。谦辞。老彭：一说为商代的贤大夫，是好述古事而又长寿的人；一说为老子和彭祖。难以确指。

【解读】

孔子的这段话，说明他的思想和学说传承了古代文化的成果，与古代文化传统有着密切联系。孔子所推行的"仁""礼"学说，既继承了周代礼制的积极成果，又联系自己所处的礼崩乐坏的时代赋予了新的内容，既有好古守旧的一面，又有积极创新的一面。可见，孔子说自己"述而不作"，实际是"述而有作"。孔子这种治学态度，对古代传统文化的继承和创新发挥了重要的作用。

子曰："默而识之①，学而不厌②，诲人不倦，何有于我哉③？"

《论语·述而篇》第2章

【译文】

孔子说："默记在心，学习而不觉厌倦，教导别人而不知疲倦，对我来说还有什么呢？"

【注释】

①识（zhì）：记住。 ②厌：满足，厌倦。 ③何有："有何"的倒装。

【解读】

"默而识之"是孔子采取的学习方法。只有把所学的知识默记在心，才能通过分析思考真正理解这些知识，这个方法与死记硬背的方法有着根本的不同。"学而不厌"是孔子勤奋学习的态度。由于专心致志地投入到学习中，所以不会感到满足和厌倦。"诲人不倦"则体现了孔子对教育事业的投入和对学生的关心。"学而不厌，诲人不倦"这句话，从教和学两个方面揭示了孔子的教育思想，成为流传千古、世人皆知的名言。

子曰："盖有不知而作之者①，我无是也。多闻，择其善者而从之；多见而识之，知之次也②。"

《论语·述而篇》第28章

【译文】

孔子说："大概有不懂得而凭空造作的人，我没有这种情况。多听，选择其中好的予以遵行；多看，然后记住其中的要领；这样的知，比起'生而知之'的知就次一等。"

【注释】

①盖：大概。作：妄作，凭空造作。 ②次：次一等，差一点。

四、教育思想

【解读】

在《季氏篇》第 9 章，有孔子关于"生而知之者上也，学而知之者次也"的话，杨伯峻先生认为，此章的"知之次也"，正是"学而知之者次也"的意思，孔子自己也说他是"学而知之"的人（"好古，敏以求之"）。可见，孔子虽然承认"生而知之"，并认为"生而知之"的人有天赋，这种"知"是上等智慧，但他认为自己是"学而知之"，这种"知"与"生而知之"的"知"相比要次一等。我认为，所谓"生而知之"，并不是生下来就懂得某些知识，而是对某一领域的知识有极强的领悟力，即在某个领域的知识上具有天赋，如孙武之于兵法、李白之于诗歌、苏东坡之于词、华罗庚之于数学、钱学森之于空气动力学、贝多芬之于音乐，等等，就诠释了天赋与成就的关系，也证明了孔子并不否认有"生而知之"的杰出人才的态度是颇为明智的。孔子否认自己是"生而知之"的天才，认为自己的知识和成就来自勤奋学习，来自对社会和周围事物的"多闻""多见"。这种虚心好学、实事求是的态度，正是孔子的伟大之处。

子曰："君子谋道不谋食①。耕也，馁在其中矣②；学也，禄在其中矣③。君子忧道不忧贫。"

《论语·卫灵公篇》第 32 章

【译文】

孔子说："君子谋求正道而不考虑衣食。耕作，就能得到食物；学习，往往得到俸禄。君子担忧正道能否实行，而不担忧是否贫穷。"

【注释】

①道：指事业。食：食物。这里指衣食。　②馁：《中华大字典》："馁，餧或字。"又注："餧，飤也……原本《玉篇》云，以物散与鸟兽食之。"飤（sì）：以食食人。这里意思是得到食物。许多学者把"馁"解作饥饿，不从。　③禄：俸禄。

【解读】

孔子主张君子应该谋求正道，考虑大事，不能为衣食等小事分散精力。他认为，努力耕作，就能解决吃饭问题；致力于学习，成为德才兼备的人，就有机会从政而得到俸禄。君子应该担心的是正道能否实行这样的大事，而不能常常考虑担忧自己贫穷的处境。孔子鼓励学生专心学习，提倡"学而优则仕"，非常重视对学生的理想教育，因此培养了一大批优秀人才。但他思想中存在的轻视体力劳动的倾向，有着明显的局限性。

子曰："不曰'如之何，如之何'者①，吾末如之何也已矣。"

《论语·卫灵公篇》第 16 章

【译文】

孔子说:"不说'怎么办,怎么办'的人,我也不知道对他该怎么办了。"

【注释】

①如之何:怎么办。朱熹《论语集注》:"'如之何,如之何'者,熟思而审处之辞也。不如是而妄行,虽圣人亦无如之何矣。"

【解读】

生活中,有的人遇事就说"没问题",不说"怎么办",仓促表态,轻率行动,结果事与愿违,甚至带来严重的后果。孔子认为,一个人遇事应该多问一个"怎么办",通过深思熟虑,对问题有一个客观全面的了解,然后提出妥善的解决办法,这样才能达到预期的目的。此章可能是孔子在与学生谈话时有感而发,孔子表示无奈的神情如在眼前。

子曰:"予欲无言。"子贡曰:"子如不言,则小子何述焉①?"子曰:"天何言哉?四时行焉②,百物生焉。天何言哉?"

《论语·阳货篇》第19章

【译文】

孔子说:"我想不说话了。"子贡说:"老师如果不说话,那我们年轻人传述什么呢?"孔子说:"天说了什么话呢?四季照样运行,万物自然生长。天说了什么话呢?"

【注释】

①述:传述。 ②时:一年中的一季。四时:四季。

【解读】

此章蕴涵着深刻的哲理。孔子以四季运行、万物生长为喻,说明客观事物不因人的主观愿望而发生改变,有自身发展的规律。人的学习不能停留在传述前人或老师讲述的知识上,重要的是要学会观察事物,从四季运行、万物生长,以及人的言谈举止中领悟做人之道和人生真谛。

附录:孔子弟子的言论

曾子曰:"以能问于不能,以多问于寡;有若无,实若虚,犯而不校①,昔者吾友尝从事于斯矣②。"

《论语·泰伯篇》第5章

【译文】

曾子说:"有才能的向没有才能的请教,知识广博的向知识不多的请教;有学问像没有学问,内在充实像空无所有,受到冒犯而不计较,过去我的朋友就在这些方面认真做过。"

【注释】

①校：同"较"，计较。　②吾友：前人大多认为是指颜渊。可从。

【解读】

此章阐述了求学、做人之道。一个人要不断进步，就要虚怀若谷，待人以礼，不但要向学问知识比自己多的人学习，还要向学问知识比自己少的人学习；不但要向有才能的人请教，而且要向没有才能的人请教。"有若无，实若虚"，这是谦虚而决不目中无人的表现；"犯而不校"，这是有修养的君子的行为。可见，曾参的这一番话，强调了求学、做人应以谦虚为本的主张，以及宽以待人的处世态度。

子夏曰："日知其所亡①，月无忘其所能②，可谓好学也已矣。"

《论语·子张篇》第5章

【译文】

子夏说："每天知道一些新知识，每月复习一下所掌握的知识，可以说是好学了。"

【注释】

①亡：通"无"，未知的。指新知识。　②无忘：不遗忘。意思是复习。所能：指所掌握的知识。

【解读】

子夏的话虽然平易，却提出了两个重要的学习方法，即"日积月累"和"及时复习"。首先，学习知识是一个漫长的过程，只能每天学习一些新知识，日积月累，积数年甚至数十年之功，才能通晓所学专业的知识，成为学识广博的专家或学术领军人物。如果不愿下工夫，耐不住寂寞，贪多图快，幻想一蹴而就，必然事与愿违，达不到预定的目标。其次，已经学习并掌握了的知识，时间久了就会遗忘，等到遗忘之后再去重新记忆，就会花费更多的时间和精力。在所掌握的知识遗忘之前进行"及时复习"，省时省心，效果显著。可见，好学的人是懂得并能运用"日积月累""及时复习"的学习方法的。

子夏曰："贤贤易色①，事父母②，能竭其力，事君，能致其身③，与朋友交，言而有信④。虽曰未学⑤，吾必谓之学矣。"

《论语·学而篇》第7章

【译文】

子夏说："对待人要敬重其德行，而不能以貌取人；侍奉父母，能尽心竭力；侍奉国君，能献出生命；与朋友交往，能信守承诺。他虽说没有学过

79

《诗》《书》《礼》《乐》，我一定说他已经学习过了。"

【注释】

①贤贤：前一个"贤"为动词，尊重，引申为敬重；后一个"贤"为名词，善。这里指德行。易：轻视。《左传·僖公二十二年》："国无小，不可易也。"色：美色。这里指容貌。易色：轻视容貌。《史记·仲尼弟子列传》记载："澹台灭明，武城人，字子羽，少孔子三十九岁。状貌甚恶。欲事孔子，孔子以为材薄。既已受业，退而修行，行不由径，非公事不见卿大夫。南游至江，从弟子三百人，设取予去就，名施乎诸侯。孔子闻之，曰：'吾以言取人，失之宰予；以貌取人，失之子羽。'"子夏比孔子小四十四岁，比澹台灭明小五岁，孔子"以貌取人，失之子羽"的事，他应该知道。因此，子夏说的"易色"，就是不以貌取人的意思。 ②事：侍奉。 ③致：尽。致身：献身，献出生命。 ④言：说话。这里指承诺。 ⑤未学：指没有学习过《诗》《书》《礼》《乐》等。

【解读】

此章子夏从如何对待人、如何侍奉父母、如何侍奉国君、如何与朋友交往四个方面，深入浅出地阐述了做人的道理，强调做人应以德行、诚信为本，学习知识应立足于实践和运用，而不能做只读圣贤书而不会立身处世的书呆子。

5. 尊师重道

子曰："吾与回言终日①，不违②，如愚。退而省其私③，亦足以发④，回也不愚。"

《论语·为政篇》第9章

【译文】

孔子说："我和颜回交谈一整天，他都不提反对意见和疑问，像愚笨的人。他退下后，我观察他平时的言行，也能够发挥我所讲的道理，颜回并不愚笨。"

【注释】

①回：即颜回，字子渊，鲁国人。 ②不违：不违背。意思是不提反对意见。 ③省：观察，留意。私：私下。指平时的言论。 ④发：发挥。

【解读】

此章反映了孔子"学贵知疑""重在发挥"的教育理念。孔子教育学生非常认真，这不但表现在自己讲授的内容和方式上，还表现在他对听讲学生的关注上。孔子发现了颜回听讲时的情况，却并不轻易下结论，而是通过观察他平时的言行，以了解他掌握和运用知识的真实情况，这说明孔子的教育是严谨的，他对学生的关心是全面的。孔子对颜回的评价，说明学生的学习必须注重对知识的理解和运用，能够做到举一反三，触类旁通。

四、教育思想

子曰:"温故而知新①,可以为师矣。"

《论语·为政篇》第 11 章

【译文】
孔子说:"温习旧知识时,能领悟新的道理,就可以做老师了。"

【注释】
①故:旧。指已学过的旧知识。知:知道,领悟。新:指新的道理、知识、发现等。

【解读】
对知识的领悟能力,对世事的观察能力,是孔子对教师的基本要求。孔子认为,作为一个教师,不但要有广博的学识,而且要有较强的领悟能力,这样的教师才能为人师表。另外,中国历来有重视历史经验的传统,"温故知新""鉴往知来",就是通过对历史经验的回顾和总结,从中吸取经验和教训,以指导现在和将来的事业。

子曰:"二三子以我为隐乎①?吾无隐乎尔②。吾无行而不与二三子者③,是丘也。"

《论语·述而篇》第 24 章

【译文】
孔子说:"你们这些学生以为我有隐瞒吗?我对你们没有隐瞒啊!我没有什么事情不对你们公开的,这就是我孔丘的为人。"

【注释】
①二三子:指诸弟子。隐:隐瞒。 ②尔:你,你们。 ③行:言行。这里指事情。不与:不给予。这里意思是不公开。

【解读】
朱熹《论语集注》云:"诸弟子以夫子之道高深不可几及,故疑其有隐,而不知圣人作、止、语、默无非教也,故夫子以此言晓之。"朱熹以寥寥数语,介绍了孔子说这番话的背景。可见,孔子作为老师,他对学生是以诚相待的,他的言行、学问,乃至思想、操守等等,都可以向学生公开,绝不会隐瞒。这种坦荡的胸襟,无私的情怀,是古往今来很多人难以企及的。

子曰:"若圣与仁,则吾岂敢?抑为之不厌①,诲人不倦,则可谓云尔已矣。"公西华曰:"正唯弟子不能学也②。"

《论语·述而篇》第 34 章

【译文】

孔子说:"如果说圣与仁,我怎么敢当!但是努力学习而不厌烦,教导学生而不倦怠,那就可以说不过如此罢了!"公西华说:"这正是做学生的没有学到的。"

【注释】

①抑:连词。表转折,但是。为之:指做学问。意思是努力学习。 ②正唯:这正是。

【解读】

"'圣'是孔子学问中最高的道德境界,'仁'是孔子学问中核心的道德范畴。"(李择非整理《论语》)孔子不以"圣"和"仁"自居,体现了他的谦虚,说明他对自己有清醒的认识,而决不自命不凡。他多次强调自己"学而不厌,诲人不倦",体现了他不论是研究学问,还是教导学生,都具有锲而不舍的韧性精神,这正是他之所以能获得成功的原因。

子曰:"当仁①,不让于师②。"

《论语·卫灵公篇》第36章

【译文】

孔子说:"面对仁德,对老师也不必谦让。"

【注释】

①当:遇到,面对。朱熹《论语集注》:"当仁,以仁为己任也。虽师亦无所逊,言当勇往而必为也。" ②让:谦让。

【解读】

这是孔子鼓励学生践行仁德的一句名言。孔子的意思是,在践行仁德的问题上,学生不能畏首畏尾,担心超过老师,而应该积极主动,大胆去做。孔子说这句话,既体现了他的胸襟、气度,又反映了他渴望学生去践行仁德、造福民众和社会的心情。

阙党童子将命①。或问之曰:"益者与②?"子曰:"吾见其居于位也③,见其与先生并行也。非求益者也,欲速成者也。"

《论语·宪问篇》第44章

【译文】

阙里一个少年来传达消息。有人问孔子说:"他是求上进的人吗?"孔子说:"我看见他坐在成人的位置,看见他与长辈并肩而行。他不是一个求上进的人,而是一个急于求成的人。"

【注释】

①阙党:地名,今山东省曲阜的孔子故里阙里。将命:传命。即传达消

息。　②益：进一步。益者：指求上进的人。　③居于位：坐在成人的位置。古代礼节，小孩不能与成人同坐并行。

【解读】

古代礼节，小孩不能居于主人的位置，不能坐在成人的位置，也不能与成人并肩行走。这些规范，主要是约束小孩在待人接物时的行为，让小孩从小养成以礼待人的习惯，树立尊老、爱老的观念。孔子从这个少年在待人接物中的举止看出，他是一个急于求成的人，而不是一个求上进的人。孔子对这个少年的评价，有批评的意思，但更多的是善意的劝告。

附录：孔子弟子的言论

卫公孙朝问于子贡曰①："仲尼焉学？"子贡曰："文武之道②，未坠于地③，在人④。贤者识其大者，不贤者识其小者，莫不有文武之道焉。夫子焉不学？而亦何常师之有⑤？"

《论语·子张篇》第22章

【译文】

卫国的公孙朝问子贡说："仲尼先生的学问是从哪里学来的？"子贡说："周文王、武王的道德、礼制没有消失，而在社会上流传。贤德的人知道它大的方面，不贤德的人知道它小的方面，到处都存在周文王、武王的道德、礼制。我的老师什么不学习？又哪里有一定的老师？"

【注释】

①卫公孙朝：卫国大夫公孙朝。春秋时代与他同名的还有三人，即：鲁国成大夫公孙朝、楚国武城尹公孙朝、郑国子产的弟弟公孙朝。本章以"卫"表示区别。　②道：指道德、礼制。　③未坠于地：意思是没有消失。　④在人：在人间。指在社会上流传。　⑤常师：一定的老师。

【解读】

子贡是孔子的得意门生。他聪明好学，领悟力强，是孔子学说的重要传人。据《史记·孔子世家》记载，孔子去世后，他的学生都守丧三年，唯独子贡在守丧三年之后还守墓三年，可见他对恩师有着深厚的感情。

子贡说的"文武之道"是古代优秀文化的代称，这种文化不会因一些重要人物的去世而消失，而会在社会上长久流传。贤德的人不同于一般人的地方，就是既能理解、把握传统文化的精华和主要内容，又能在社会实践中学习、思考，不局限于某一位老师。子贡认为，自己的老师孔子就是这样的人。子贡对公孙朝的回答，既揭示了孔子学问的来源，又表达了自己对老师的敬重之情。

五、道德修养

　　"道德"是人们共同生活及其行为的准则和规范，它通过社会的或一定阶级的舆论对社会生活起约束作用。孔子十分重视道德在处理人际关系和构建稳定和谐社会中的作用，他提出了仁、义、礼、智、信等重大道德原则，忠、恕、孝、悌、廉、耻等基本道德规范，是中国古代系统地阐述道德修养对提高人的素质及构建和谐人际关系的重要作用的卓越思想家。"古代道德观念属于社会意识形态，其中许多有价值的原则规范，哺育了无数古代英雄人物，召唤了无数志士仁人为民族的发展而奋斗，也是团结、融合各族人民的纽带和抵御外侮的精神力量，培养了中华民族勤劳勇敢、热爱和平、与人为善的民族性格。"（吴枫主编《中华思想宝库》1990年版第275页）阅读孔子关于道德修养的箴言，无疑对人们道德情操的陶冶、民族气节的凝聚，将会产生积极而深远的影响。

1. 仁、义

　　子曰："不仁者不可以久处约①，不可以长处乐②。仁者安仁③，知者利仁④。"

《论语·里仁篇》第 2 章

【译文】
　　孔子说："没有仁德的人，不能长久处于困窘，也不能长久处于安乐。仁爱的人安于仁，明智的人利用仁。"

【注释】
　　①约：穷困，困窘。　②乐：安乐。　③安：安于，对环境或事物感到满足。　④利：利用。

【解读】
　　孔子通过对三种人生境界的叙述，说明对"仁"的不同态度，必然产生不同的结果。困窘和安乐的环境，最能检验一个人的品德，没有仁德的人自然不能久处；对实行仁德是否感到心安，是判断一个人是否仁德的标志，仁爱的人自然安于仁；明智的人"认识到仁德对他长远而巨大的利益"，所以能够实行仁（见杨伯峻《论语译注》）。三种人生境界中，孔子认为"仁者安仁"是最高境界，这体现了孔子思想中以"仁"为核心的价值取向。

樊迟问仁。曰："仁者先难而后获①，可谓仁矣。"

《论语·雍也篇》第22章

【译文】

樊迟问怎样才算仁。孔子说："仁就是劳苦之事走在别人前面，收获之事走在别人后面，这就可以称为仁了。"

【注释】

①先难而后获：一说为先做艰苦的努力，然后再获取。一说为劳苦之事在人之先，收获之事在人之后（徐刚《孔子之道与〈论语〉其书》）。从后说。

【解读】

孔子对樊迟的回答，言简而意赅。"仁者先难而后获"，说明行"仁"就必须劳苦之事走在别人前面，收获之事走在别人后面。宋代范仲淹在《岳阳楼记》中所说的名言"先天下之忧而忧，后天下之乐而乐"，可说是对"仁者先难而后获"的最好解读。孔子对"仁"的解答，从人性修养的高度对"仁"进行了诠释。今人读之，仍可获得深刻的启示。

仲弓问仁。子曰："出门如见大宾①，使民如承大祭②。己所不欲，勿施于人。在邦无怨③，在家无怨。"仲弓曰："雍虽不敏，请事斯语矣！"

《论语·颜渊篇》第2章

【译文】

冉雍问什么是仁德。孔子说："走出家门好像会见贵宾那样严肃，管理百姓好像承担重大祭典那样谨慎。自己所不想要的，不能施加于别人。在官府工作中没有怨恨，在家族生活中没有怨恨。"冉雍说："我虽然不聪慧，请让我照这些话去做。"

【注释】

①大宾：周代对诸侯一级来宾的称呼，后泛指贵宾。 ②使民：役使民众。意思是管理百姓。大祭：重大祭典。 ③邦：国。这里指官府。

【解读】

孔子回答冉雍什么是仁德的问题，不做空洞的议论，而是联系现实生活做具体的回答。孔子认为，一个人要成为仁德的人，必须加强道德修养，约束自己的行为，做到严于律己，宽以待人。这样，就能在公众场合严肃认真，在管理百姓时小心谨慎；处理人际关系时替别人着想，不强加于人；能与同事、亲人和睦相处，而不致产生怨恨。其中，孔子提出的"己所不欲，勿施于人"更是流传千古的名言，"充满着人性的光辉……体现了人与人之间相互尊重的和谐美好的人际关系"（毕宝魁《论语精评真解》）。

司马牛问仁。子曰："仁者，其言也讱①。"曰："其言也讱，斯谓之仁已乎？"子曰："为之难②，言之得无讱乎？"

《论语·颜渊篇》第3章

【译文】

司马牛问什么是仁德。孔子说："有仁德的人，他的言语谨慎，不轻易说话。"司马牛说："言语谨慎，不轻易说话，这就是仁德吗？"孔子说："做起来困难，说话能够不谨慎吗？"

【注释】

①讱（rèn）：说话谨慎，不轻易说话。　②为之难：做起来困难。

【解读】

孔子主张为人应该言行一致、言而有信，因此他多次谈到说话谨慎的问题。据《史记·仲尼弟子列传》记载，司马牛有"多言而躁"的缺点，孔子回答司马牛什么是仁德的问题，就针对他话多而轻率的缺点，指出有仁德的人应该言语谨慎，不轻易说话。显然，孔子并不是认为言语谨慎就是仁德，而是认为具备仁德的人，必然是言语谨慎的人，因为他为人讲信用，说了的话就要兑现、实行，决不会言而无信。从此章可以看到，孔子对学生的教育针对性很强，而且重在从如何做人的高度启发教育学生。此章是孔子因材施教的又一个具体范例。

子曰："君子成人之美①，不成人之恶②。小人反是。"

《论语·颜渊篇》第16章

【译文】

孔子说："君子成全别人的好事，不帮助别人做坏事。小人与此相反。"

【注释】

①成：成全。美：美好。指好事。　②成：成全。引申为促成、帮助。

【解读】

孔子认为，君子是德行高尚的人，待人处世不以自己的好恶为出发点，能以宽容、仁爱之心待人，因此能够"成人之美"；小人则不行仁德，心胸狭窄，凡事首先考虑个人私利，不顾他人利益，因此总做出"成人之恶"的事。可见，人性修养的高低，心胸的宽广和狭窄，决定了君子和小人截然相反的处事态度和行为。

五、道德修养

子曰:"仁者必有勇,勇者不必有仁。"

《论语·宪问篇》第 4 章

【译文】

孔子说:"仁德的人一定勇敢,勇敢的人不一定有仁德。"

【解读】

此章阐述了仁德和勇敢的辩证关系。孔子认为,仁德的人为了道义而不顾自身利益,因此勇敢无畏;勇敢的人则不一定是有仁德的人,有的人为了一己之利或一个集团的利益,也能置生死于不顾,这难道是有仁德的人吗?可见,内在本质决定外在形式,外在形式不一定表现内在本质。仁德和勇敢就是内在本质和外在形式的关系。

子曰:"君子而不仁者有矣夫,未有小人而仁者也。"

《论语·宪问篇》第 6 章

【译文】

孔子说:"君子也有没达到仁德的时候,从未有小人却有仁德的。"

【解读】

对孔子的这句话,历来有多种解释。有的认为,此章的君子指士大夫(执政的人),小人指老百姓。这样解释,前一句还说得通,后一句却太绝对,难道民众中就没有崇尚仁德或具有德行的人吗?有的认为,君子指仁德的人,小人指无德的人。这种说法比较合乎孔子的本意。

孔子认为,仁德的君子,不可能时时、事事、处处都能推行仁德,不可能不犯过错。所谓智者千虑,必有一失。关键在于知道了自己不仁德的问题或行为能及时纠正,不能一错再错。小人却由于自身品德低劣,唯利是图,是不可能有仁德的。

子曰:"刚、毅①、木②、讷近仁③。"

《论语·子路篇》第 27 章

【译文】

孔子说:"刚强、果敢、质朴、谨言,有这四种品德的人近于仁德。"

【注释】

①毅:坚强,果敢。 ②木:质朴。 ③讷(nè):语言迟钝。意思是话不轻易出口,谨言。

【解读】

孔子认为,一个人要达到"仁"的境界,必须加强人性道德的修养,具备"刚、毅、木、讷"这四种品德。正如康有为所说:"刚者无欲,毅者果敢,木者朴行,讷者谨言。四者智能力行,与巧言令色相反者,故近仁。故圣人爱质重之人,而恶浮华佻伪如此,盖华而不实也。"(《论语注》)由于具备这四种品德的人朴实庄重,谨言慎行,所以孔子认为有这四种品德的人近于仁德。

子路曰:"桓公杀公子纠①,召忽死之,管仲不死②。"曰:"未仁乎?"子曰:"桓公九合诸侯③,不以兵车④,管仲之力也。如其仁⑤!如其仁!"

《论语·宪问篇》第16章

【译文】

子路说:"齐桓公杀了公子纠,召忽为此自杀,管仲却活着。"子路又说:"这是不仁德吧?"孔子说:"齐桓公多次与诸侯会盟,而不凭借战争,这是管仲的功劳。这就是管仲的仁德!这就是管仲的仁德!"

【注释】

①公子纠:齐桓公之兄。他和齐桓公都是齐襄公之弟。因齐襄公无道,齐桓公由鲍叔牙陪同逃往莒国,公子纠则由管仲和召忽陪同逃往鲁国。 ②召忽死之,管仲不死:据《左传》庄公八年和九年记载,齐襄公被杀后,齐桓公先回齐国,即君位,然后兴兵伐鲁,逼鲁国杀了公子纠。召忽自杀,管仲被齐桓公任用为宰相。 ③九合:多次会盟。 ④兵车:战车。指战争。 ⑤如其仁:这就是管仲的仁德。

【解读】

管仲和召忽都是公子纠的师傅。公子纠被杀后,召忽为此自杀;管仲不但活着,还做了逼鲁国杀死公子纠的齐桓公的宰相。本来,齐桓公杀弟是不仁的行为,管仲却辅佐有杀弟行为的齐桓公,其行为也属不仁不义。但孔子评价人,重大义而轻小节。由于管仲的辅佐,齐桓公多次与诸侯会盟,成为春秋五霸之一,国力大增,社会相对稳定,民众免受战争之苦,孔子认为这就是管仲的仁德,并给予充分的肯定。

子贡曰:"管仲非仁者与?桓公杀公子纠,不能死①,又相之②。"子曰:"管仲相桓公,霸诸侯③,一匡天下④,民到于今受其赐⑤。微管仲⑥,吾其被发左衽矣⑦!岂若匹夫匹妇之为谅也⑧,自经于沟渎而莫之知也⑨。"

《论语·宪问篇》第17章

【译文】

子贡说:"管仲不是仁德的人吧?齐桓公杀公子纠,他不能以身殉难,却做了齐桓公的宰相。"孔子说:"管仲辅佐齐桓公,称霸诸侯,统一和匡正了天下,老百姓至今还受到他的恩惠。没有管仲,我们都会披散头发,衣襟左开,沦为未开化的民族了!他难道要像平民百姓那样恪守诚信,在山沟里上吊自杀而没有人知道吗?"

【注释】

①死:指为公子纠死。意思是以身殉难。 ②相:名词活用为动词,做宰相。 ③霸:称霸。 ④匡:纠正,匡正。一匡天下:统一和匡正(即扶正)天下。 ⑤赐:恩惠。 ⑥微:非,无。 ⑦被:同"披";衽:衣襟。被发左衽:披发,衣襟左开。这是当时少数民族的风俗。中原民族的风俗与此相反。"被发左衽"喻指未开化的民族。 ⑧匹夫匹妇:平民男女。泛指平民百姓。谅:诚信。为谅:意思是恪守诚信。 ⑨自经:上吊自杀。

【解读】

孔子的一系列言论和周游列国的行动,都说明他是重视社会实践、积极寻找机会实现自己的政治主张的人。管仲不为公子纠殉难,而辅佐齐桓公建立了卓越的功绩,让老百姓免受战争之苦,较长时间得到他的恩惠,孔子认为这是舍小节而取大义,因此给予高度评价。孔子多次称赞管仲的功绩,说明他评价人看主流、重功绩,并希望弟子们要有这种辩证的评价人物的认识。

子贡问为仁。子曰:"工欲善其事①,必先利其器②。居是邦也,事其大夫之贤者,友其士之仁者③。"

《论语·卫灵公篇》第10章

【译文】

子贡问怎样培养仁德。孔子说:"工匠要做好他的工作,必须先使他的工具精良。住在这个国家,就要侍奉那些大夫中的贤人,结交那些士人中的仁人。"

【注释】

①事:指工作。 ②利:锋利。引申为精良。 ③友:结交。

【解读】

孔子认为,要培养仁德,首先要与贤人和仁人相处,就像工匠要做好工作,首先要有精良的工具一样。朝廷的大夫不一定个个都是贤人,社会上的读书人不一定人人都是仁人,因此孔子对相处的对象作了明确的限定,即必须与大夫中的贤人、士人中的仁人相处。与仁德的人交往和相处,耳濡目染,相互切磋,从他们的待人处世中受到感染熏陶,就会有助于培养仁德。可见,孔子不主张通过空洞的说教培养仁德,鼓励学生在与仁德的人相处的实践中领悟和培养仁德。这种注重实践的教育观,值得深思和借鉴。

子曰:"民之于仁也,甚于水火①。水火,吾见蹈而死者矣②,未见蹈仁而死者也③。"

《论语·卫灵公篇》第35章

【译文】

孔子说:"民众需要仁德,超过需要水火。我看见过进入水火而死的人,没有见过实行仁德而死的人。"

【注释】

①甚:超过,胜于。 ②蹈:踏入,进入。 ③蹈:实行。

【解读】

人的生存离不开水、火,人类的发展更离不开水、火。但水火与仁德相比,水火易得,仁德难求。一旦暴虐的昏君(如殷纣王一类人)当道,民众就会生活在水深火热之中,苦不堪言。人对水火的需求又有个度,超过这个度就会带来危害;对仁德的需求则不受限制。行仁政的人带给民众的恩惠,既有物质方面的,也有精神方面的,生活在物质和精神上的恩惠中,民众就会产生幸福感、羞耻心,就会诚心向善,遵礼守法。孔子强调民众需要仁德超过需要水火,是希望学生跟随自己学习时加强人性道德的修养,从政后努力践行仁德,从而实现以德治国、造福民众的理想。

微子去之①,箕子为之奴②,比干谏而死③。孔子曰:"殷有三仁焉。"

《论语·微子篇》第1章

【译文】

微子离开了纣王,箕子成为纣王的囚犯,比干因犯颜强谏而被处死。孔子说:"殷代有三个仁人。"

【注释】

①微子:商纣王的同母兄,名启。因多次劝谏纣王而不被采纳,离开商。周武王灭商后,他向周称臣,被封于宋国,是宋国的始祖。 ②箕子:商纣王的叔父,被封于箕国,因此称箕子。纣王暴虐,箕子多次劝谏而不被采纳,他假装发狂来避祸,被纣王囚禁。奴:古代罪人、罪人子女,或被掠卖剥夺人身自由的人都叫奴。这里指囚犯。 ③比干:商纣王的叔父。传说因纣王淫乱,比干犯颜强谏,纣王大怒,将比干剖心处死。

【解读】

商纣王荒淫暴虐,不行正道。他拒听忠言,连兄长、叔父的劝谏也不听,甚至囚禁了箕子,残害了比干,使微子逃往国外。他的暴行和不义,最终导致了亡国。孔子称赞微子、箕子和比干是殷代的仁人，既对商纣王不重用仁人、不采纳忠言导致亡国表达了感慨，又以古喻今，告诫鲁国国君和执政大臣要吸取商纣王的教训，要遵循仁德、礼制，任用有德行的仁人。

子曰："见义不为①，无勇也②。"

《论语·为政篇》第 24 章

【译文】

孔子说："看到合乎义的事不去做，这是怯懦。"

【注释】

①义：合理、适宜的事称义。　②无勇：无勇气，怯懦。

【解读】

见义勇为，体现的是"礼"，要求人们遵循礼制，维护社会公德和正义。孔子鄙视"见义不为"的行为，体现了他的善恶、是非观，以及维护社会公德和正义的价值诉求。

子曰："群居终日，言不及义①，好行小慧②，难矣哉！"

《论语·卫灵公篇》第 17 章

【译文】

孔子说："整天聚在一起，说话不合乎道义，喜欢耍小聪明，这就难办了。"

【注释】

①义：道义。　②小慧：小聪明。

【解读】

这是孔子针对一些无所事事、虚度光阴的人所发的感慨。古往今来，一些人自恃才高，又不愿做实事，于是聚在一起侃大山、耍小聪明、吃喝玩乐，甚至对人评头论足，挑拨是非。当今社会上，许多聚会徒有虚名，实际上搞游山玩水、吃喝玩乐，与孔子当年所谴责的现象并无实质上的区别，这是值得重视的。

子曰："君子义以为质①，礼以行之，孙以出之②，信以成之。君子哉！"

《论语·卫灵公篇》第 18 章

【译文】

孔子说："君子以道义为行事的根本，以礼仪制度来实行道义，以谦逊的语言来表达道义，以诚信的行为来完成道义。这才是君子啊！"

【注释】

①质：本体。引申为根本。　②孙：同"逊"，谦逊。出：说出，表达。

【解读】

孔子非常重视君子的道德修养，认为一个人只有尊崇道义、遵行礼制、为人谦逊、待人诚信，才能成为真正的君子。孔子所讲的四种美德，既是君子的表现，又是成就君子的途径。在孔子仁德、礼制思想的影响、熏陶下，中华民族在长期的历史发展过程中积淀、形成了许多美德。沐浴在中国优秀传统文化的长河中，追求高尚的精神道德境界，注重品德人性的修养，才是当今社会人们的正途。

子路曰："君子尚勇乎①？"子曰："君子义以为上②。君子有勇而无义为乱③，小人有勇而无义为盗。"

《论语·阳货篇》第23章

【译文】

子路问："君子崇尚勇敢吗？"孔子说："君子认为礼义最珍贵。君子只有勇敢而不遵行礼义就会造反作乱，小人只有勇敢而不遵行礼义就会沦为强盗。"

【注释】

①尚：崇尚。　②义：指礼义。上：上等。意思是珍贵。　③乱：作乱。

【解读】

勇敢本来是一种好的品质，但如果只有勇敢而不能以礼义来约束行为，轻则误事，重则铸成大错。孔子针对子路好勇、性格率直粗鲁的弱点，强调礼义比勇敢更重要，目的是告诫他重视礼义和道德修养，要用礼仪规范来约束自己的行为。"君子有勇而无义为乱"这句话，既是对子路的告诫，也隐含着对违礼僭越的诸侯、大臣等执政者进行谴责的含义。

2. 礼、智、信

林放问礼之本①。子曰："大哉问②！礼，与其奢也③，宁俭；丧④，与其易也⑤，宁戚⑥。"

《论语·八佾篇》第4章

【译文】

林放问什么是礼的根本。孔子说："这个问题意义重大！一般礼仪，与其奢华浪费，不如朴素节俭；丧事礼仪，与其周全隆重，不如内心悲伤。"

【注释】

①林放：鲁国人，身份不详。本：根本。　②大：重大。　③奢：奢侈，

浪费。　④丧：指办丧事时的礼仪。　⑤易：安稳。这里指周全隆重。　⑥戚：悲伤。

【解读】

林放的问题涉及哲学上"内容和形式"、"内在本质和外在表现"的问题。因此孔子认为意义重大。一般礼仪，讲究排场，奢华浪费；丧事礼仪，仪节周全，仪式隆重，这些都是表面形式。日常礼仪中朴素节俭，丧礼中对逝去的亲人由衷悲伤，这才体现了礼的根本。

子曰："博学于文①，约之以礼，亦可以弗畔矣夫②！"

《论语·颜渊篇》第15章

【译文】

孔子说："广泛学习文献典籍，用礼制约束自己，也就可以不背离大道了。"

【注释】

①博：广博。引申为广泛。　②畔：通"叛"，违背，背离。

【解读】

孔子认为，作为君子，要做到不背离大道，首先要广泛地学习，用文献典籍的知识来充实自己，提升自己。在此基础上，还要用礼仪来统率制约自己，使自己的行为举止合乎礼仪规范。在孔子看来，学习文献典籍是君子不背离大道的前提条件，遵循礼仪规范是君子不背离大道的关键因素。因此，孔子把"礼"作为教育的中心内容，放在六艺之首。

子曰："可与共学，未可与适道①；可与适道，未可与立②；可与立，未可与权③。"

《论语·子罕篇》第30章

【译文】

孔子说："可以在一起学习，未必能一起走上正途；可以一起走上正途，未必能一起遵循礼仪规范；可以一起遵循礼仪规范，未必能一样随机应变。"

【注释】

①适：往，至。适道：指走上正途。　②立：《论语》中的"立"常指"立于礼"。这里指遵循礼仪规范。　③权：变通，权变。意思是随机应变。

【解读】

"道"指正道、人生正途，这是价值观；"立"指建立、具备，即遵循礼仪规范，这是原则性；"权"指权变、随机应变，这是灵活性。孔子认为，做人首先要走正道，这是事关价值观的做人之本；其次，要在做人处世中遵循礼仪规范，这是原则性；第三，要具体情况具体分析，具有随机应变的灵活性。可见，做人首先要走人生正途；在此基础上，要遵循礼仪，坚持真理，具有原则性；同时，要审时度势，随机应变，善于分析和处理问题，具有灵活性。在如何处理原则性和灵活性的关系，即既不放弃原则，又能灵活处理问题方面，今人中的周恩来、邓小平等人堪称典范。

子张问明①。子曰："浸润之谮②，肤受之愬③，不行焉，可谓明也已矣。浸润之谮，肤受之愬，不行焉，可谓远也已矣④。"

《论语·颜渊篇》第6章

【译文】
子张问怎样才叫作明察。孔子说："点滴渗透的谗言，利害攸关的诽谤都行不通，可以说是明察了；点滴渗透的谗言，利害攸关的诽谤都行不通，可以说是有远见了。"

【注释】
①明：明察，贤明。 ②浸润：物受水渗透。引申为谗言以渐而进、日久则能使人听信。谮（zèn）：说坏话诬陷别人。 ③肤受：不实之词，指谗言。朱熹《论语集注》："肤受，谓肌肤所受，利害切身。"肤受之言，即有关切身利害之言。愬（sù）：同"诉"，诽谤。 ④远：指有远见，看得远。

【解读】
孔子认为，要做到明察，就必须了解谗言点滴渗透的特点、诽谤给人造成的伤害，能够从日常的点滴小事中杜绝谗言，从利害切身的话语中杜绝诽谤。只有这样，才能说是明察和有远见。虽然孔子是对热衷于从政的子张说的这番话，但他的这个观点却有着普遍的意义。古往今来，因听信谗言而误国害己，因遭受诽谤而蒙冤受难的事屡见不鲜。可见，孔子的这句话值得当政者、管理者和一切希望有所作为的人借鉴、深思。

子曰："人无远虑，必有近忧。"

《论语·卫灵公篇》第12章

【译文】
孔子说："人没有长远的考虑，一定会有眼前的忧愁。"

【解读】
这是一句非常有名的格言。对国家而言，领导者考虑国家大事，要有战略眼光，立足于国家的长远发展。对个人而言，读书、治学要立足长远，要下工夫学好基础知识，打好知识的基础，然后一步一步前进，直至达到预定的目标；对待工作也要立足长远，要勤奋工作，成为工作领域的内行、专家，处理好与同事、领导的关系，既有利于自己的发展，又能与同事、领导和谐相处。如果领导者没有长远考虑，只顾眼前利益，比如为了发展经济而忽视教育，结果导致人才缺乏，反过来影响经济建设；如果一个人没有长远考虑，就会为眼前的处境所困，处境好则不思进取，处境不好则自暴自弃，不采取措施改变命运，结果对自己的长远发展不利。

子曰："人而无信①，不知其可也②。大车无輗③，小车无軏④，其何以行之哉？"

《论语·为政篇》第22章

【译文】

孔子说："作为人却不守信用，不知道那怎么可以。就像大车没有横木两端的木销，小车没有横木两端的销钉，这车怎么能行驶呢？"

【注释】

①而：连词。却。信：信誉，信用。　②其：代词。那，指上文所说的事。③輗（ní）：古代以牛车为大车，牛车辕前横木两端的销子叫輗。　④軏（yuè）：古代以马车为小车，马车辕前横木两端的销钉叫軏。

【解读】

忠、信是孔子伦理思想的重要内容。他以牛车、马车横木两端的销子为喻，说明"守信"是为人之本。在人际交往中，自己首先守信用，才能得到别人的信任。当今社会一度出现的信任危机，其根源在于不守信，缺乏诚信。许多商家以次充优、以假乱真，大赚昧心钱，一旦真相被人揭露，最终落得关门、受罚的下场。可见，要建立正常的人际关系，要有良好的企业信誉，必须在恪守信用上下功夫。继孔子之后，儒家思想增加了"诚"的内容，诚、信合一，丰富和发展了孔子"守信"为本的思想。

子曰："麻冕①，礼也；今也纯②，俭，吾从众。拜下③，礼也；今拜乎上，泰也④。虽违众，吾从下。"

《论语·子罕篇》第3章

【译文】

孔子说："用麻制作礼帽，合乎礼制；现在用丝织成礼帽，节俭，我依从多数。在堂下跪拜，合乎礼制；现在上堂才跪拜，就是傲慢无礼。虽然违背多数，我依从在堂下跪拜的做法。"

【注释】

①麻冕：用麻制作的礼帽。　②纯：丝。这里指用丝织成礼帽。　③拜

下：古代臣子对君主行礼，先在堂下跪拜，升堂后再跪拜。这里指先在堂下跪拜的礼仪。　④泰：骄纵，傲慢。

【解读】

对于周代礼制，孔子有继承，也有扬弃。臣下参拜君主的礼仪，关系到人的情感、态度，因此孔子宁可违背多数，也要坚持在堂下跪拜的礼仪，这体现了他的原则性；参加仪式时的穿戴，是外在的礼仪形式，改用丝织的礼帽，既节俭又不影响人的情感和态度，因此孔子依从多数，这体现了他的灵活性。可见，孔子对于周代礼制并不是不加思考和分析的全盘继承，他在继承周代礼制的同时，联系自己所处时代的特点，进行了取舍和扬弃。这是值得今人学习的。

子疾病，子路使门人为臣①。病间②，曰："久矣哉，由之行诈也③！无臣而为有臣，吾谁欺？欺天乎？且予与其死于臣之手也，无宁死于二三子之手乎！且予纵不得大葬④，予死于道路乎⑤？"

《论语·子罕篇》第12章

【译文】

孔子生了重病，子路让学生担任家臣准备后事。孔子病情好转后，说："太久了，仲由使用欺骗手段骗我！没有家臣却装作有家臣，我欺骗谁呢？欺骗上天吗？况且我与其死在家臣身边，不如死在你们学生的身边！而且我即使不能按大夫之礼隆重安葬，难道在死后会被扔在路上吗？"

【注释】

①臣：家臣，臣仆。一说指为卿大夫办理丧事的官员，孔子曾做鲁国司寇，因此可由官员来操办。但按规定，去职后的官员不能由官员操办死后的丧事。故不从。　②间：间隙。指病势转轻。　③行诈：用诈，使用欺骗手段。④纵：纵然，即使。大：规模广，程度深。大葬：厚葬，隆重安葬。　⑤死于道路：意思是死后被扔在路上。

【解读】

子路对老师非常敬重，他在孔子病重后让学生担任家臣准备后事，是要以大夫的礼仪使老师的后事办得风光、体面。对子路这种弄虚作假的做法，孔子十分不满，因此严肃地批评了子路。孔子对子路的批评，体现了他以诚为本，决不欺世盗名的仁者襟怀。他不愿意死在家臣身边，而希望病重时学生能陪伴自己，可见他对自己精心培养的学生有着深厚的感情。

子曰："出则事公卿①，入则事父兄，丧事不敢不勉②，不为酒困③，何有于我哉！"

《论语·子罕篇》第 16 章

【译文】

孔子说："从政就侍奉高官，在家就侍奉父兄，有丧事不敢不尽力，不因贪杯而被酒困扰，这些事对于我有什么困难呢！"

【注释】

①出：出仕。指从政。事：侍奉。公卿：原指三公九卿，后泛指朝廷中的高级官员。 ②勉：努力，尽力。 ③困：被困，压扰。

【解读】

孔子所说的四个方面，都是日常生活中必须遵循的原则。孔子认为，做到这几条，对自己是没有什么困难的。孔子十分重视人性道德的修养，大力推行仁德、礼制。对于一个有着崇高德行的人来说，做到上述四条显然是不难的。孔子说这番话的用意，是希望民众和自己的学生在日常生活的具体行为中遵循礼制，履行职责，尽力做好自己的本职工作。

子曰："其言之不怍①，则为之也难。"

《论语·宪问篇》第 20 章

【译文】

孔子说："如果说大话而不知道惭愧，做起来就很困难。"

【注释】

①怍（zuò）：惭愧。

【解读】

孔子说这句话，一是告诫学生说话要谨慎，要言而有信，不能光说大话、说好听的话而不付诸行动；二是要学生注意别人的言行，对喜欢说大话、说漂亮话的人，要听其言观其行，以免上当受骗。孔子这句话虽然仅仅十个字，但内涵丰富，至今仍有普遍意义。到了 21 世纪，有许多老年人，其中不乏专家、名人，竟然上了信口开河、以编造的谎言骗取钱财的"保健专家""健康教母""当代神医"的当。一度泛滥的网络传销、电话诈骗、贴息存款，也制造了许多惊天大案，让不少人家破人亡，悔恨终身。这种种类似的教训，难道不值得重视和吸取吗？

子曰："巧言令色①，鲜矣仁②！"

《论语·学而篇》第 3 章

【译文】

孔子说："花言巧语，面目伪善，这种人很少有仁爱。"

【注释】

①巧言：花言巧语。令色：和悦的面容。这里为贬义，指表面热情，实则伪善的人。　②仁：指仁爱。

【解读】

孔子认为，作为君子，必须学习和尊崇"仁"，反对花言巧语、表里不一。在孔子看来，"仁者"必"诚"。有仁爱之心的人，必定是表里如一的人，也就是孔子称为"君子"的人。

3. 忠、恕

子曰："事君尽礼①，人以为谄也②。"

《论语·八佾篇》第 18 章

【译文】

孔子说："侍奉君主礼数周到，别人会认为是献媚。"

【注释】

①尽礼：指礼数周到。　②谄：奉承，献媚。

【解读】

由于当时鲁国的国君或被逐放，或刚被立，权臣专权，礼制混乱，孔子完全按照礼制的规范侍奉国君，不与违背礼制的人同流合污，做到了忠诚待君，即使被人讥讽为献媚也义无反顾。在新、旧制度交替之际，竭力维护旧的制度，这是守旧和倒退。但从《论语》中所表现的孔子一贯的思想来看，他维护的是周代礼制中的合理部分，即维护道德修养、人伦纲常等方面的准则和规范，而不是周代的贵族制度。这种继承前代制度中的精华而不全盘否定前代制度的做法，是值得今人借鉴的。

定公问①："君使臣②，臣事君，如之何？"孔子对曰："君使臣以礼③，臣事君以忠。"

《论语·八佾篇》第 19 章

【译文】

鲁定公问："国君使用臣子，臣子侍奉国君，应该怎样做？"孔子回答说："国君按照礼制使用臣子，臣子要用忠心侍奉国君。"

【注释】

①定公：鲁国国君，名宋，"定"是他的谥号。鲁定公是鲁昭公之子，继昭公而立，在位十五年。约在定公九年至十四年，孔子先后任鲁国中都宰、司空和司寇。　②使：使用。　③以：用，按照。

五、道德修养

【解读】

孔子论君臣关系，仍然立足于礼，要求君、臣都要遵循礼制，从而形成和谐的君臣、上下关系。臣子对国君的忠心，表现为敬重、无谋逆之心、能为国家舍弃生命，其根源仍然是礼。但孔子提倡的忠并不是愚忠，不是不加分析不问缘由的忠诚。他官至鲁国司寇而弃官不做，周游列国而致力于宣传、倡导仁德、礼制，就是他的君臣观的最好说明。

子张问崇德①、辨惑。子曰："主忠信②，徙义③，崇德也。爱之欲其生，恶之欲其死。既欲其生，又欲其死，是惑也。'诚不以富，亦只以异④。'"

《论语·颜渊篇》第 10 章

【译文】

子张问怎样提高德行、辨识疑惑。孔子说："以忠诚守信为根本，行为遵从道义，就是提高德行。喜欢一个人希望他长寿，厌恶一个人希望他死去；既希望他长寿，又希望他死去，就是疑惑。"

【注释】

①崇德：崇尚有德之人，提高德行。 ②主：主干，根本。 ③徙：迁移。徙义：迁于义。意思是遵从道义。 ④诚不以富，亦只以异：出自《诗·小雅·我行其野》，意思是：实在不是因为他们富有，只因为他们品格卓异。朱熹《论语集注》引程子曰："此错简，当在第十六篇'齐景公有马千驷'之上，因此下文（即《颜渊篇》第 11 章）亦有'齐景公'字而误也。"因这句诗的意思与此章内容没有联系，因此采用程颐的说法。

【解读】

孔子认为，要提高德行，首先要忠诚守信，其次要遵从道义。忠信是根本，是个人私德；道义是规范，是社会公德。如果为人不忠不信，必然违背道义，违反礼仪规范，违反社会公德。孔子认为，辨识疑惑的关键在于不感情用事，他以对一个人的看法不能受感情左右为例，以"既欲其生，又欲其死"这种反复无常、自相矛盾的做法，说明感情用事、不客观冷静地对待和处理问题，就会使人疑惑。孔子的这一观点，极富生活智慧，值得深思。

樊迟问仁。子曰："居处恭①，执事敬②，与人忠③。虽之夷狄④，不可弃也。"

《论语·子路篇》第 19 章

【译文】

樊迟问怎样做叫仁。孔子说:"平时庄重恭谨,办事严肃认真,待人忠诚守信。即使到少数民族地区,这些品德也不能丢弃。"

【注释】

①居:平时。恭:庄重,恭谨。 ②执事:担任工作,办事。 ③与人:对待他人。 ④之:到。夷狄:指少数民族地区。

【解读】

孔子从"居处""执事""与人"三个方面回答了怎样做叫仁的问题。他认为,"恭""敬""忠"是体现仁的最基本的个人品德,有仁德的人一定具备这些品德,即使到边远的少数民族地区也不能丢弃。

李泽厚先生说:"中国的民族自信建立在对自己文化信心的基础之上。其结果是用文化同化了即使占据统治地位的各种族。"(《论语今读》)孔子在两千多年前就重视中国传统文化的继承和传播,他对自己所推行的仁德、礼制思想的信心,可以说开了中国人民族自信的先河。

子曰:"爱之,能勿劳乎①?忠焉②,能勿诲乎③?"

《论语·宪问篇》第7章

【译文】

孔子说:"爱他们,能不勉励他们吗?关心他们,能不教导他们吗?"

【注释】

①劳(lào):劝勉,勉励。见《辞源》。也有解作劳苦、勤劳、操劳的,存疑。 ②忠:忠诚。意思是关心。 ③诲:教导。

【解读】

历来学者对此章有不同理解。有的认为"之"指老百姓,则主体是执政者;有的认为"之"指子女,则主体是父母;有的认为"之"指学生,则主体是老师。由于孔子的言论多数是对自己的学生讲的,有很强的现实针对性,故取第三种说法。这样,后文的"忠"可解作出自内心的关心。

孔子说的这番话,意思是:爱他们,就要勉励他们,让他们不辞劳苦,勤学上进;关心他们,就要教导他们,让他们修养品德,尊崇道义。这样的爱,才是真正的爱,而不是溺爱;这样的关心,才是出自内心的关心,而不是表面的关心。

子张问行①。子曰:"言忠信,行笃敬,虽蛮貊之邦②,行矣;言不忠信,行不笃敬,虽州里③,行乎哉?立,则见其参于前也④;

在舆⑤，则见其倚于衡也⑥。夫然后行。"子张书诸绅⑦。

《论语·卫灵公篇》第6章

【译文】

子张询问怎样做才行得通。孔子说："说话忠诚守信，行为忠厚恭敬，即使在边远落后地区，也行得通；说话不忠诚守信，行为不忠厚恭敬，就是在本乡本土，能行得通吗？站立时，就如同看见这两条准则并立在前面；乘车时，就好像看见这两条准则展示在横木上。这样才能行得通。"子张把这两条准则写在下垂的腰带上。

【注释】

①行：实行。引申为行得通。 ②蛮貊：泛指少数民族。 ③州里：古代二千五百家为州，二十五家为里。本为行政单位，后泛指乡里或本土。 ④参：并立为三。徐刚《孔子之道与〈论语〉其书》："在先秦时代，参字有并立的意思，它表示三者并列。" ⑤舆：车厢。泛指车。 ⑥衡：古代马车前的横木。⑦绅：束在腰间，一头垂下的大带。

【解读】

孔子认为，"言忠信，行笃敬"是一个人待人处世的准则，能够做到这两条，在边远落后地区也能够得到当地人的认同；不能做到这两条，即使在本乡本土也不会受到欢迎。只要时时、处处想到这两条，在待人处世中遵行这两条，不论在哪里都行得通。子张听后，把这两条准则写在下垂的腰带上，用意是随时提醒自己要这样去待人处世。

子曰："主忠信，毋友不如己者①，过则勿惮改②。"

《论语·子罕篇》第25章

【译文】

孔子说："要以忠诚守信为主，不与不如自己的人交往，有了错误就不怕改正。"

【注释】

①毋：勿，不要。不如己者：历来有多种解释。杨伯峻、金良年等主张按字面意思解释，可从。 ②惮：怕，畏惧。

【解读】

孔子强调为人应忠诚守信、慎于交友、有错就改。他认为，忠诚守信是一个人的立身之本；慎于交友才能互相勉励、共同进步；有错就改才能践行仁、信，励志修身。可见，孔子所说的"不如己者"，不是地位、财富不如自己的人，而是学问、道德不如自己的人。

子曰："参乎①！吾道一以贯之②。"曾子曰："唯③。"子出，门人问曰："何谓也？"曾子曰："夫子之道，忠恕而已矣④。"

《论语·里仁篇》第 15 章

【译文】

孔子说："曾参呀！我的思想以一个基本观念贯穿其中。"曾参说："对。"孔子出去后，其他学生问曾参："先生说的什么意思？"曾参说："先生的思想，不过是忠与恕罢了。"

【注释】

①参：曾参，字子舆，鲁国人，孔子的学生。　②道：学说，思想。贯：贯穿。　③唯：答应声。是，对。　④而已：语末助词。罢了。

【解读】

孔子对学生强调自己的思想中贯穿着一个基本观念，是什么观念他没有说明，而是留下问题或悬念，让学生们去理解，这体现了孔子"不愤不悱，不启不发"的教学艺术。按照曾参的理解，贯穿孔子思想的基本观念是"忠"和"恕"。朱熹《论语集注》说："尽己之谓忠，推己之谓恕。"可见，"忠"和"恕"是一个人为人和处世的基本原则，是"礼"在一个人立身处世中的具体表现，也是孔子"仁"的思想的基本要求。因此，对于贯穿孔子思想的基本观念，看问题的角度不同，可以有不同的理解。曾参理解为"忠恕"，战国时期的孟子理解为"孝悌"，未免失之偏颇；如果理解为"仁"或者"礼"，恐怕更为符合孔子的本意。

4. 孝、悌

子曰："父在，观其志；父没①，观其行；三年无改于父之道②，可谓孝矣。"

《论语·学而篇》第 11 章

【译文】

孔子说："父亲在世时，要观察他的志向；父亲去世后，要观察他的行为。多年不改变父亲做人处世的原则，就可以说是孝了。"

【注释】

①没：通"殁"，死亡。　②三年：古人常以三、九表示多数，因此三年意为多年。道：道德准则，正道。这里指做人处世的原则。

【解读】

此章提出了观察一个人孝与不孝的方法。其核心是为人之子要有孝道，即应该孝顺父母。孔子提出的观察人孝与不孝的方法，有其积极的一面，也有其消极的一面。在今天，应该赋予这种方法新的含义，即对父辈做人处世的原则应具体分析，抛弃其不合理或错误的部分，继承和发扬其合理的好的部分，使中华民族孝亲的传统得到弘扬。

孟懿子问孝①。子曰："无违②。"樊迟御③，子告之曰："孟孙问孝于我，我对曰'无违'。"樊迟曰："何谓也？"子曰："生，事之以礼④；死，葬之以礼，祭之以礼。"

《论语·为政篇》第5章

【译文】

孟懿子问什么是孝道。孔子说："不违背礼制。"樊迟为先生驾车时，孔子告诉他说："孟孙问我什么是孝道，我回答说'不违背礼制'。"樊迟问道："这是什么意思？"孔子说："父母在世时，要按礼制侍奉他们；父母死了，要按礼制安葬他们，按礼制祭祀他们。"

【注释】

①孟懿子：即孟孙，姓仲孙，名何忌，鲁国大夫，"懿"是他的谥号。因他和季孙、叔孙作为鲁国的大夫把持朝政，经常违礼僭越，其父孟僖子临死前曾嘱咐他要向孔子学礼。 ②无违：不违背礼制。 ③御：驾车。 ④事：侍奉。

【解读】

古代礼制有严格的规范，天子、诸侯、大夫、士、庶人在婚、丧、嫁、娶等方面的礼仪都不相同，如果不遵从，就是违背礼制。鲁国的孟、季、叔三大夫有时用诸侯之礼，有时又用天子之礼，导致了礼制伦常的混乱，这就是孔子向孟孙强调"无违"的原因。春秋时期的礼制伦常，是维护贵族士大夫利益的。当今社会倡导的礼仪规范、伦理道德，在继承孔子倡导的礼制的精华基础上，赋予了符合时代发展需要的全新的内容，成为构建和谐、文明社会的重要举措。

孟武伯问孝①。子曰："父母唯其疾之忧②。"

《论语·为政篇》第6章

【译文】

孟武伯问什么是孝道。孔子说："让父母只担忧子女的疾病。"

【注释】

①孟武伯：孟懿子之子仲孙彘（zhì），"武"是他的谥号。 ②其：代词，指代子女。忧：担忧。

【解读】

父母对子女的关心是多方面的,如果做子女的在做人、求学、事业等方面都做得让父母满意,而父母只担忧子女是否健康、是否生病,这就是子女对父母最大的孝。孔子的这个回答,是对他的人伦思想具体而生动的诠释。从孔子的这句话,我们领悟到:作为子女,既要好学上进,学会做人,事业有成,还应该有一个健康的身体。只有这样,父母年老之后才不会为子女的健康担忧,才能过上幸福快乐的晚年生活。

子游问孝。子曰:"今之孝者,是谓能养①。至于犬马②,皆能有养;不敬③,何以别乎?"

《论语·为政篇》第7章

【译文】

子游问什么是孝道。孔子说:"今天的所谓孝,是说能够赡养父母。就是狗和马,人们都能去饲养;不孝顺父母,与饲养狗和马有什么区别?"

【注释】

①养:赡养。 ②至于:表示另提一事,解作"就是"。 ③敬:尊敬。这里意思是孝顺。

【解读】

赡养父母与供养父母有本质的区别。赡养是发自内心的行为,蕴涵了"敬",体现了孝道;供养是被动的、迫于无奈的行为,仅仅是在履行职责,与对牲畜的饲养无本质的区别。因此,孔子强调的"孝"是子女从孝顺的高度赡养父母,以尽孝道的具体行动报答父母的养育之恩。

子夏问孝。子曰:"色难①。有事,弟子服其劳②;有酒食,先生馔③,曾是以为孝乎④?"

《论语·为政篇》第8章

【译文】

子夏问什么是孝道。孔子说:"子女在父母面前总是表情愉悦,这是件难事。有事情,由子女操劳;有酒饭,让父母先吃。难道这样就可以认为是孝吗?"

【注释】

①色:神态,表情。这里指子女在父母面前表情愉悦。 ②弟子:子弟,子女。劳:效劳,操劳。 ③先生:长辈,年长的人。这里指父母。馔(zhuàn):食用。 ④曾:岂,怎,难道。

五、道德修养

【解读】

孔子谈论孝道，总是从日常生活中的小事入手，决不作空泛、高深的议论，恐怕这也是《论语》和孔子学说能够成为传世经典的原因。孔子强调子女在父母面前的表情，因为这是人内心情感的表现。如果子女操劳家事、侍奉父母有了烦恼、怨气，必然会在面部表现出来，这当然不是孝顺。子女把侍奉父母、操持家务看成是应尽的义务，是报答父母养育之恩的行为，自然会乐于去做，在父母面前就会和颜悦色。

子曰："事父母几谏①，见志不从②，又敬不违③，劳而不怨④。"

《论语·里仁篇》第 18 章

【译文】

孔子说："侍奉父母，对他们的过错要婉言规劝，看到心意不被接受，仍然要恭敬而不触犯他们，虽然忧愁却不要抱怨。"

【注释】

①几谏：对尊长婉言规劝。 ②志：心意，意见。从：听从。这里指接受。 ③违：违背。这里指触犯。 ④劳：忧愁。《诗·邶风·燕燕》："瞻望弗及，实劳我心。"

【解读】

这是孔子谈子女对待父母的态度和方式的言论，体现了孔子孝顺父母、严于律己的思想。孔子认为，孝顺父母是子女应该坚持的原则，婉言规劝父母的过错，这也是"孝"的表现。如果父母有了过错，子女不讲方式，简单粗暴地对待，必然事与愿违，好心办坏事。当意见不被采纳时，孔子所讲的方法，就是今人所说的讲究策略，其目的仍然是关心父母，孝顺父母。这段言论，体现了孔子一贯的"以小见大""见微知著"的说理风格，通过日常小事阐述了"孝"的思想。

子曰："父母在①，不远游②。游必有方③。"

《论语·里仁篇》第 19 章

【译文】

孔子说："父母在世时，尽量不出远门。如果需要出远门，也要有一定的去处。"

【注释】

①在：指活着，在世。 ②远游：出远门。指去外地求学或工作。 ③方：地方。这里指去处。

【解读】

孔子所讲的"孝",表现在内心情感和日常生活的各个方面。在此章,孔子要求子女尽量不出远门,即使有事必须出远门,也要明确去处,目的是避免父母的担心和忧虑,这是从日常生活中体现出来的具体的"孝"。当今社会,出远门而不在父母身边的人恐怕占了多数,一个电话、一条短信、一封家书,免去了父母的许多担忧,许多挂念。而"常回家看看"的具体行动,更体现了儿女对父母的爱心和一片深情。

宰我问:"三年之丧①,期已久矣。君子三年不为礼②,礼必坏③;三年不为乐,乐必崩④。旧谷既没⑤,新谷既升⑥,钻燧改火⑦,期可已矣。"子曰:"食夫稻,衣夫锦⑧,于女安乎?"曰:"安。""女安,则为之!夫君子之居丧,食旨不甘⑨,闻乐不乐,居处不安⑩,故不为也。今女安,则为之!"

宰我出。子曰:"予之不仁也⑪!子生三年,然后免于父母之怀。夫三年之丧,天下之通丧也⑫。予也有三年之爱于其父母乎?"

《论语·阳货篇》第21章

【译文】

宰我问道:"为父母守丧三年,时间太长了。君子三年不习礼仪,礼仪一定会废弃;三年不奏音乐,音乐一定会荒疏。陈米已经吃完,新米已经出来,钻木取火一个轮回,一年时间就够了。"孔子说:"守丧一年,就吃白米饭,穿丝织衣服,你心安吗?"宰我说:"心安。"孔子说:"你心安,就这样去做吧!君子守丧时,吃美味的食物觉得不可口,听音乐不会感到快乐,住在家里不觉得舒适,所以不这样做。现在你心安,就这样去做吧!"

宰我出去了。孔子说:"宰我不仁德呀!儿女出生后三年,才能离开父母的怀抱。为父母守丧三年,是天下通行的丧期。宰我对他的父母也有过三年的爱吗?"

【注释】

①宰我:名予,字子我,孔门言语科高材生,鲁国人。丧:哀葬死者的礼仪。三年之丧:指为父母守丧三年。 ②为礼:习礼仪。指参加礼仪活动。 ③坏:破坏,废弃。 ④崩:崩溃。指荒疏。 ⑤旧谷:指陈米。没:意思是吃完。 ⑥升:登场。意思是出来。 ⑦钻燧改火:古人钻木取火,四季使用木材不同。春季用榆柳,夏季用枣杏,秋季用柞楢,冬季用槐檀。改火:指取火因四季不同而改用不同的木材。这里指一个轮回。 ⑧锦:有彩色花纹的丝织品。 ⑨旨:美味。甘:甜。指可口。 ⑩居处:住所。指家里。不安:意思是不觉得舒适。 ⑪予:宰我名。 ⑫通丧:通行的丧期。

【解读】

"三年之丧"是古代遗留下来的礼制,孔子的可贵之处,就在于把这种伦理规范和孝亲的心理情感融为一体,把"三年之丧"的礼制规范上升为人的自觉行为。孔子认为,一个人出生后三年,才能离开父母的怀抱。这三年中,父母不但要关心子女的吃喝拉撒,关心子女的健康、安全,还要教子女说话、吃饭等等最基本的生活能力,可以说是呕心沥血,日夜操劳,更不必说三年之后直至成年,父母所给予子女的爱。正因为父母给予了子女无尽的爱,因此子女要永远保持一颗感恩的心,父母在世时要给予关爱,父母去世后要守丧三年。随着时代的变迁,守丧三年的习俗发生了很大的改变,不但做不到宰我说的守丧一年,在很多地方还演变成了所谓"做七"(民间悼念去世亲人的习俗),并在每年的清明节扫墓,以寄托哀思等形式。

子张曰:"《书》云①:'高宗谅阴,三年不言②。'何谓也?"子曰:"何必高宗?古之人皆然。君薨③,百官总己以听于冢宰三年④。"

《论语·宪问篇》第 40 章

【译文】

子张问:"《书经》上说:'殷高宗守丧,三年不谈政事。'是什么意思?"孔子说:"何必一定是殷高宗?古人都是这样。国君去世了,新君应守丧三年,三年内百官都要尽职尽责,听从冢宰的命令。"

【注释】

①《书》:指《尚书》,即《书经》。 ②高宗谅阴,三年不言:语出《书经·无逸》。高宗:殷王武丁的庙号。谅阴:也作谅闇、亮阴。居丧时所住的房子,即凶庐。指守丧。 ③薨(hōng):周代诸侯之死曰"薨"。唐代称二品以上官员之死。 ④总己:备统己职。意思是尽职尽责。冢宰:又称大宰。周代官名,为六卿之首。后称宰相或吏部尚书为冢宰。

【解读】

子张所引《书经》上的话,说明子女为父母守丧三年的做法在孔子以前就已经存在。在春秋时代,许多国君违背礼制,不遵循这种做法。针对这种情况,孔子继承前人传统,重提守丧三年的主张。为了维持正常的统治秩序,维护社会的安定,孔子认为,国君去世后,新君应守丧三年,不问政事,百官应尽职尽责,听从宰相的命令。孔子的这一主张,体现了他的孝亲思想,承袭了古代以孝道立国的传统。

李泽厚先生说:"听冢宰三年,我以为其原意是新'君'初立,不谙政事,所以必须不乱讲话(发号施令),而由有经验的冢宰代理政务,处理事情。"(《论语今读》)

子贡问曰:"何如斯可谓之士矣①?"子曰:"行己有耻②,使于四方不辱君命,可谓士矣。"曰:"敢问其次。"曰:"宗族称孝焉③,乡党称弟焉④。"曰:"敢问其次。"曰:"言必信,行必果,硁硁然小人哉⑤!抑亦可以为次矣。"曰:"今之从政者何如?"子曰:"噫!斗筲之人⑥,何足算也!"

《论语·子路篇》第 20 章

【译文】

子贡问道:"怎样才可以叫作士呢?"孔子说:"对自己的行为有羞耻之心,出使诸侯国不辜负国君交付的使命,这样的人可以叫作士了。"子贡说:"请问比这次一等的。"孔子说:"宗族的人称赞他孝顺父母,乡里人称赞他敬爱兄长。"子贡说:"请问比这次一等的。"孔子说:"说话一定守信用,办事一定很果断,这是固执而见闻浅薄的人,但也可以算是次一等的。"子贡说:"现在执政的人怎样?"孔子说:"咳!这种度量狭小、见识短浅的人,算得上什么呢!"

【注释】

①士:古代四民(士民、商民、农民、工民)之一。这里指士民中的文士,即读书人、知识分子。 ②行己:自己的行为。 ③孝:孝顺父母。 ④弟:通"悌",敬爱兄长。 ⑤硁(kēng)硁:固执。小人:指见闻浅薄的人。 ⑥斗筲(shāo):斗是容器,一斗为十升;筲是竹器,容一斗二升。喻指度量和见识狭小。

【解读】

子贡的真实用意,是要知道孔子对当时执政的人的评价,因此在孔子说了三种类型的"士"后,他才直接提出了"今之从政者何如"的问题。孔子认为,真正的"士"有羞耻之心,出使诸侯国能不辱使命;次一等的"士"能孝顺父母,敬爱兄长;再次一等的"士"言必信、行必果,尽管是固执的小人,但也算得上"士";而当时执政的人度量狭小、见识短浅,连"士"也算不上。可见,孔子心目中的"士",是行仁德、知羞耻、能孝亲、讲诚信的仁人、君子,而不是身居高位而不遵礼制、执掌国政而见识短浅、与人交往而度量狭小的人。

附录:孔子弟子的言论

有子曰:"其为人也孝弟①,而好犯上者②,鲜矣③;不好犯上,而好作乱者,未之有也。君子务本④,本立而道生⑤。孝弟也者,其为仁之本与⑥!"

《论语·学而篇》第 2 章

【译文】

有子说:"做人孝顺父母,敬爱兄长,却喜欢冒犯上司,这种人少有;不喜欢冒犯上司,却喜欢造反作乱,这种人从未有过。君子致力于根本,根基树立了,人道就会产生。孝顺父母,敬爱兄长,就是仁爱的根本吧!"

【注释】

①孝:孝顺父母。弟(tì):通"悌",指敬爱兄长。 ②犯:触犯,冒犯。 ③鲜(xiǎn):少。 ④本:事物的根基或主体。务本:致力于根本。 ⑤道:道德,道义。这里指人道。 ⑥仁:古代一和含义广泛的道德观念,其核心指人与人相亲、爱人。这里指仁爱。

【解读】

"仁"是孔子思想的核心内容之一,是孔子为中华民族做出的创造性的理论贡献。有若强调"仁"的根本,应建立在"孝悌",即懂得珍爱身边的亲人上面。这种由"孝悌"而形成的和谐的家庭关系,就是孔子所倡导的"仁"的具体体现。由家庭而社会,再到国家,如果都能遵循"仁"的理念,就能形成和谐的人际关系和国家关系。

曾子曰:"吾闻诸夫子①:人未有自致者也②,必也亲丧乎!"

《论语·子张篇》第17章

【译文】

曾子说:"我从老师那里听说:人不会主动地流露真实感情,如果有,一定是在亲人去世的时候!"

【注释】

①诸:"之于"的合音。 ②自致:自动表达。指主动流露感情。

【解读】

曾参转述孔子的话背景不详。孔子认为,一般人在亲人去世后由于内心悲痛,会自然地流露出真实感情,但在其他场合不会主动流露真情。曾参转述孔子的这句话,意在强调人应该有自制力,能够以理智来控制情感,不能不分时间、地点、场合随意表露真实情感,或轻易发表意见。当然,以理智控制情感必须掌握好度,如果过分强调理智,就会压抑感情,使真情难以表露,给人留下过于拘谨的感觉。

5. 廉、耻

子曰:"笃信好学①,守死善道②。危邦不入③,乱邦不居。天下有道则见④,无道则隐。邦有道,贫且贱焉,耻也;邦无道,富且贵焉，耻也。"

《论语·泰伯篇》第13章

【译文】

孔子说："信仰坚定，爱好学习，矢志不渝，完善大道。不安宁的国家不进入，动乱的国家不居住。国家政治清明就出仕，国家政治黑暗就隐居。国家政治清明，自己贫穷、卑贱是耻辱；国家政治黑暗，自己富有、显贵是耻辱。"

【注释】

①笃：真诚。引申为坚定。　②守死：坚持至死而不变。意思是矢志不渝。　③危邦：不安宁的国家。　④有道：指政治清明。见：通"现"，出现。这里指出仕。

【解读】

此章是孔子对弟子们的告诫。首先，做人要有坚定的信仰，为了推行"仁""礼"，完善大道，要矢志不渝，死而后已；其次，要洞察国家局势，清楚国家"有道"还是"无道"，从而做出"出仕"还是"隐居"的决定；第三，国家政治清明，为志士仁人提供了施展抱负的条件，就应以贫穷、卑贱为耻；国家政治黑暗，给奸佞邪恶之徒提供了机会，因此应以富有、显贵为耻。此章所体现的孔子的价值观、荣辱观，值得今人思考和借鉴。

子曰："衣敝缊袍①，与衣狐貉者立②，而不耻者，其由也与！'不忮不求，何用不臧③？'"子路终身诵之④。子曰："是道也⑤，何足以臧⑥？"

《论语·子罕篇》第27章

【译文】

孔子说："穿着破旧的麻袍，与穿着狐貉皮衣的人站在一起，却不感到羞耻的人，大概只有子路吧！《诗经》上说：'不嫉妒，不贪求，为什么不好？'"子路听了，就经常诵读这两句诗。孔子说："这样做虽然是正途，怎么能说够好呢？"

【注释】

①衣：这里作动词，穿。缊（yùn）：乱麻，旧絮。缊袍：以乱麻衬于其中的袍子。古代贫困者无力置丝絮，只能用乱麻衬于袍内。　②狐貉：指狐皮和貉皮。　③不忮不求，何用不臧：《诗·邶风·雄雉》中的诗句。忮（zhì）：嫉妒。臧：善，好。　④终身：一生。意思是经常，一直。　⑤道：道路。这里指正道、正途。　⑥足：足够。

【解读】

孔子重视人的学问、德行,不重人的地位、穿着,对子路不因贫贱而自卑的表现极为赞赏。孔子用《诗·邶风·雄雉》中的诗句来勉励子路,子路却不明白老师的用意,于是经常诵读这两句诗。孔子知道后,又提醒子路不能自满,不能停留在诗句的文字上,而应深入领会其含义。可见,孔子看到学生的优点就称赞、鼓励,发现学生的不足就及时指出,体现了师长对学生的严格要求和真心关爱。

子曰:"古者民有三疾①,今也或是之亡也②。古之狂也肆③,今之狂也荡④;古之矜也廉⑤,今之矜也忿戾⑥;古之愚也直,今之愚也诈而已矣⑦。"

《论语·阳货篇》第 16 章

【译文】

孔子说:"古代的民众有三种缺点,今天或许这些缺点都没有了。古代的狂人是不拘小节,今天的狂人是放荡不拘;古代矜持的人是不能触犯,今天矜持的人是蛮横不讲理;古代愚笨的人是耿直坦率,今天愚笨的人不过是欺诈罢了。"

【注释】

①疾:毛病。指缺点。 ②亡:通"无",没有。 ③肆:放肆,不受拘束。指不拘小节。 ④荡:指放荡不羁。 ⑤矜:矜持。意思是庄重,拘谨。廉:棱角。比喻不能触犯。 ⑥忿戾(fèn lì):火气大,蛮横不讲理。 ⑦诈:欺诈。

【解读】

孔子所说的古代指周代。周代制定了礼乐制度,社会比较稳定,民风比较淳朴,但民众中有的人仍有一些缺点。而到了孔子所生活的春秋时代,由于社会动荡,礼崩乐坏,民众中许多人不遵礼制,行为放纵,毫无顾忌,所以孔子说今人竟连古人的缺点也没有了。孔子所说的古代民众和今人,都不是泛指所有人,而是特指"狂、矜、愚"这三种人。孔子之所以伟大而具有生活的智慧,就在于他开创了以古喻今、以史为鉴的传统。

子曰:"君子怀德①,小人怀土②;君子怀刑③,小人怀惠④。"

《论语·里仁篇》第 11 章

【译文】

孔子说:"君子爱惜德行,小人关心处境;君子关心遵守法纪,小人关心个人利益。"

【注释】

①怀：想念。引申为留恋、爱惜、关心。　②怀土：留恋乡土。意思是关心处境。　③刑：刑罚。指遵守法纪。　④惠：恩惠。指个人利益。

【解读】

此章孔子所说的君子、小人分别指君主、官员和普通百姓。由于他们所处的地位不同，关心的问题自然不一样。但孔子要求君主和官员不能像普通百姓一样，只关心自己的处境，只关心个人的利益，而应该爱惜德行、关心国家大事。可见，孔子对国君、官员这类君子，提出的希望和要求是把"德"放在首要位置。如果君主、官员不爱惜德行，不施行仁政，遭殃的就会是普通百姓。

宪问耻①。子曰："邦有道②，谷③；邦无道，谷，耻也。"

"克、伐、怨、欲不行焉④，可以为仁矣？"子曰："可以为难矣⑤，仁则吾不知也。"

《论语·宪问篇》第 1 章

【译文】

原宪问什么是耻辱。孔子说："国家政治清明，领取俸禄；国家政治黑暗，领取俸禄，这就是耻辱。"原宪说："好胜、自夸、怨恨、贪欲都没有了，可以说是仁德吗？"孔子说："可以说是难能可贵了，是否仁德我不知道。"

【注释】

①宪：原宪，字子思。鲁国人，孔子的学生，比孔子小三十六岁。　②有道：指政治清明。　③谷：小米。古代官员以粮谷作为俸禄。这里以领取俸禄指代做官。　④克、伐、怨、欲：好胜、自夸、怨恨、贪欲。不行：不实行。意思是没有。　⑤难：难得，难能可贵。

【解读】

在此章，孔子回答了原宪提出的两个问题。首先，孔子认为，在政治清明时能从政做官，在政治黑暗时也能从政做官，这种左右逢源、见风使舵的行为就是耻辱。其次，孔子认为"仁"是一种崇高的品德与情感，其核心是"爱人"，也就是要有益于他人，造福于百姓。能够克服"好胜、自夸、怨恨、贪欲"这些不良的个人品质和情感，是对个人品德的完善，但还未能达到"仁"的境界。孔子认为这已经很难得，但还有待于提升到更高的境界。

子曰："色厉而内荏①，譬诸小人②，其犹穿窬之盗也与③？"

《论语·阳货篇》第 12 章

【译文】

孔子说:"神色严厉,内心怯懦,如果用小人作比喻,就好像钻墙洞盗窃的小偷吧!"

【注释】

①色:脸色,神色。荏:软弱,怯懦。 ②小人:品德低劣的人。 ③窬(yú):门边小洞。

【解读】

小偷行为不轨,内心恐惧,总担心偷盗时被人发现、得手后事情败露。孔子用小偷比喻神色严厉、内心怯懦的人,恰到好处。由于"色厉内荏"的人形形色色,因此历来解释很多。有人认为是贪财好利的官员,有人认为是道貌岸然的伪君子,有人认为是没有真才实学的人。由于"色厉而内荏"透过现象揭示了本质,其所指并不明确,因此孔子这句话具有普遍的意义。

子曰:"巧言、令色、足恭①,左丘明耻之②,丘亦耻之。匿怨而友其人③,左丘明耻之,丘亦耻之。"

《论语·公冶长篇》第 25 章

【译文】

孔子说:"花言巧语,仪容伪善,过分谦恭,左丘明认为可耻,我也认为可耻。心里隐藏着怨恨,表面上却与人交往,左丘明认为可耻,我也认为可耻。"

【注释】

①足:十足。这里指过分。 ②左丘明:春秋时鲁国人。相传曾任鲁国太史,曾作《左传》《国语》。杨伯峻先生认为《左传》《国语》都不是左丘明所作。 ③匿:隐藏。友:友好。这里指交往。

【解读】

孔子重视人的品德人性的修养,要求人们做人要正直,待人要诚信。因此,他对表里不一、口是心非的行为非常反感,认为这种行为可耻。可是,从古到今,不以这种行为为耻,反而效法、奉行的人却不少。特别是在政坛,察言观色、奴颜婢膝、见风使舵的伪君子大行其道,胸怀坦荡、正直诚信、勤政爱民的人往往不被重用,这种误国害民的情况,值得当政者们深思。

6. 义、利

子曰:"君子喻于义①,小人喻于利②。"

《论语·里仁篇》第 16 章

【译文】

孔子说:"君子懂得伸张道义,小人只知道个人利益。"

【注释】

①喻:懂得,知道。义:道义。　②利:利益。

【解读】

孔子认为,君子的关注点在"义",小人的关注点是"利",这是两者的根本区别。如果他在这里说的君子指君主、官员,小人指普通百姓,那么他们的关注点分别是"义"和"利"就无可厚非;如果他说的君子指贤德的人,小人指卑劣的人,则君子懂得伸张道义值得赞赏,小人只知道个人私利应予鄙视。孔子的这句话,体现了他的是非观、善恶观,以及他推崇礼制、伸张道义的思想。

子曰:"士志于道①,而耻恶衣恶食者②,未足与议也③。"

《论语·里仁篇》第9章

【译文】

孔子说:"知识分子有志于追求真理,但又以粗茶淡饭为耻辱,就不值得与他探讨真理。"

【注释】

①士:泛指读书人,即知识分子。　②恶:劣。恶衣恶食:不好的衣物和食品。比喻粗茶淡饭。　③未足:不值得。议:谈论,探讨。

【解读】

孔子认为,有志于追求真理的人应该有对社会的责任感和使命感,要有为真理而舍弃一切的精神。中国历代的知识分子中,不乏为了求知而舍弃物质享受,为了做学问而焚膏继晷、潜心钻研的人,也正是这些人的研究成果丰富了中华民族传统文化的宝库,并使他们成为中华民族传统文化的脊梁。

子曰:"放于利而行①,多怨②。"

《论语·里仁篇》第12章

【译文】

孔子说:"依据利益来做事,会招致很多怨恨。"

【注释】

①放:通"仿",依据,遵循。行:行事,做事。　②怨:怨恨。

【解读】

每个人都有自己的利益,这关系到一个人的生存和发展。但孔子认为,一个人做事不能只考虑"利",而应该首先考虑"义",即考虑做的事是否合理、适宜。如果只顾自身利益，甚至利欲熏心，其后果恐怕不仅要招致怨恨，而且要违法乱纪，害人害己。在各种竞争日趋激烈的当今社会，孔子的这句话仍然具有警示意义。

子曰："饭疏食饮水①，曲肱而枕之②，乐亦在其中矣。不义而富且贵，于我如浮云。"

《论语·述而篇》第 16 章

【译文】

孔子说："吃粗食，喝凉水，弯着手臂作枕头，快乐就在其中了。不行道义却富有、显贵，对于我就像浮云一样。"

【注释】

①饭：名词活用为动词。吃。疏食：指粗糙的食物。　②肱（gōng）：手臂。

【解读】

孔子一生重视人性道德的修养，不重物质生活方面的享受，他大力倡导"安贫乐道"，并以自己的言传身教为人们做表率。此章前一句对孔子倡导的"安贫乐道"作了生动的诠释。孔子视不行道义得到的富有如浮云，反映了他对不仁不义、唯利是图的小人的蔑视。孔子认为，对于富有和显贵的追求，要通过正当的途径，采取正当的手段，否则就是不义，就应当受到谴责和唾弃。

在陈绝粮①，从者病，莫能兴②。子路愠见曰③："君子亦有穷乎？"子曰："君子固穷④，小人穷斯滥矣⑤。"

《论语·卫灵公篇》第 2 章

【译文】

孔子在陈国断绝了粮食。跟随的学生饿病了，不能起身。子路生气地来见孔子，说："君子也有穷困的时候吗？"孔子说："君子能固守穷困，小人一旦穷困就会无所不为。"

【注释】

①在陈绝粮：孔子带领弟子周游列国，在鲁哀公四年（前491）由陈国到蔡国，途中因陈、蔡两国担心孔子到楚国后被重用，于是派兵把孔子一行围住，以致断粮七天。《史记·孔子世家》对孔子一行"厄于陈蔡"的事件作了记载。②兴：起来。　③愠：恼怒。指生气。　④固穷：固守穷困。　⑤滥：越轨。意思是无所不为。

【解读】

此章记述孔子一行在陈国断粮时的艰难处境。子路性格刚强、率直，看到孔子为推行仁德、礼制而身陷困境，感到不理解，于是生气地问孔子"君子也有穷困的时候吗"。孔子以君子和小人对待穷困的不同态度开导子路，希望他面临艰难的环境要坚定信念，不失气节，决不要放纵自己，做出违礼违法的事情。在身陷困境的情况下，孔子泰然处之的举止神态跃然纸上，令人敬佩。

子曰："吾未见刚者①。"或对曰："申枨。"子曰："枨也欲②，焉得刚？"

《论语·公冶长篇》第11章

【译文】

孔子说："我没有看到过刚毅不屈的人。"有人回答说："申枨就是这样的人。"孔子说："申枨欲望太多，怎么能做到刚毅不屈呢？"

【注释】

①刚：坚硬，强劲。刚者：指刚毅不屈的人。　②欲：欲望。

【解读】

孔子认为，一个人欲望太多，过多地考虑个人的利害得失，就不可能做到刚毅不屈。他所说的刚，不是遇事逞血气之勇的刚强，而是在困难、挫折面前不屈不挠的意志、永不言弃的精神。虽然"无欲则刚"已经成为流传千古的成语，但对这个"欲"要作具体分析。人非草木，谁能无"欲"。人有各种各样的欲望是正常的，问题在于，一个人要实现的、要为之奋斗的欲望应该是正当、合理的，如果是为一己私利的欲望、损人利己的欲望，就必须克制、杜绝，而不能任其膨胀，从而造成害人害己的后果。

原思为之宰①，与之粟九百②，辞。子曰："毋！以与尔邻里乡党乎③！"

《论语·雍也篇》第5章

【译文】

原宪做孔子家的总管，孔子给他小米九百斗，他推辞不受。孔子说："不要推辞，拿去给你的邻居和乡亲吧！"

【注释】

①原思：即原宪，字子思。宰：总管。因孔子当时被任命为鲁国的司寇（属于大夫），所以能设置家臣。　②九百：后省略了量词。金良年先生认为是斗，九百斗是管家的正当俸禄。李泽厚先生也持此说。可从。　③邻里乡党：古代以五家为邻，二十五家为里，一万二千五百家为乡，五百家为党。这里泛指家乡的邻居和乡亲。

五、道德修养

【解读】

原宪做孔子家的总管,孔子坚持要付给报酬,即使原宪推辞也不改变,这体现了孔子的求实精神和按劳付酬的思想。在原宪推辞时,孔子建议他拿去给邻里乡亲,这又体现了孔子的仁爱之心。"君子得遇机会,不应忘惠及乡里,这也是一种报答。孔子用心可谓细致。平凡之中见精神,正是在这些生活小事中,我们可以体会圣人不平凡的风范。"(李择非整理《论语》)

六、国君品格

春秋时期,礼崩乐坏,社会动荡。生活在这种环境中的孔子,认为国君在维护国家的统一和稳定、形成良好的社会风气等方面担负着重要的责任。在孔子的言论中,有许多涉及"为君之道"(即如何做国君)的内容,对国君应具备的德行、操守、执政能力等进行了阐述。这些言论,体现了孔子的治国理政思想,丰富了中华民族治国理政思想的宝库。

1. 君道

子曰:"大哉尧之为君也①!巍巍乎!唯天为大,唯尧则之②。荡荡乎③!民无能名焉④。巍巍乎其有成功也,焕乎其有文章⑤!"

《论语·泰伯篇》第19章

【译文】

孔子说:"尧作为君主真是伟大啊!高大啊!只有天最高大,只有尧能效法它。尧的恩惠广大啊!民众不知道如何称赞他。他取得的功绩多么崇高啊,他制定的礼制多么美好!"

【注释】

①尧:传说中的古代贤君,他因为把君位禅让给舜而得到广泛赞誉。②则:效法。 ③荡荡:广大,广远。 ④名:称说,称赞。 ⑤焕:光亮,鲜明。这里形容美好。文章:指礼仪制度。

【解读】

尧是孔子极力称赞的古代圣人。孔子认为,尧之所以伟大,首先是能效法天,能够以丰富的天文知识"沟通天人,且以天为范本而行政"(李泽厚《论语今读》);其次是对民众广施恩惠,得到民众的称颂;第三是在执政期间取得了很大功绩;第四是制定了完善的礼仪制度,使人们在待人处世中有所遵循。可见,孔子对尧的称赞不是出于盲目的崇拜,而是由于尧所取得的功绩使人不得不仰慕和敬重。

子曰:"巍巍乎①!舜、禹之有天下也②,而不与焉③!"

《论语·泰伯篇》第 18 章

【译文】
孔子说:"多么崇高啊!舜和禹拥有天下,并不是自己追求得来的。"

【注释】
①巍巍乎:崇高的样子。 ②舜、禹:传说中的古代贤君。舜接受尧的禅让成为天子,后来又把君位禅让给治水有功的禹。 ③与:参与。这里意思是追求。

【解读】
孔子所处的时代,礼崩乐坏,世风日下,战乱四起,宫廷内部争夺君位的斗争时有发生,因此孔子对通过禅让而成为天子的舜、禹非常赞赏,认为他们是有崇高德行的古代贤君。孔子说这番话,借歌颂古代贤君,讽刺了当时为争夺君位而不择手段的丑恶现象。

子曰:"禹,吾无间然矣①。菲饮食而致孝乎鬼神,恶衣服而致美乎黻冕②,卑宫室而尽力乎沟洫③。禹,吾无间然矣!"

《论语·泰伯篇》第 21 章

【译文】
孔子说:"对于禹,我没话可说了。他饮食菲薄,却对祭祀极为虔诚;他衣着粗劣,却使礼服冠帽极为华丽;他居室低矮,却尽力兴修水利。对于禹,我没话可说了。"

【注释】
①间:空隙。无间然:意思是无可指责,没话可说。 ②恶(wù):劣。黻(fú)冕:古代祭祀时穿的礼服叫黻,戴的冠帽叫冕。 ③卑:低下。这里指低矮简陋。宫室:这里指居室。沟洫:即沟渠,指兴修水利。

【解读】
此章是孔子对禹的高度评价。孔子认为,禹是古代严于律己、体恤民众的典范。他敬畏鬼神,是希望神灵赐福于国家和民众,毕竟上古时代人力更是无法胜天;他爱护黎民,大力兴修水利,发展农业生产,使民众有饭吃,有衣穿。而要做到这些,他自己吃粗食淡饭,穿粗劣衣服,住低矮简陋的房屋,达到了置个人利益于不顾的境地,所以孔子说对他非常佩服。

季康子问政于孔子①。孔子对曰:"政者,正也②。子帅以正③,孰敢不正?"

《论语·颜渊篇》第 17 章

【译文】

季康子向孔子询问如何治理国家。孔子回答说:"政的意思就是公正。你率先走上正道,谁敢不走正道呢?"

【注释】

①政:执政,处理政务。名词用作动词。 ②正:正直,端正,公正。指执政者自身的德行。 ③帅:同"率",带领,率先。正:指正道。

【解读】

孔子认为,执政治国的基本原则是"正"。不少学者认为,"正"主要包含正名(辨正名分)、正身(包括正心、正言、正行等)、正身边(即亲贤臣、远小人)三层意思,因此,"'政者,正也'应是古今中外政治学的一个重要命题"(韩喜凯《名家评说孔子辨析》)。因为季康子是鲁国的执政大臣,所以孔子希望季康子以身作则,率先走上正道,并以此影响和带动其他臣子。古今中外,凡是当政者在国家管理中能实行正道,并能做到率先垂范,都会得民心、顺民意,国家就能欣欣向荣,人民就能安居乐业。孔子的这一思想,是他留给人类的一笔极为宝贵的精神财富。

定公问①:"一言而可以兴邦②,有诸?"孔子对曰:"言不可以若是其几也③。人之言曰:'为君难,为臣不易。'如知为君之难也,不几乎一言而兴邦乎④?"曰:"一言而丧邦⑤,有诸?"孔子对曰:"言不可以若是其几也。人之言曰:'予无乐乎为君,唯其言而莫予违也⑥。'如其善而莫之违也⑦,不亦善乎?如不善而莫之违也,不几乎一言而丧邦乎?"

《论语·子路篇》第15章

【译文】

鲁定公问:"一句话就能使国家兴盛,有这样的事吗?"孔子回答说:"对于话不能像这样期望过高。人们说:'做国君艰难,做臣下不容易。'如果知道做国君的艰难,不接近于一句话就能使国家兴盛吗?"鲁定公又问:"一句话就能使国家灭亡,有这样的事吗?"孔子回答说:"对于话不能像这样期望过高。人们说:'我做国君没有快乐,只是没有谁违背我说的话。'如果话说得正确而没有人违背,不是也很好吗?如果话说得不正确而没有人违背,不接近于一句话就能使国家灭亡吗?"

【注释】

①定公:鲁昭公之弟,名宋,鲁国国君。 ②兴邦:使国家兴盛。 ③几(jī):通"冀",希望,期望。 ④几乎:接近于。 ⑤丧邦:使国家灭亡。

⑥莫予违:"莫违予"的倒装,意思是没有谁违背我。 ⑦善:指说的话正确。

【解读】

对鲁定公提出的两个问题,孔子都做了肯定的回答。孔子认为,国君首先要认识到做国君艰难,因为国君做出的决定,事关国计民生,不可不谨慎;其次,国君说话不能随意,如果说话不谨慎,说的话不正确而臣下不敢违背,关键性的一句话将会决定国家的兴亡。后来,"一言兴邦""一言丧邦"作为成语,对后世的当政者起到了一定的警戒作用,但并未引起有些当政者的重视。今天,要实现"一言兴邦",避免"一言丧邦",一是要建立民主决策机制;二是要通过报刊、电视、互联网等媒体,广泛征求意见;三是要开辟进言献策渠道,及时采纳合理建议。

颜渊问为邦①。子曰:"行夏之时②,乘殷之辂③,服周之冕,乐则《韶》《舞》④。放郑声⑤,远佞人⑥。郑声淫⑦,佞人殆。"

《论语·卫灵公篇》第11章

【译文】

颜回询问如何治理国家。孔子说:"实行夏代的历法,乘坐商代的大车,戴周代的礼帽,音乐则用《韶》乐和《武》乐。舍弃郑国的乐曲,疏远谄媚的小人。郑国的乐曲浮靡不正,谄媚的小人危险。"

【注释】

①为:治理。为邦:治理国家。 ②时:季节,节令。这里指历法。 ③辂(lù):天子乘坐的大车。 ④《韶》:传说舜所作乐曲名,在舜禅位于禹的仪式上演奏。《舞》:同"武",相传是歌颂周武王的乐舞。 ⑤放:抛弃,舍弃。郑声:郑国的乐曲。 ⑥佞人:巧言谄媚的人,即小人。 ⑦淫:浮靡不正派。古代称郑、卫之音等俗乐为淫声,以别于传统的雅乐。

【解读】

此章记述了孔子的治国之道。孔子在谈治国之道时,讲到了夏代历法、商代大车、周代礼帽,以及《韶》乐和《武》乐,但这些都是形式,孔子是以这些形式喻指前代文明的积极成果。

夏历把一年分为春夏秋冬四季,以正月为每年的首月,符合农作物生长收获的规律;殷商时天子乘坐的大车很实用质朴;周代建立了礼仪规范,礼帽两侧有挡耳的悬帛,喻指天子不听谗言;舜创作的《韶》乐和周武王时的《武》乐都是雅乐,用于祭祀、朝聘等庄重场合。可见,孔子的治国之道,首先是继承夏、商、周各代在农业生产、礼仪规范、简朴作风、崇尚雅乐等方面的积极成果,其次是舍弃郑国浮靡不正的俗乐,再就是疏远谄媚的小人。孔子的包容性以及他善于继承前代优秀文明成果的精神，在此章得到了体现。这种兼收并蓄的精神，正是孔子的思想能够长期在中国历史上占据统治地位的一个重要原因。

孔子曰："天下有道，则礼乐征伐自天子出[①]；天下无道，则礼乐征伐自诸侯出。自诸侯出，盖十世希不失矣[②]；自大夫出，五世希不失矣；陪臣执国命[③]，三世希不失矣。天下有道，则政不在大夫。天下有道，则庶人不议。"

《论语·季氏篇》第2章

【译文】

孔子说："国家政治清明，制定礼乐，出兵讨伐，由天子决定；国家政治黑暗，制定礼乐，出兵讨伐，由诸侯决定。由诸侯决定，大概传十代很少有不亡国的；由大夫决定，传五代很少有不亡国的；由家臣执掌国家权力，传三代很少有不亡国的。国家政治清明，政权就不会掌握在大夫手里。国家政治清明，百姓就不会议论纷纷。"

【注释】

[①]礼乐征伐：制定礼乐，出兵讨伐。自天子出：意思是由天子决定。[②]十世：古代以三十年为一世，十世即十代。希：同"稀"，稀少。失：丧失。指亡国。　[③]陪臣：大夫的家臣。执：执掌，把持。

【解读】

此章是孔子在总结历史经验、联系社会现实基础上提出的治国主张。这个主张的核心是"天下有道"，即通过推行仁德礼制，实行"以德治国"，进而达到国家政治清明。这样，就会国家统一，社会安定，由天子决定礼乐、战争等大政方针，大夫就不能专权，民众安居乐业而不会批评国政。反之，如果国家政治黑暗，就会导致礼崩乐坏、社会动乱，各地诸侯互相兼并、扩张称霸，国家四分五裂的局面。孔子从齐国传十代、晋国传九代、鲁国传五代等教训，指出了诸侯僭越、大夫执政、家臣专权的严重后果。以德治国的原则、国家统一的理想，是孔子留给中华民族的宝贵遗产，也是他为世界文明做出的一大贡献。

孔子曰："禄之去公室五世矣[①]，政逮于大夫四世矣[②]，故夫三桓之子孙微矣[③]。"

《论语·季氏篇》第3章

【译文】

孔子说："任命官员不由国君做主已经五代了，政权落到大夫手上已经四代了,所以仲孙、叔孙、季孙的子孙衰微了。"

【注释】

①禄:俸禄。指代任命官员的权力。去:离开。公室:王室。指鲁国国君。去公室:意思是不由国君做主。五世:指鲁国的宣公、成公、襄公、昭公、定公五代国君。　②逮:及,到。逮于大夫:落到大夫之手。四世:指季孙氏文子、武子、平子、桓子四代。　③三桓:因鲁国的仲孙、叔孙、季孙三卿都出于鲁桓公,因此称为三桓。微:衰微。

【解读】

此章与上一章有联系。孔子的意思是,由于鲁国的国君违礼僭越,不行德治,导致了五代国君不能行使权力、季孙氏一家四代专权、仲孙叔孙季孙这三桓的子孙衰微的后果。可见,孔子大力推行仁德、礼制,目的是恢复国家的正常统治秩序,实现国家的统一、社会的安定,从根本上改变当时那种礼崩乐坏、社会动乱、道德沦丧的局面。为了实现这一理想,他历尽艰辛,矢志不渝。孔子的伟大正在于此。

子曰:"居上不宽①,为礼不敬②,临丧不哀③,吾何以观之哉?"

《论语·八佾篇》第 26 章

【译文】

孔子说:"身居上位而不宽厚,执行礼制而不恭敬,参加丧礼而不悲哀,这种人我凭什么去观瞻呢?"

【注释】

①居上:身居上位,处在上级位置。宽:宽宏大度,宽厚。　②为:行,执行。　③临:到,参加。

【解读】

孔子主张礼制,希望君主和大臣在各个方面率先垂范。对于身居上位却不认真遵从礼制的行为,孔子感到不能容忍,认为这种人找不到值得赞赏的地方。

子曰:"泰伯①,其可谓至德也已矣②。三以天下让③,民无得而称焉④。"

《论语·泰伯篇》第 1 章

【译文】

孔子说:"泰伯,他的品德可以说是最高尚的了。他多次把天下让给季历,民众不知道怎样来称颂他。"

【注释】

①泰伯：亦作太伯。周先祖太王长子。相传太王欲传王位给季历（周文王之父），他和弟弟仲雍避居江南，开发吴地，成为吴国统治家族的始祖。《史记·吴太伯世家》记载了太伯主动让出王位的情况。　②至德：最高尚的品德。　③三以天下让：朱熹《论语集注》："三让，谓固逊也。"这里的"三"不是实指，而是表示让位的态度坚决。　④无得：不能，不知。

【解读】

虽然上古时代的氏族首领或君王无任何特权，还需处处做民众的表率，但做氏族首领或君王者地位仍然很高。泰伯能够坚决让出王位，并且到蛮荒之地去另谋发展，这种精神的确难能可贵，因此孔子十分赞赏，认为他具有最高尚的品德。孔子对泰伯的称赞，是有感而发的。因为孔子所处的时代，随着私有制的发展，诸侯国内部也出现了特权阶层，为了维护各自的利益，出现了争夺君位和王权的斗争，甚至斗得你死我活也互不相让。针对这种违礼僭越的行为，孔子无能为力，于是对古代相互辞让的行为进行称赞，其用心可谓良苦。

子曰："为命①，裨谌草创之②，世叔讨论之③，行人子羽修饰之④，东里子产润色之⑤。"

《论语·宪问篇》第 8 章

【译文】

孔子说："郑国拟定外交政令，由裨谌起草初稿，子太叔研究并提出意见，负责外交的公孙挥进行修改，子产润色定稿。"

【注释】

①为命：指拟定外交政令。　②裨谌（bì chén）：与后文的世叔、子羽、子产均为郑国大夫。世叔：《春秋传》作子太叔，名游吉。子羽：公孙挥的字。草创：起草初稿。　③讨论：研究并提出意见。　④行人：使者，外交官。
⑤东里：地名，子产的住处。一说是子产的复姓，存疑。

【解读】

《左传·襄公三十一年》记载："郑国将有诸侯之事，子产乃问四国之为于子羽，且使多为辞令，与裨谌乘以适野，使谋可否，而告冯简子使断之。事成，乃授子太叔使行之，以应对宾客，是以鲜有败事。"孔子所记述的过程与《左传》的记载略有不同。

春秋时期，诸侯国之间时而联合，时而交战，因而制定外交政策关系到国家存亡，尤为重要。子产在郑国当政时，能举用贤人，并通过严格的程序，分工合作，层层把关，从而制定出适合国情的外交政令。孔子记述郑国外交政令的制定过程，既称赞了子产的做法，又希望学生在今后当政时制定政令一定要慎重，要借鉴子产采取的分工合作、反复论证、层层把关、集思广益的做法。

尧曰："咨①！尔舜！天之历数在尔躬②，允执其中③。四海困穷，天禄永终④。"舜亦以命禹。

曰⑤："予小子履⑥，敢用玄牡⑦，敢昭告于皇皇后帝⑧：有罪不敢赦⑨。帝臣不蔽⑩，简在帝心⑪。朕躬有罪⑫，无以万方⑬；万方有罪，罪在朕躬。"

周有大赉⑭，善人是富⑮。"虽有周亲⑯，不如仁人。百姓有过，在予一人。"

谨权量⑰，审法度⑱，修废官⑲，四方之政行焉。兴灭国⑳，继绝世㉑，举逸民㉒，天下之民归心焉㉓。

所重：民、食、丧、祭。宽则得众，信则民任焉㉔，敏则有功，公则说㉕。

《论语·尧曰篇》第1章

【译文】

尧说："啊！你这个舜！上天的使命落在你身上，要妥善地把握它的正道。如果天下百姓都贫困穷苦，上天赐给你的禄位就会永远终止。"舜也用这些话告诫禹。

成汤说："小子履谨用黑色公牛做祭品，并向光明伟大的上帝禀告：有罪的人，我不敢擅自赦免。天下的贤人，我不敢埋没，请上帝您明察。如果我在讨伐夏桀的事上有罪过，不要牵连各方诸侯；各方诸侯因此事而有过错，罪过在我本人。"

周初大封诸侯，使善人得以富有。周武王说：'即使有最亲近的人，不如有仁德的人。百姓有过错，责任在我一人。"

谨慎制定度量衡，审察各项法规制度，恢复废弃的政务机构，全国就会政令通行。复兴被灭掉的诸侯国，让断绝禄位的世家得以承续，举用避世隐居的贤人，全天下的百姓就会诚心归附。

要重视的事是：百姓、粮食、丧礼、祭祀。宽厚就能得到民众拥护，诚实就能得到民众信任，勤勉就能取得功绩，公正就会使百姓心悦诚服。

【注释】

①咨：语气词。啊，表示叹息。　②历数：天道。也指朝代更替的次序。这里解作使命。尔躬：你身上。　③允：得当，妥善。执：执掌，把握。中：不偏不倚，无过不及。指正道。　④天禄：上天赐给的禄位。　⑤曰：这段文字是成汤即位时说的话，故"曰"前应补"汤"字。　⑥予小子：上古帝王的

自称。下文的"予一人"同此。履：商代开国君主汤称"天乙"，名履。　⑦玄：黑色。牡：公牛。　⑧皇皇：光明的样子。后帝：上帝。　⑨有罪：有罪的人。指夏桀这样的罪人。　⑩帝臣：上帝的臣仆。这里指天下的贤人。蔽：遮盖。引申为埋没。　⑪简：朱熹《论语集注》："简，阅也。言桀有罪，己不敢赦；而天下贤人，皆上帝之臣，己不敢蔽。简在帝心，惟帝所命。"阅：视察。引申为明察。　⑫朕：我。自秦始皇起专作帝王自称。　⑬以：及。指牵连。万方：指各方诸侯。　⑭大赉（lài）：赏赐。指大封诸侯。　⑮是：助词，用于动宾结构的倒装。善人是富：即"富善人"。善人：指受封的诸侯。他们帮助周武王灭了无道的纣王。　⑯周：至，最。周亲：最亲近的人。"虽有周亲"至"在予一人"是周武王说的话。　⑰权：秤锤。测定物体重量的器具。量：斗、斛一类的量器。权量：指度量衡。　⑱法度：法规制度。　⑲修：修复，恢复。废官：废弃的官职、机构。　⑳灭国：指被灭掉的诸侯国。　㉑绝世：断绝禄位的世家。　㉒逸民：也作"佚民"，指避世隐居的人。　㉓归心：从心里归附。　㉔任：信任。信则民任焉：刘宝楠、杨伯峻均认为此章原无此句，疑为子张问仁章误衍。可从。　㉕说：通"悦"，高兴。意思是心悦诚服。

【解读】

　　此章内容十分丰富，不但记述了尧、舜在禅让时的告诫和成汤、周武王即位时的誓言，而且记述了孔子提出的执政要点（从"谨权量"至"公则说"这部分文字，多数学者认为是孔子的话，可从）。

　　尧禅位给舜时，告诫舜执政要把握正道，要坚持以民为本，关注民生。舜禅位给禹时，也把尧告诫自己的执政大纲告诉了禹。成汤即位时的誓言，提出自己的执政原则是：尊崇大义，诛罚罪人，勇于承担责任，不牵连各地诸侯。周武王即位时的誓言，提出自己的执政原则首先是任人唯贤，举用仁德的贤人，其次是严于律己，勇于承担责任。

　　孔子则从治理国家的具体措施的角度，提出了自己的执政要点：首先，通过"谨权量，审法度，修废官"，使全国政令通行；其次，通过"兴灭国，继绝世，举逸民"，使百姓从心里归附；第三，执政者要高度重视百姓生活、粮食生产、丧葬礼仪、天地神灵祭祀这样的大事；第四，执政者具备宽厚、诚实、勤勉、公正的品质，才能得民心，顺民意，出政绩。

　　综上所述，此章虽然篇幅不长，却涵盖了治国的原则、大纲，执政的具体措施，以及执政者应该具备的品质，既对尧、舜至成汤、周武王时代的美德、善政作了高度概括，又对孔子治国理政的思想进行了总结，成为中华民族治国理政思想宝库中的一笔极为重要的财富。

2. 举贤

子谓仲弓，曰："犁牛之子骍且角①，虽欲勿用②，山川其舍诸③？"

《论语·雍也篇》第6章

【译文】

孔子谈到冉雍时，说："耕牛的牛犊长着红色的毛、端正的角，即使在祭祀时不打算用它，山河神灵难道会舍弃它吗？"

【注释】

①犁牛：耕牛。因毛色不纯，古代祭祀时不用这种牛做祭品。骍（xīng）：赤色。角（jué）：指牛的两角端正。 ②勿用：不用于祭祀。 ③山川：指山河神灵。山川其舍诸：意思是山河神灵岂能舍弃它。

【解读】

据《史记·仲尼弟子列传》记载，冉雍的父亲地位低贱，但冉雍本人有很高的德行。此章孔子以耕牛和它的牛犊，喻指冉雍的父亲和冉雍本人，体现了孔子看人不唯出身，注重人品、才德的人才观。当今社会，不论出身于富人家庭还是贫寒人家，也不论父辈地位高低、有无劣行，只要自己勤学上进、品学兼优、才华出众，都应得到举荐和任用。

子曰："臧文仲其窃位者与①！知柳下惠之贤而不与立也②。"

《论语·卫灵公篇》第14章

【译文】

孔子说："臧文仲大概是个不称职的人吧！他知道柳下惠贤德，却不提拔重用。"

【注释】

①臧文仲：即臧孙辰，鲁国大夫，先后在鲁国的四位国君朝中做官。窃位：指居其位不勤其事，意思是不称职、不忠于职守。 ②柳下惠：鲁国大夫展获，字禽。因食邑在柳下，谥号"惠"，所以称柳下惠。他任士师（即掌管司法的官员）时，三次被罢免。与伯夷并称夷惠。立：通"位"（见《中华大字典》），指官位。与立：给予官位。指提拔重用。

【解读】

识才用才是执政者的重要任务。中外历史证明，一个人身边有一大批人才辅助，才能成就大业。三国时的刘备、曹操、孙权，都是因为既善于识才，又大胆任用贤才，因此势力大增，进而形成三国鼎立之势。臧文仲身为鲁国四任国君的大臣，知道柳下惠贤德却不提拔重用，所以孔子批评他不称职。

舜有臣五人而天下治①。武王曰②："予有乱臣十人③。"孔子曰："才难，不其然乎？唐、虞之际④，于斯为盛⑤。有妇人焉，九人而已。三分天下有其二⑥，以服事殷⑦。周之德，其可谓至德也已矣。"

《论语·泰伯篇》第 20 章

【译文】

舜有五位贤臣就能治理好天下。周武王说："我有十位善于治理国家的臣子。"孔子说："人才难得，难道不是这样吗？从尧、舜时代，到周武王说这话时人才最兴盛。周武王的人才中有一位妇女，另外九位是男子。周文王已经拥有天下的三分之二，仍然向商纣称臣。周朝的仁德，可以说是最高的了。"

【注释】

①五人：指禹、稷、契、皋陶、伯夷等五个人，他们分别以治水、农业、教育、司法、开垦方面的才能辅助舜治理天下。　②武王：周武王姬发，他率领诸侯讨伐纣王，灭商后建立周王朝。　③乱：治，理。乱臣：善于治理国家的臣子。十人：指周公旦、召公奭、太公望、毕公、荣公、太颠、闳夭、散宜生、南宫适、太姒（武王之母）等十个人。　④唐、虞之际：指尧舜时代。因尧出自陶唐氏，舜出自有虞氏，故尧、舜为唐、虞。　⑤斯：此。指周武王说的话。　⑥三分天下有其二：相传当时天下分为九州，周文王已经得到六州诸侯的拥护。意思是周文王已经拥有天下的三分之二。　⑦服事：诸侯定期朝贡，各依服数以事天子，称为服事。意思是称臣。

【解读】

孔子认为人才难得，人才是治理国家的关键。他的人才观不是主观的想法，而是建立在舜和周武王的治国经验基础上的。古往今来，历代王朝的兴衰存亡无不证明人才对于国家、民族的重要性。孔子的人才观，是他留给中华民族宝贵的精神财富之一。

子曰："不有祝鮀之佞①，而有宋朝之美②，难乎免于今之世矣③。"

《论语·雍也篇》第 16 章

【译文】

孔子说："如果没有祝鮀的奸巧善辩，就应该具有宋朝的美貌仪容。如果两者都没有，在当今世上就难以避免灾祸了。"

【注释】

①祝鮀：字子鱼，卫国大夫，擅长外交辞令。《左传·定公四年》有关于他的记载。佞：奸巧谄谀，花言巧语。这里指奸巧善辩。　②而：连词。则，

就。宋朝（zhāo）：宋国的公子朝，貌美。做卫国大夫时，先后与襄公夫人宣姜、灵公夫人南子私通。皇侃《论语义疏》引范氏云："祝鮀以佞谄被宠于灵公，宋朝以美色见爱于南子。无道之世，并以取容。" ③免：指避免灾祸。

【解读】

皇侃《论语义疏》说："祝鮀，能作佞也。宋朝，宋国之美人，善能淫欲者也。当于尔时，贵佞重淫，此二人并有其事，故得宠信而免患难。故孔子曰：言人若不有祝鮀佞，反宜有宋朝美。若二者并无，则难免今世之患难也。"据此，徐刚认为："皇侃的意思可以明白：'祝鮀之佞'与'宋朝之美'本来都不是好事，但是在那个时代，却为人所看重，二者都可以使人免于祸患。"（《孔子之道与〈论语〉其书》）因此，孔子说了上述这番话，对当权者不能疏远小人，反而给予重用表达了感慨。

子曰："孟公绰为赵、魏老则优①，不可以为滕、薛大夫②。"

《论语·宪问篇》第 11 章

【译文】

孔子说："孟公绰做晋国大夫赵氏、魏氏的家臣能力绰绰有余，却不能当滕国、薛国的大夫。"

【注释】

①孟公绰：鲁国大夫，孔子所尊敬的人（见《史记·仲尼弟子列传》）。赵、魏：晋国卿大夫赵氏、魏氏。老：古代大夫的家臣称老，也称家老。优：优胜，优裕。意思是绰绰有余。 ②滕、薛：都是西周初分封的诸侯小国。滕国在今山东省滕州市西南，后被越国所灭；薛国在今山东省滕州市东南，后被齐国所灭。

【解读】

晋国是诸侯国中的大国，赵氏、魏氏这种大夫的家臣有权势、威望，具体事务大多由下属处理，因此孟公绰的能力绰绰有余；滕国、薛国这样的小国，即使是大夫也要处理具体繁杂的事务，因此孟公绰不能胜任。孔子敬重孟公绰的德行，但不掩饰他的短处。李泽厚先生说："能做大官也未必能办具体事，何况大官还有各种各样，有的是以他的'道德'高、资历深，专门用做摆设，什么实际事不干，也干不了。孟公绰可能就属于这一类。"（《论语今读》）

子曰："唯女子与小人为难养也①，近之则不孙②，远之则怨③。"

《论语·阳货篇》第 25 章

【译文】

孔子说："只有女子与小人是难以相处的。亲近他们，他们就会无礼；疏远他们，他们就会抱怨。"

【注释】

①难养：难于教养。这里意思是难以相处。　②近：亲近。孙：通"逊"（xùn）。不孙：不谦逊。意思是无礼。　③远：疏远。

【解读】

此章的"唯女子与小人为难养也"一句一度被曲解为孔子有轻视妇女的思想，后来又演变为中国封建社会"男尊女卑""夫为妻纲"的男权主义，成为孔子歧视妇女的重要证据。但通读整部《论语》，从孔子的政治理想、人生追求，以及他对学生的教诲、对人物的评价、对事物的分析认识中，可以看到，一部《论语》处处充满了生活的智慧和哲理，孔子怎么可能犯一概而论、以偏概全的常识性错误呢？因此，我认为女子、小人都是特指部分品德卑劣的人。具体地说，女子指当时诸侯、卿大夫身边的嫔妃姬妾，小人指国君身边的宠臣、宦官，以及卿大夫的家臣一类人。这样来理解孔子的这句话，恐怕更接近于孔子的原意，既不必作一些牵强的解释，也能洗雪让孔子蒙受两千多年的不白之冤。

子曰："可与言而不与之言，失人①；不可与言而与之言，失言②。知者不失人，亦不失言。"

《论语·卫灵公篇》第8章

【译文】

孔子说："可以与他谈话却不与他谈，就会错过人才；不可以与他谈话却与他谈，就是浪费言辞。聪明人既不错过人才，也不浪费言辞。"

【注释】

①失人：失去民心。这里指错过人才。　②失言：指浪费言辞。

【解读】

此章介绍了孔子的谈话艺术。通过谈话，即与对方的交流，可以了解对方的思想、为人，甚至可以发现人才。因此，孔子认为，如果是一个有德行的人，可以与他谈却不与他谈，就会错过发现人才的机会；如果是一个无德无能的人，不可以与他谈却与他谈，就是浪费言辞。孔子强调，只有聪明人才会有知人之明，才能做到既不"失人"，又不"失言"。孔子说的这句话，体现了生活的智慧，值得今人借鉴。

子曰："众恶之，必察焉①；众好之②，必察焉。"

《论语·卫灵公篇》第28章

【译文】

孔子说:"大家都厌恶他,一定要考察;大家都喜欢他,一定要考察。"

【注释】

①察:考察。 ②好:喜好,喜欢。

【解读】

孔子认为,看一个人,要通过对这个人所作的考察,从他的言行举止和一贯的为人作深入、全面的了解,如果人云亦云,轻信别人的评价,往往会做出错误的判断。因为在"众人"当中,有正直、善良、说实话的人,也难免有奸佞、卑劣、口是心非的人,所以对"众人"说的话,决不能轻信和盲从,而是要进行考察、分析,听取、采纳正确意见,不听或批评错误意见。

3. 戒奢

子曰:"道千乘之国①:敬事而信②,节用而爱人,使民以时③。"

《论语·学而篇》第 5 章

【译文】

孔子说:"治理千辆兵车的诸侯之国:要认真办事恪守诚信,节省费用爱惜人民,征用劳力不违农时。"

【注释】

①道:《释文》:"道本或作导。"引导。这里指治理。千乘:兵车千辆。古代以一车四马为一乘。春秋时代,天子号称万乘之君,分封给诸侯的则为千乘之国。 ②敬:恭敬。这里指认真。信:诚信。 ③使:役使,征用。使民:指征用劳力。时:古代以农业为主,时即为农时。以时:根据农时。意思是不违农时。

【解读】

"敬事,诚信,节用,爱人,使民以时",是孔子提出的治国原则。正如宋代学者朱熹在《论语集注》中所说:"言治国之要在此五者,亦务本之意也。"所谓"本",就是孔子倡导的"仁"。治国以"仁"为本,就必须坚持"敬事,诚信,节用,爱人,使民以时"这五项原则。五项原则中,"节用"这一原则要求的是"戒奢","使民以时"这一原则体现的是以人为本。

4. 赏罚

哀公问曰①:"何为则民服②?"孔子对曰:"举直错诸枉③,则民服;举枉错诸直,则民不服。"

《论语·为政篇》第 19 章

【译文】

鲁哀公问道:"怎么做民众才会服从?"孔子回答说:"提拔正直的人,把他们安置在邪恶者之上,民众就服从;举用邪恶的人,把他们安置在正直者之上,民众就不服从。"

【注释】

①哀公:姓姬,名蒋,鲁国国君,鲁定公之子,"哀"是他的谥号。 ②何为:怎么做。 ③举:举荐,提拔。错:通"措",安置。诸:"之于"的合音。枉:不正直,邪恶。

【解读】

"以德治国"是孔子治国思想的核心,"公平正义"是孔子治国思想的表现。要贯彻"以德治国"的方针,用人是关键。为此,孔子提出了"举直错诸枉"的用人原则。举用正直贤能的人,废弃邪恶无能的人,才能构建吏治清明的社会,自然就会得到民众的拥戴。从古今历史来看,任用邪恶无能之人执政的情况屡见不鲜,因而导致了社会动荡,生灵涂炭。可见,孔子提出的用人原则,作为他的理想和愿望,要真正得到实施,必须要有良好的社会环境和有效的制度保障。

七、官员素养

官员担负着管理国家、稳定社会、造福民众的重任。官员的品德、才能如何，事关社稷苍生、民族兴亡。孔子曾在鲁国为官多年，对擅权专断、独揽朝政或沉湎酒色、荒废政务的官员极为不满。孔子关于"为吏之道"（如何当官从政）的言论，对官员的品德修养、执政能力等进行了阐述，值得当今社会在政府部门、企事业单位担任职务的各级官员学习、借鉴。

1. 忠君保民

季子然问①："仲由、冉求可谓大臣与？"子曰："吾以子为异之问②，曾由与求之问③。所谓大臣者，以道事君，不可则止。今由与求也，可谓具臣矣④。"曰："然则从之者与⑤？"子曰："弑父与君⑥，亦不从也。"

《论语·先进篇》第24章

【译文】

季子然问："子路、冉有可以说是大臣吗？"孔子说："我以为你问别的，原来是问子路、冉有。所谓大臣，是以道义侍奉国君，如果行不通就辞职不干。如今子路与冉有，可以说是备位充数的普通臣属。"季子然又问："那么，他们是顺从上司的人吗？"孔子说："杀父亲、杀国君的事，他们是不会顺从的。"

【注释】

①季子然：鲁国大夫季氏的同族人。 ②异之问：问别的。 ③曾：竟然，原来。 ④具臣：备位充数、不称职守之臣。指普通臣属。 ⑤从：顺从。之：代词，指代季氏。因子路、冉有当时都是季氏的家臣。 ⑥弑(shì)：古代臣杀君、子杀父母叫弑。

【解读】

季氏是鲁桓公之子季友的后裔，又称季孙氏。自鲁文公之后，季氏在鲁国权势日重,后来成为鲁国的执政大臣。但季氏违背礼制,聚敛财富,不行仁义。孔子认为,大臣应该以道义侍奉国君,子路、冉有作为家臣,不能阻止上司违礼、敛财,只能说是充数的普通臣属,对子路、冉有进行了批评。同时,孔子又认为,如果季氏要做杀父杀君的谋逆之事,子路、冉有也不会顺从,他们不能担当以道义侍奉国君的大臣,但绝不会违背礼制,助纣为虐。可见,孔子一方面相信自己的学生具备起码的德行,另一方面又对他们寄予了遵从道义、礼制的希望。

子张问政。子曰:"居之无倦①,行之以忠②。"

《论语·颜渊篇》第14章

【译文】

子张问怎样从政。孔子说:"在位不能懈怠,处理政务靠忠诚。"

【注释】

①居:指在位,任职。 ②行:执行。行之:指执行政令、处理政务。

【解读】

孔子认为,忠诚和勤勉是从政者的基本素质。忠于职守,勤勉工作,才能履行好职责,用今天的话说,才能得民心、顺民意,也才能取得政绩。古往今来,一些官员疏于政事,沉湎于声色犬马;一些官员欺上瞒下,中饱私囊,种种劣行,令人发指。这样的人,如果面对倡导以德治国理念的孔子,难道不觉得羞愧?

陈成子弑简公①。孔子沐浴而朝②,告于哀公曰:"陈恒弑其君,请讨之。"公曰:"告夫三子③!"孔子曰:"以吾从大夫之后④,不敢不告也。君曰'告夫三子'者!"之三子告⑤,不可。孔子曰:"以吾从大夫之后⑥,不敢不告也。"

《论语·宪问篇》第21章

【译文】

陈恒杀了齐简公。孔子沐浴后去朝廷报告鲁哀公,说:"陈恒杀了他的国君,请你出兵讨伐他。"鲁哀公说:"去报告三位大夫!"退朝后,孔子说:"因为我曾担任过大夫,因此不敢不报告。国君却说'去报告三位大夫'。"孔子去报告三位大夫,他们却不同意讨伐。孔子说:"因为我曾担任过大夫,因此不敢不报告。"

【注释】

①陈成子:齐国大夫陈恒,又叫田常(因其祖先陈完逃到齐国后改姓田)。

"成"是他的谥号。陈恒专权,齐简公想除掉他,结果被他杀害。简公:名壬,齐国国君。 ②沐浴:礼制规定,大夫上朝应先沐浴,穿上朝服。 ③三子:指当时执政的季孙氏、叔孙氏、孟孙氏三个大夫。 ④从大夫:从事大夫之职。意思是曾担任过大夫。 ⑤之:到,去。 ⑥以:因为。

【解读】

陈恒杀害国君,是以下犯上、严重违反礼制的暴虐行为,孔子听说后感到震惊和义愤,希望作为齐国邻国的鲁国伸张正义,曰兵讨伐,于是特地沐浴上朝,去报告鲁哀公。由于鲁哀公大权旁落,季孙氏、叔孙氏、孟孙氏三家执掌朝政,于是哀公叫孔子去报告这三位权臣。鲁国三家权臣的地位和违礼僭越的行为,与陈恒在齐国专权的情形类似,去向他们报告,其结果孔子非常清楚。他反复说自己不敢不报告,既对陈恒杀害国君的行为表达了愤慨之情,又表明了一个已退职的大臣对国家的关心。

子路问事君。子曰:"勿欺也,而犯之①。"

《论语·宪问篇》第22章

【译文】

子路问怎样侍奉国君。孔子说:"不要欺骗他,可以冒犯他。"

【注释】

①犯:冒犯。朱熹《论语集注》:"犯,谓犯颜谏争。"

【解读】

孔子以简洁明了的六个字,提出了自己的事君主张。他认为,作为臣属,对国君最重要的是忠诚。对国君忠心耿耿,才不会为个人私利而阿谀奉承,用漂亮话、谎话欺骗国君;如果国君的言行有不妥或失误,敢于直言劝谏,甚至冒犯他。中外历史上,靠甜言蜜语欺骗国君的大臣不乏其人,敢于直言冒犯国君的大臣却不多。其中原因,不言自明。

子曰:"孟之反不伐①,奔而殿②,将入门,策其马③,曰:'非敢后也,马不进也。'"

《论语·雍也篇》第15章

【译文】

孔子说:"孟之反不夸耀自己,军队打了败仗他在最后面作掩护,将要进入城门时,他鞭打自己的马,说:'不是我敢于断后,而是我的马跑不快。'"

【注释】

①孟之反:又称孟之侧,鲁国大夫。伐:夸耀。 ②殿:在全军最后作掩护。鲁哀公十一年(前484),鲁国与齐国交战,鲁国军队败退时,孟之反殿

后，掩护败退的鲁军。　③策：马鞭。这里作动词用。

【解读】

孟之反在鲁军败退时敢于断后，掩护军队撤退，立下了战功。事后，他却说不是自己敢于断后，而是因为马跑不快，这表现了他的谦虚。孟之反居功而不自傲的精神，得到了孔子的赞扬。古今中外，居功自傲、身败名裂的将领，不乏其人。如果他们能够像孟之反那样，不夸耀，不自傲，大多能全身而退，有一个比较理想的结局。

子张问于孔子曰："何如斯可以从政矣①？"子曰："尊五美②，屏四恶③，斯可以从政矣。"

子张曰："何谓五美？"子曰："君子惠而不费④，劳而不怨，欲而不贪⑤，泰而不骄⑥，威而不猛。"

子张曰："何谓惠而不费？"子曰："因民之所利而利之⑦，斯不亦惠而不费乎？择可劳而劳之⑧，又谁怨？欲仁而得仁，又焉贪？君子无众寡，无大小，无敢慢，斯不亦泰而不骄乎？君子正其衣冠⑨，尊其瞻视⑩，俨然人望而畏之⑪，斯不亦威而不猛乎？"

子张曰："何谓四恶？"子曰："不教而杀谓之虐；不戒视成谓之暴⑫；慢令致期谓之贼⑬；犹之与人也⑭，出纳之吝谓之有司⑮。"

《论语·尧曰篇》第2章

【译文】

子张询问孔子说："怎样做才能执政呢？"孔子说："推崇五种美德，摒弃四种恶习，这样就可以执政了。"

子张说："什么叫五种美德？"孔子说："君子施惠于民却不耗费，让百姓劳动而不招来怨恨，追求仁德而不贪图名利，庄重却不骄傲，威严却不凶猛。"

子张说："什么叫施惠于民却不耗费？"孔子说："根据百姓所想要的利益，使他们获得利益，这不是施惠于民却不耗费吗？选择百姓能够承担的劳动让他们劳动，又有谁会怨恨？追求仁德而得到了仁德，还贪求什么呢？君子不论人数多少，不论势力大小，都不敢怠慢，这不就是庄重却不傲慢吗？君子整饬自己的衣冠，目不斜视，矜持庄重，别人一看就感到畏惧，这不就是威严却不凶猛吗？"

子张说："什么叫四种恶习？"孔子说："不加教育而惩罚叫作残暴；不先告诫就看成效叫作粗暴；懈怠政令却限期完成叫作害人；同样给人财物，却出手吝啬叫作小气。"

【注释】

①何如：怎样。斯：连词。则，才。　②尊：敬重，推崇。　③屏：摒弃。

④惠：指施予恩惠。　⑤欲而不贪：指追求仁德，不贪图名利。　⑥泰：平安，安宁。引申为庄重。　⑦因：根据。利之：使之获利。　⑧择：选择。　⑨正：整饬，整齐。　⑩尊：高贵。引申为庄重。瞻视：观看事物的仪态。尊其瞻视：意思是目不斜视。　⑪俨然：形容矜持庄重。　⑫戒：命令。引申为告诫。视成：看成效。　⑬慢：懈怠。致：达到。致期：到期。意思是限期完成。贼：伤害。指害人。　⑭犹之：同样。与：给与。　⑮出纳：发出和收进。这里指出手。有司：古代负责具体事务的官吏，因其地位较低，借以比喻器量狭小、小气。

【解读】

针对子张提出的问题，孔子提出了"尊五德，屏四恶"的执政原则。在"五德"中，"惠而不费""劳而不怨"体现的是以民为本的思想；"欲而不贪""泰而不骄""威而不猛"是对执政者在仁德、品行修养上的要求。"四恶"则是执政中应该杜绝的四种将会造成不良后果的行为。子张比孔子小四十八岁，从他向孔子询问的问题可以看出，他非常关注社会和政治问题，孔子对他寄予了很大希望，因此对"五德""四恶"等他所关心的问题作了具体详细的讲解。晚年的孔子对年轻一代学生的重视和关心，所体现的是他希望自己毕生追求的理想和事业能够通过年轻一代得到延续和传承。

王孙贾问曰①："'与其媚于奥，宁媚于灶②'，何谓也？"子曰："不然，获罪于天③，无所祷也④。"

《论语·八佾篇》第13章

【译文】

王孙贾问道："'与其讨好奥神，不如讨好灶神'，这话是什么意思？"孔子说："我没有不正当的行为，如果得罪了国君，讨好谁也没有用。"

【注释】

①王孙贾：卫国卫灵公的大臣。　②与其媚于奥，宁媚于灶：疑为当时的俗语。媚：巴结，讨好。奥：居室西南角。古代尊长居室，也是祭神的方位。灶：古代灶祭之神。民间以腊月二十四日为灶神上天向天帝陈说人间善恶之日，因此这天在灶房祭祀灶神。王孙贾在这里把国君的近臣和宠姬南子（因孔子去见过南子）比作奥神，把自己比作灶神，暗示孔子与其巴结国君的近臣和宠姬，不如讨好自己管用。　③天：一说指天神，一说指天理，一说以天喻君（指卫灵公）。从后说。　④祷：祈祷，祷告。这里意思是讨好。

【解读】

孔子的回答说明，如果不遵礼制，不行正道，而去巴结国君的近臣和宠姬、讨好掌握实权的大臣，就不尊重国君，不会有好的结果。针对王孙贾提出的问题，孔子通过比喻，委婉地谴责了讨好权贵、谋求官位的行为。

近年来，有的学者不顾人类认识史的发展阶段，认为既然孔子"敬鬼神而远之"，那么他所说的"天"就不是天神、天理，而是自然规律和社会规律，好像生活在两千多年前的孔子对隐藏在自然、社会现象背后的规律性的东西已经有了清楚的认识。从人类经过漫长的时间才对自然规律和社会发展规律有了比较清楚的认识，但至今还存在着许多未知领域有待于人类继续探索来看，孔子在他生活的年代就能清楚地认识自然规律和社会规律，是不现实的，也几乎是不可能的。孔子之伟大和可贵，就在于他"把一切必然性，甚至某些偶然性，都归之于'天'和'命'"（杨伯峻《论语译注》）。而在此章，把"天"理解为国君，虽然有"君权神授"的神秘色彩，但足以说明孔子思想中重现实而不重天命的倾向。

鲁人为长府①。闵子骞曰："仍旧贯②，如之何？何必改作③？"子曰："夫人不言④，言必有中⑤。"

《论语·先进篇》第14章

【译文】
鲁国官员准备翻修藏财物的府库。闵子骞说："按照原来的做法，怎么样？何必要改建？"孔子说："这个人要么不说话，一说话必然说到点子上。"

【注释】
①鲁人：指鲁国的执政大臣。长府：藏财货的府库。 ②旧贯：旧制，旧例。指原来的做法。 ③改作：指改建。 ④夫：代词。此。 ⑤中（zhòng）：击中目标。指说到点子上。

【解读】
历来学者对此章有不同的理解。有的学者认为，闵子骞反对"改作"长府，孔子表示赞同，是惜财爱民的表现。有的学者认为是闵子骞讥讽季氏。因鲁昭公据长府攻三桓失败，先后逃亡齐、晋，最后死于乾侯。昭公灵柩运回鲁国后，为泄当年被攻之愤，季氏在鲁公墓道南安葬昭公，以表不尊；后又改建长府，以消除长府的防御能力。钱穆先生认为："定公十年孔子为司寇。定公十年夏鲁君与齐侯有夹谷之会，孔子为相。定公十二年子路、冉有受命于孔子堕三都，时有阳虎之乱，三桓之势几濒倾覆。孔子素欲张公室以戢季氏之僭妄，因事有成功，于是鲁人有修缮长府之意，以拒季氏之恃强侵凌。但闵子骞此时认识却与众不同。他见堕三都只堕了费、郈，今后时局走向未必尽如人之所愿，故主张'仍旧贯'，而无须改作。"（见韩喜凯《名家评说孔子辨析》）

以上几种观点中，钱穆先生的观点更为贴切。这一观点，建立在具体的历史事实基础之上，体现了钱穆先生严谨治学的风格。而后来由于鲁定公的昏庸无能,三桓势力再度扩大,证明了"为长府"是目光短浅的行为。正因为这样,孔子称赞闵子骞"言必有中"。

附录:孔子弟子的言论

子夏曰:"虽小道①,必有可观者焉②;致远恐泥③,是以君子不为也。"

《论语·子张篇》第4章

【译文】

子夏说:"虽然是一般的技艺,一定有可取的地方。担心它妨碍追求远大的目标,所以君子不从事一般的技艺。"

【注释】

①小道:小技艺。朱熹认为"小道"指农耕、医术、占卜等,未免偏颇,不从。 ②可观:意思是可取。 ③致:达到。引申为追求。泥(nì):阻滞。引申为妨碍。

【解读】

孔子兴办教育有明确的培养目标和以仁德、礼制为重点的教学内容,培养具有德行、遵行礼制、能够"治国平天下"的杰出人才。因此,子夏说君子应该追求远大的目标,不必热衷于一般的技艺。子夏所说的有可取之处的一般技艺,指唱歌、下棋、钓鱼、弹琴等有益身心的技艺。现代社会的许多杰出人才,既通晓专业知识,又多才多艺;既有远大的理想,又不因热衷于业余爱好而影响事业的发展,就体现了子夏的这一观点。

2. 举贤任能

子曰:"先进于礼乐①,野人也②;后进于礼乐③,君子也④。如用之⑤,则吾从先进⑥。"

《论语·先进篇》第1章

【译文】

孔子说:"先进入到礼乐的道德内涵的人,是禀性质朴的人;后进入到礼乐的道德内涵的人,是注重文采的人。如果要我选用人才,我主张选用禀性质朴、重仁遵礼的人。"

【注释】

①先进:一说指前辈,一说指先实行,一说指先学习礼乐,一说指先进入。今从后说。 ②野:与"文"对应,指质朴。 ③后进:与"先进"对应,指后进入。 ④君子:与"野人"对应,指重"文"轻"质"的人。 ⑤用:选

用，任用。　⑥从：依从。这里意思是主张。先进：指禀性质朴、重仁遵礼的人。

【解读】

对此章的解读，关键在对"先进""后进"的理解。杨伯峻先生根据孔子主张"学而优则仕"，认为"先进"指"先学习礼乐后做官"，"后进"则与之相反。多数学者采用这一观点。韩喜凯先生对此提出了异议，认为"先进"指"先进入"，"礼乐"指"礼乐的道德内涵"（《名家评说孔子辨析》）。把"先进"解释为"先学习礼乐后做官"，采用增字立说（"进"解作"进学"）的方法进行意译，虽然符合孔子的思想，但忽视了孔子这句话的背景。因此，我赞同韩喜凯先生的观点。

朱熹《论语集注》引程子曰："先进于礼乐，文质得宜，今反谓之质朴，而以为野人。后进之于礼乐，文过其质，今反谓之彬彬，而以为君子。盖周末文盛，故时人之言如此，不自知其过于文也。"宋代学者程颐的这句话，分析了此章孔子说这番话的时代背景。周初制礼作乐的人（相传是周公）既制定了礼乐的条文（即"文"），又重视礼乐的道德内涵（即"质"），做到了形式和内容的统一（即"文质得宜"），孔子注重的是"质"，因此称先进入到礼乐的道德内涵的人是周初禀性质朴的人（即"野人"）。周末"文采胜过质朴"（即"文胜质"），出现了舍仁论礼、弃本逐末、重形式轻内容的现象，导致了春秋时代的礼崩乐坏、违礼僭越和人伦丧失，因此孔子称后进入到礼乐的道德内涵的人是周末重"文"轻"质"、偏重礼制而忽视仁德的人（即"君子"）。

在"仁"和"礼"，"质"和"文"的关系上，孔子认为，"仁"是道德情感，"礼"是行为规范，"质"是内容，"文"是形式，忽视"仁"和"质"，重视"礼"和"文"，就是舍本逐末；"仁"和"礼"并重，"质"和"文"统一，才能达到崇仁、行仁的人生境界。

子曰："君子不以言举人，不以人废言①。"

《论语·卫灵公篇》第23章

【译文】

孔子说："君子不因为会说话而举用人，不因为人不好而否定他说的话。"

【注释】

①废：废除。这里意思是否定。

【解读】

孔子认为，有的人能说会道，长于言谈，但没有德行，人品不好，举用这样的人既不利于国家和民众，还会助长不良的风气；有的人没有地位，人微言轻，或者人品不好，但不一定说的每句话、提的每个意见都不合理，因此不能

七、官员素养

"以人废言"。品读《论语》，我们常常看到，孔子善于联系生活实际，深入浅出地阐述自己的思想和观点，从而体现了他睿智的眼光和生活的智慧。此章就是孔子善于对具体问题进行具体分析和处理的事例。

子曰："鄙夫可与事君也与哉①？其未得之也②，患得之③；既得之，患失之。苟患失之④，无所不至矣。"

《论语·阳货篇》第 15 章

【译文】

孔子说："鄙陋浅薄的人能够和他共同侍奉国君吗？他在没有得到官职时，担心得不到；已经得到了官职，又担心失去。假若担心失去官职，就会什么事都做得出来。"

【注释】

①鄙夫：鄙陋浅薄的人。 ②未得之：没得到官职。之：指代官位、职位。 ③得：不得。焦循《论语补注》："古人文法有急缓。不显，显也，此缓读也。《公羊传》'如勿与而已矣'，何休注云：'如即不如，齐人语也。'此急读也。以得为不得，犹以如为不如。"（见徐刚《孔子之道与〈论语〉其书》）因此，"患得之"应为"患不得之"。 ④苟：假如。

【解读】

孔子认为，鄙陋浅薄的小人考虑的不是如何侍奉国君，如何勤政爱民，而是如何谋取官职，如何保住官职。为了保住官职，他们会"无所不至"，不择手段。因此，孔子说这样的人不能共事，表明了自己不与这种人同流合污的态度。现实生活中，这种追名逐利，患得患失，为了名利、职位不择手段的人，仍然大有人在，这是值得警惕的。

季康子问①："使民敬②、忠以劝③，如之何？"子曰："临之以庄④，则敬；孝慈⑤，则忠；举善而教不能⑥，则劝。"

《论语·为政篇》第 20 章

【译文】

季康子问道："要让民众恭敬、忠诚并努力，应该怎么办？"孔子说："用庄重来对待民众，他们就恭敬；孝顺父母，慈爱幼小，他们就忠诚；举用正直善良的人，教育品行不好的人，他们就努力。"

【注释】

①季康子：鲁国大夫季孙氏，名肥，鲁哀公时的正卿，"康"是他的谥号。 ②敬：恭敬。 ③劝：勉励，努力。 ④临：面对。引申为对待。 ⑤孝：孝

顺父母。慈：慈爱幼小。　⑥不能：无能。这里指品行不好的人。

【解读】

孔子回答鲁国大夫季康子的话，提出了他所倡导的德治和礼治的部分内容和措施，体现了他从待人行事的具体情况出发，而不空发议论的说理风格。治国之道，应在以法治国的同时，对民众进行德治教化。德治的措施，一是待人以庄，即庄重诚恳待人；二是孝长慈幼，富于爱心和孝道；三是任用贤能，纠正劣行。孔子提出的这些措施，受到了后世执政者们的重视。

季康子问①："仲由可使从政也与？"子曰："由也果②，于从政乎何有？"曰："赐也可使从政也与？"曰："赐也达③，于从政乎何有？"曰："求也可使从政也与？"曰："求也艺④，于从政乎何有？"

《论语·雍也篇》第8章

【译文】

季康子问道："子路可以让他从政吗？"孔子说："子路办事果断，他从政有什么困难？"季康子说："端木赐可以让他从政吗？"孔子说："端木赐善于变通，他从政有什么困难？"季康子又说："冉求可以让他从政吗？"孔子说："冉求多才多艺，他从政有什么困难？"

【注释】

①季康子：鲁国大夫，曾担任鲁国正卿。　②果：果断，果敢。　③达：通事理，善于变通。　④艺：才艺。

【解读】

鲁国权臣季康子向孔子询问子路、端木赐和冉求能否从政，孔子分别指出了这三个人的才能，并表明了让他们从政不会有什么困难的态度。可见，孔子对自己的学生非常了解。孔子对学生的要求是德才并重，尤其是从政的人，担负着治国平天下的重任，更应该做到德才兼备。孔子向季康子介绍三个学生的才能，说明从政者在具备"德"的同时，"才"是不可缺少的条件。此章通过具体的事例，体现了孔子"因材施教""量才用人"的思想。

公叔文子之臣大夫僎与文子同升诸公①。子闻之，曰："可以为文矣②。"

《论语·宪问篇》第18章

【译文】

公叔文子的家臣大夫僎与公叔文子一起晋升到大臣的官职。孔子听到后，说："可以被称为'文'了。"

七、官员素养

【注释】

①臣：指家臣。僎（zūn）：人名。诸：于，到。公：指大臣。　②为文：被称为"文"。"文"是公叔文子的谥号。

【解读】

公叔文子举荐自己的家臣僎，使他与自己一起晋升为大臣，说明他了解人，能为国家举荐人才，不因为是自己的家臣而瞧不起人，也就是能识人、能举荐人，不嫉贤妒能。公叔文子这种品德和胸襟，得到了孔子的称赞。

子游为武城宰①。子曰："女得人焉耳乎②？"曰："有澹台灭明者③，行不由径④。非公事，未尝至于偃之室也⑤。"

《论语·雍也篇》第14章

【译文】

子游担任武城邑的长官。孔子说："你在那里得到人才没有？"子游说："有个叫澹台灭明的人，从不走捷径。不是公事，从不到我的住所来。"

【注释】

①武城：鲁国城邑，在今山东省费县西南。　②得人：得到人才。焉耳：于此。　③澹台灭明：姓澹台，名灭明，字子羽，鲁国武城人。《史记·仲尼弟子列传》把他列为孔子的学生，他比孔子小三十九岁。　④径：指便捷的小路，捷径。　⑤偃：指言偃，即子游。

【解读】

孔子深知人才对于治理国家、推行大道的重要性，因此询问担任武城邑长官的子游得到人才没有，可见他把发现人才、使用人才作为从政的一大任务。子游称赞澹台灭明不走捷径、不拉关系，说明他看人出于公心，能从人的品德、才干上考察人。"子游这样的介绍肯定会使孔子感到又熟悉又陌生。熟悉的是自己曾经收过这么一位学生，他'状貌甚恶'，曾被误以为'材薄'，因而未受重视；陌生的是此人'退而修行'，竟具备了如此美德。"（韩喜凯《名家评说孔子辨析》）当今社会，一些人钻营拍马，诚信缺失，却能步步升迁，直到贪污受贿，东窗事发，最终落得革职判刑的结局。这难道不值得掌握识人、用人大权的官员们深思吗？

子曰："论笃是与①，君子者乎？色庄者乎②？"

《论语·先进篇》第21章

【译文】

孔子说："言论厚重朴实就赞许，这种人是真正的君子呢，还是外貌庄重、道貌岸然的人呢？"

143

【注释】

①论笃：言论厚重朴实。是：表示肯定判断。与（yǔ）：称誉，赞许。②色庄：指外貌庄重。

【解读】

孔子主张为人应该言行一致，观察人应该"听其言，观其行"。在此章，孔子又强调，观察和识别人，不能只看他说什么，以及说话时的表情、外貌，还应该看他的行为、表现，并通过他的行为、表现看他的人品、道德。

附录：孔子弟子的言论

曾子曰："吾闻诸夫子：孟庄子之孝也①，其他可能也②；其不改父之臣与父之政③，是难能也。"

《论语·子张篇》第18章

【译文】

曾子说："我从老师那里听说：孟庄子的孝顺，别的方面都可以做到，但不改变父亲任用的臣属和父亲制定的政策，是难以做到的。"

【注释】

①孟庄子：鲁国大夫孟献子仲孙蔑的儿子，名速，"庄"是他的谥号。②可能：可以做到。　③父之臣：父亲任用的臣属。

【解读】

古代的卿大夫在用人上往往搞"一朝天子一朝臣"。孟献子在鲁襄公十九年去世，孟庄子任用父亲的旧臣，实施父亲制定的政策，在位四年都没有改变其父的决定（孟庄子在鲁襄公二十三年去世）。一方面是因为他的父亲孟献子知人善任，在内政、外交上都做出了成绩，因此他用的人、制定的政策都没有必要改变；另一方面表现了他对父亲的尊重，以及对父亲遗志的继承。从对人类文化遗产的继承上看，孟庄子的做法的确值得肯定，但如果对前人的东西不加分析、鉴别，全盘照搬和继承，也不可取。

3. 节操自爱

子曰："苟正其身矣①，于从政乎何有②？不能正其身，如正人何③？"

《论语·子路篇》第13章

【译文】

孔子说："如果自己办事公正，处理政事有什么困难呢？如果自己办事不公正，怎么能让别人公正呢？"

【注释】

①正：公正。　②何有：有何。意思是有什么困难。　③正人：让别人公正。

【解读】

孔子非常重视人性道德的修养，认为这是一个人立身处世的根本。"正其身"就是人性道德修养的一个重要内容。能够"正其身"，才能以自身的符合"仁德""礼制"的行为影响和感染人，进而产生让别人公正的积极作用。正如毕宝魁先生所说："做事先做人，这是儒家一贯的要求，也是儒家思想中伦理与政治一体化的表现之一。"（《论语精评真解》）

子曰："直哉史鱼①！邦有道，如矢②；邦无道，如矢。君子哉蘧伯玉③！邦有道，则仕；邦无道，则可卷而怀之④。"

《论语·卫灵公篇》第 7 章

【译文】

孔子说："正直啊，史鱼！国家政治清明，他像箭一样直；国家政治黑暗，他也像箭一样直。君子啊，蘧伯玉！国家政治清明时，他出来做官；国家政治黑暗时，就把自己的才能隐逸起来。"

【注释】

①史鱼：名鰌，字子鱼，卫国大夫。曾多次劝谏卫灵公任用贤人蘧伯玉，贬退佞臣弥子瑕，都未被接受。朱熹《论语集注》："史鱼自以不能进贤、退不肖，既死犹以尸谏（即以自己的死劝谏），故夫子称其直。"　②如矢：像箭一样直。　③蘧伯玉：卫国大夫，有贤德。　④卷而怀之：卷起来放在怀里。喻指把才能隐逸起来。

【解读】

史鱼多次劝谏卫灵公任用贤人、贬斥佞臣，至死仍以"尸谏"感动了国君，使蘧伯玉得到任用，弥子瑕被罢免。蘧伯玉则能在国家政治黑暗时退隐，在国家政治清明时出来做官。史鱼的忠诚和蘧伯玉的明智孔子都极为赞赏，并对他们进行了高度评价。

子贡曰："有美玉于斯，韫椟而藏诸①，求善贾而沽诸②？"子曰："沽之哉！沽之哉！我待贾者也。"

《论语·子罕篇》第 13 章

【译文】

子贡说："这里有一块美玉，把它放在柜子里藏起来呢，还是找个好的买主卖掉它?"孔子说:"卖掉它!卖掉它!我在等待买主。"

【注释】

①韫(yùn):收藏。椟:木柜。 ②贾:商人。善贾:好的商人。这里指好的买主。沽:买或卖。这里指卖。

【解读】

子贡以美玉为喻,委婉地试探孔子对从政的态度。孔子则以巧妙的回答,表明了自己绝不会放弃原则而去从政的态度。从孔子带领学生周游列国,宣传自己的政治主张的行动来看,孔子希望得到君主的任用,通过从政的途径来实现自己的政治主张,反映了他积极入世的思想。由于孔子的学说未能受到当政者的重视,孔子的政治理想也就无从实现。这是孔子的不幸,也是时代的不幸。

子路使子羔为费宰①。子曰:"贼夫人之子②。"子路曰:"有民人焉,有社稷焉③。何必读书,然后为学④?"子曰:"是故恶夫佞者⑤。"

《论语·先进篇》第25章

【译文】

子路让子羔去担任费邑的长官。孔子说:"害了人家的孩子。"子路说:"那里有百姓,有土地庄稼。为什么一定要读书,才能求得学问呢?"孔子说:"所以我讨厌强辞狡辩的人。"

【注释】

①费:春秋时鲁国季孙氏的食邑。费宰:费邑的长官。 ②贼:败坏,伤害。夫人之子:别人的孩子。指子羔。朱熹《论语集注》:"言子羔质美而未学,遽使治民,适以害之。" ③社稷:土、谷之神。这里指土地庄稼。 ④学:指学问。 ⑤恶:厌恶,讨厌。佞:奸巧谄谀,花言巧语。这里指狡辩。

【解读】

孔子主张"学而优则仕",他要求学生先学习礼仪典制等文化知识,同时进行人性道德的修养,在道德、学问都达到较高境界、堪称优秀时,再去做官从政,这样才有能力辅助国君、管理政事,才不致做出危害国家、损害百姓的事情。子路虽然是出于友情,要让比自己小二十一岁的子羔去做费邑的长官,孔子却认为子羔不成熟,不具备从政的条件,对子路作了严厉批评。子路却以做学问不一定靠读书,还可以在从政的实践中求得来辩解。显然,子路忽视了从政者应该具备的基本条件,让连基本条件都不具备的人在从政的实践中去增长才干、求得学问,无异于揠苗助长,无论对社会还是对自己都极为不利。子路的辩解,同样受到了孔子的严厉批评。可见,孔子虽然关心爱护学生,也提倡"学而优则仕",但在原则问题上他决不会让步。

子张问:"士何如斯可谓之达矣①?"子曰:"何哉,尔所谓达者?"子张对曰:"在邦必闻②,在家必闻。"子曰:"是闻也,非达也。夫达也者,质直而好义③,察言而观色④,虑以下人⑤。在邦必达,在家必达。夫闻也者,色取仁而行违⑥,居之不疑⑦。在邦必闻,在家必闻。"

《论语·颜渊篇》第20章

【译文】

子张问:"读书人要怎样做才可以叫通达呢?"孔子说:"你所说的通达是什么意思?"子张回答说:"在朝廷做官一定有名望,在家族办事一定有名望。"孔子说:"这是名望,不是通达。所谓通达,是正直而讲信义,能观察言语脸色以揣测别人的心意,总考虑如何谦让待人。这样的人,在朝廷做官一定会通达,在家族办事一定会通达。所谓名望,是表面实行仁德而行动上违背仁德,以仁人自居却不疑惑。这样的人,在朝廷做官一定会骗取名望,在家族做事一定会骗取名望。"

【注释】

①达:通达事理。 ②邦:国家。这里指朝廷。闻:闻名,有名望。 ③质直:正直。好义:意思是讲信义。 ④察言而观色:观察言语脸色,以揣测对方的心意。 ⑤下人:居于人之后。表示谦让。 ⑥色取仁:表面实行仁德。 ⑦居之:以仁人自居。之:此。指代仁人。

【解读】

孔子对子张的回答,首先指出"达"和"闻"是两个不同的概念,不能混为一谈,然后分别解释了"达"和"闻"的含义和本质区别。可见,孔子主张读书人(即今人所说的知识分子)应通达事理,崇尚德行,而不能追求名望,违背仁德。

子曰:"君子易事而难说也①。说之不以道②,不说也;及其使人也③,器之④。小人难事而易说也。说之虽不以道,说也;及其使人也,求备焉⑤。"

《论语·子路篇》第25章

【译文】

孔子说:"君子容易侍奉却难以让他高兴。不用正当的方式让他高兴,他不会高兴;到他用人的时候,却能依据才能加以任用。小人难于侍奉却容易让他高兴。即使不用正当的方式让他高兴,他也会高兴;到他用人的时候,却要求完美,非常挑剔。"

【注释】

①事:侍奉。 ②道:方法。这里指正当的方式。 ③使:使用。 ④器:才能。器之:意思是依据才能加以任用。 ⑤求备:要求完美。

【解读】

孔子讲君子与小人在待人与处事上的区别,充满生活的智慧。君子德行高尚,待人以礼,因此容易侍奉和相处;君子尊崇道义,对不合道义的事情和行为不会高兴;君子能量才录用,不求全责备。小人德行低下,心胸狭窄,因此在待人处事上与君子完全相反。在现实生活中,看一个人有德还是无德,高尚还是卑劣,是君子还是小人,只需观察他在待人与处事上的态度,就会明白。

孔子曰:"侍于君子有三愆①:言未及之而言谓之躁②,言及之而不言谓之隐,未见颜色而言谓之瞽③。"

《论语·季氏篇》第 6 章

【译文】

孔子说:"与君子相处有三种过失:不到他说话时却说了叫作急躁,到他说话时却不说叫作隐瞒,不看对方脸色表情而说话叫作盲目。"

【注释】

①侍:侍奉。侍于君子:意思是与君子相处。愆(qiān):过失,罪过。 ②及:到。之:代词。他。 ③颜色:脸色,表情。瞽:盲人。这里指盲目。

【解读】

这是孔子总结的与君子相处时的说话艺术。孔子认为,与君子相处,既要坦诚融洽,又不能忽视礼节,在发表意见时要注意时机和对方的情绪。双方交谈时,不到自己说话时就不说,表现的是稳重、有礼、虚心;到自己说话时就畅所欲言,表现的是坦诚、教养、学识;发现对方不高兴、难堪,就改换话题,表现的是灵活、理解人、宽容人。孔子所总结的谈话艺术,是君子相处时采取的方法,与别有用心的人的察言观色、阿谀逢迎有本质上的区别。

子曰:"道不同①,不相为谋。"

《论语·卫灵公篇》第 40 章

【译文】

孔子说:"人生理想不同,就不互相谋划。"

【注释】

①道:历来解释较多,如思想、道路、见解、主张、人生理想等,都解释

得通。拙著取后者。　②谋：谋划，商议。

【解读】

人生理想不同，追求的目标就不同，发展的道路也不一样。这样的人在一起商议、谋划大事，站的角度不一样，考虑问题的立足点不一样，不可能达成共识，更不可能长期共同努力和奋斗。这与现代社会国家之间、企业之间的谈判不一样。谈判双方可以是制度不同、经营理念不同的对手，但谈判目的是求同存异，维护各自的利益。

子夏为莒父宰①，问政。子曰："无欲速，无见小利。欲速，则不达②；见小利，则大事不成。"

《论语·子路篇》第 17 章

【译文】

子夏做了莒父的长官，问如何处理政务。孔子说："不要只求快，不要只看小的利益。只求快，就达不到目的；只看到小的利益，就办不成大事。"

【注释】

①莒（jǔ）父：鲁国城邑名，在今山东省莒县。　②达：达到。指达到目的。

【解读】

子夏担任莒父的长官后，有急躁情绪，希望尽快有所作为。孔子对他提出了"无欲速，无见小利"的忠告，希望他执政不要急功近利，只顾小利，而应勤于政事，踏实工作，努力做好大事。在实行市场经济的社会，不少人心态浮躁，急功近利，经商者希望一夜暴富，治学者希望一夜成名，从政者希望快出政绩，做任何事都希望走捷径，结果是不择手段，身败名裂，悔恨不已。可见，虽然"欲速则不达"早已是脍炙人口的成语，却并未引起所有人的重视和深思。

子张学干禄①。子曰："多闻阙疑②，慎言其余，则寡尤③；多见阙殆④，慎行其余，则寡悔。言寡尤，行寡悔⑤，禄在其中矣⑥。"

《论语·为政篇》第 18 章

【译文】

子张学习求官职、获俸禄的方法。孔子对他说："多听不同意见，保留有疑问的意见，谨慎地说那些自己赞同的意见，就能减少过失；多看别人处事，不做危险的事情，谨慎地做那些自己认可的事情，就能减少懊悔。说话少过错，行为少懊悔，官职俸禄自然就有了。"

【注释】

①干：求取。禄：古代官吏的俸给，即俸禄。　②阙疑：对疑难未解者不妄加评论，即存疑。　③尤：过失。寡尤：减少过失。　④阙：古代用作"缺"，空。殆：危险。阙殆：指不做危险的事情。　⑤寡悔：减少懊悔。　⑥在其中：在这里面。意思是自然就有。

【解读】

孔子对子张的回答，说明了做官必先学会做人的道理。他认为，作为一个官员必须做到两点：首先，要善于听取意见，并分析权衡，采纳正确、合理的意见，保留有疑问的意见；其次，要善于处理问题，采纳别人成功的经验，吸取别人失败的教训。"说话少过错，行为少懊悔"，应该成为官员修养的重要内容。从孔子一贯的思想和风格来看，这种为官谨慎的思想是积极的，是有利于社会和民众的。古今官场，不乏察言观色、见机行事、利欲熏心、阿谀逢迎之徒，他们的为官之道，显然是与孔子提出的谨慎为官的思想背道而驰的。

附录：孔子弟子的言论

子夏曰："仕而优则学①，学而优则仕。"

《论语·子张篇》第13章

【译文】

子夏说："从政后，工作有余力，就学习深造；学习后，道德学问好，就应该从政。"

【注释】

①仕：从政，做官。优：丰厚，优裕。指有余力。后文的"优"指道德学问好。

【解读】

子夏认为，一个人学成从政后，也不能忘记学习和修养，只要工作之余有闲暇，就应该用来进行学习和修养；一个人经过学习，有了很高的道德、学问，就应该去从政，在实践中实现济世救民的理想。现在许多人从政后忘记了青年时代的理想、信念，忘记了从政前的壮志、雄心，在金钱、名利面前迷失了方向，结果腐化堕落，身败名裂，就是因为不懂得"仕而优则学"的道理。

4. 忠于职守

子曰："不在其位①，不谋其政②。"

《论语·泰伯篇》第14章

【译文】

孔子说:"不身居那个职位,就不考虑它的政务。"

【注释】

①在:处在,身居。位:职位。 ②谋:谋划,考虑。

【解读】

孔子主张"正名",认为"名不正则言不顺",此章即是对"正名"这一主张的诠释。"不在其位"自然"名不正","名不正"而"谋其政",就是干涉政事,就是违礼的行为。可见,孔子以简短的八个字,提出了为人处世的原则。这八个字的原则,早已成为中国人熟知的格言。

子曰:"三军可夺帅也①,匹夫不可夺志也②。"

《论语·子罕篇》第26章

【译文】

孔子说:"军队可以剥夺统帅的权力,一个人不能剥夺其意志。"

【注释】

①三军:周制规定,诸侯大国可拥有三军的兵力。后泛指军队。 ②匹夫:庶人,平民。也指一个人。

【解读】

孔子这句流传千古、激励人心的名言,强调了人的意志、气节的重要性。孔子认为,对于军队而言,剥夺了统帅的权力,可以任用一个新的统帅;对于平常人而言,如果剥夺了意志,丧失了气节,就会屈膝变节,为君子所不齿。古往今来,凡是具有顽强意志和高尚气节的人,都能面对权臣或强敌而绝不奴颜婢膝,甚至以慷慨赴死的凛然气概令世人感叹、敬畏。这样的忠义之士,正是中华民族的脊梁。

子曰:"邦有道,危言危行①;邦无道,危行言孙②。"

《论语·宪问篇》第3章

【译文】

孔子说:"国家政治清明,说话正直,行为正直;国家政治黑暗,行为正直,说话谨慎。"

【注释】

①危:端正,正直。 ②孙:通"逊",谦逊,恭顺。意思是谨慎。

【解读】

此章讲君子的处世之道。孔子认为,作为君子,无论在治世还是在乱世,都应行为正直,政治清明时为国家出力建功,政治黑暗时不与残暴昏庸的当政者同流合污,保持高尚的气节。不同的是,政治清明时说话正直,因为当权者不会因言定罪;政治黑暗时说话就要谨慎,以避免不必要的麻烦甚至灾祸。孔子这种明哲保身的思想,与道家思想一致。古往今来,许多不明白或不遵从这个道理的人,往往不分时间、地点、对象,直言不讳,甚至出口伤人,结果事与愿违,轻则撤职受罚,重则坐牢杀头,做出无谓的牺牲。

子曰:"事君,敬其事而后其食①。"

《论语·卫灵公篇》第38章

【译文】

孔子说:"侍奉国君,先勤勉工作,然后领取俸禄。"

【注释】

①食:动词,食禄。即领取俸禄。

【解读】

孔子主张臣要像臣,就是臣要对国君忠诚,要忠于职守,有敬业精神。"敬其事而后其食"就是这种精神的体现。现实生活中,许多人缺乏敬业精神,不讲付出,只考虑收获,这种人无论到什么单位工作,都不会受到欢迎,更不可能在事业上有所成就。

子谓颜渊曰:"用之则行①,舍之则藏,唯我与尔有是夫②!"

《论语·述而篇》第11章

【译文】

孔子对颜回说:"举用就行动,不用就退隐,只有我和你才能这样。"

【注释】

①行:行动。指实行自己的主张。 ②有是:有此。意思是能这样。

【解读】

此章文字虽少,但孔子和颜回交谈时的情景跃然纸上。由于颜回与自己一样,能够"举用就行动,不用就退隐",孔子对颜回进行了称赞。

附录:孔子弟子的言论

曾子曰:"可以托六尺之孤①,可以寄百里之命②,临大节而不可夺也③。君子人与④?君子人也。"

《论语·泰伯篇》第6章

【译文】

曾子说:"能够托付年幼的国君,能够把诸侯小国的命运交付给他,面临关系存亡安危的大事而不改变志节。这是君子的为人吗?这是君子的为人。"

【注释】

①六尺:指未成年的儿童。古代一尺约为23厘米,六尺为138厘米。身高六尺的人尚未成年。六尺之孤:指年幼的国君。 ②百里:指方圆百里的小国。命:指命运。一说指国家的政令,不从。 ③大节:关系存亡安危的大事。夺:剥夺。这里意思是改变。 ④人:名词活用为动词。为人。

【解读】

曾参的这句话提出了衡量君子的又一条重要标准,从重视个人修养并在日常行为中遵从礼义上升到心系国家民族的命运,甚至在面临存亡安危的时刻也决不动摇其意志。可见,这样的人是具有高尚节操、能置生死于度外的真君子,因此曾参极力称赞这是君子的为人。现实生活中,有的人平时不拘小节、散漫随意,但到了危急关头、重要时刻,却能见义勇为,挺身而出。难道这样的人不是君子,不是高尚的人吗?

曾子曰:"君子思不出其位①。"

《论语·宪问篇》第26章

【译文】

曾子说:"君子思考问题不超出自己的职责范围。"

【注释】

①思:思虑,思考。位:职位。指职责范围。

【解读】

"不在其位,不谋其政"是孔子提出的官员应遵循的原则,也是他给学生提出的忠告和处事准则。国家的官员都有自己的工作职责和管理范围,如果超出这个范围擅自去处理其他政务,就是"名不正,言不顺"的越权行为,既干涉了他人的工作,又会费力而不讨好,因此孔子反对这种自以为是的违礼行为。反之,官员"在其位",就必须"谋其政",即今天所说的必须忠于职守、勤于政务。曾参的话对孔子"不在其位,不谋其政"这句话作了补充说明。

子夏曰:"君子信而后谏,未信,则以为谤己也①。"

《论语·子张篇》第10章

【译文】

子夏说:"君子得到信任后才去劝谏,没有取得信任,国君会认为在毁谤中伤自己。"

【注释】

①谤：毁谤。

【解读】

子夏认为，作为君子，对国君，首先要取得他的信任，才能去劝谏。否则，就会造成误解，不能产生预期的效果，甚至会事与愿违。可见，取得国君充分的信任，是君子有所作为的前提条件。

八、人才观

孔子自幼父死家贫，为了赡养母亲，他在做杂活、替人办丧事、当下层管理人员（即委吏、乘田等）的闲暇时间孜孜不倦地学习。作为靠潜心自学而成才的思想家、教育家、社会活动家，孔子十分重视人才的作用。在《论语》中，有一些孔子和弟子们谈论志向的章节，体现了孔子对立志教育的高度重视。同时，孔子还阐述了处世的原则和方法，人应该具备的品德、才能，以及学习与成才的关系等等问题。孔子的人才观和关于人才问题的大量言论，丰富了中华民族人才学思想的宝库。

1. 立志

子曰："吾十有五而志于学①，三十而立②，四十而不惑③，五十而知天命④，六十而耳顺⑤，七十而从心所欲⑥，不逾矩⑦。"

《论语·为政篇》第 4 章

【译文】

孔子说："我十五岁有志于学习，三十岁可以立身处世，四十岁不会困惑，五十岁领悟天命，六十岁听到不同意见能辨别是非，七十岁可以随心所欲，而不会违背礼制的规定。"

【注释】

①有：同"又"。十有五：即十五岁。　②立：站立。引申为自立。指立身处世。　③惑：迷惑，困惑。　④知：领悟。天命：古代把天当作神，称天神的意旨为天命。杨伯峻先生认为：孔子是怀疑鬼神的存在的。因此，"把一切偶然性，甚至某些必然性，都归之于'天'和'命'。这就是孔、孟的天命观"（见《论语译注》"试论孔子"）。为此，文中"天命"一词可不译。　⑤耳顺：朱熹《论语集注》："声入心通，无所违逆。知之之至，不思而得也。"意思是听到不同意见能辨别是非。　⑥从：通"纵"，放纵。这里指随意。从心：随心。从心所欲：即随心所欲。意思是按自己的意愿说话、做事。　⑦逾：越过。意思是违背。矩：规矩，准则。指礼制的规定。

【解读】

此章是孔子人生经历的自述,也是孔子在晚年对自己整个人生历程的总结和回顾。其中,潜心求学的阶段是一个人成长的关键阶段,这个阶段打好了知识和学问的基础,又能进行品德、人性的修养,就能在三十岁时立身处世。进入立身处世阶段以后,如果能够潜心奋斗,继续进行事业的开拓、学问的精进、品德的历练,则能进入人生的后面四个阶段。孔子的这句流传千古的名言,不但启人心智,催人奋进,而且蕴涵着深刻的哲理,值得深思和借鉴。

子曰:"君子不器①。"

《论语·为政篇》第 12 章

【译文】

孔子说:"君子不能像器具那样,只具备某一方面的才能。"

【注释】

①器:器具。不器:不像器具那样,其作用只局限于某一方面。后来以"不器"作为赞人全才的词(见《辞源》)。

【解读】

各种器具,包括今天的计算机,它们的功能和用途都是有限的。孔子对君子提出"不器"的要求,是希望君子自强不息,在学习知识和修身为人上矢志不渝,使自己成为具备多方面才能的人才,从而为国家和民族建功立业,实现"治国平天下"的理想。当今社会,不同学科、行业的专家学者,其知识、能力也是有限的,具备全才的人是罕见的。因此,孔子当年提出"不器",并不是要求君子成为全才、通才,而是要求君子成为一个具有多方面才能的学识广博的人。

子曰:"朝闻道①,夕死可矣②。"

《论语·里仁篇》第 8 章

【译文】

孔子说:"早晨领悟了真理,晚上死去也没有遗憾。"

【注释】

①朝(zhāo):早晨。道:规律,事理。闻道:领会某一道理。这里指领悟真理。 ②夕:晚上。可:可以。意思是没有遗憾。

【解读】

孔子所追求的"道",不是一般的规律或事理,而是事关品德人性修养和社会秩序的大道、真理,是处理个人与社会、自己与他人关系的准则、规范。对于这样的"道",孔子要以毕生精力去追求、领悟,这体现了他"重道"的决心和追求真理的精神。

子曰:"不患无位①,患所以立②。不患莫己知③,求为可知也④。"

《论语·里仁篇》第14章

【译文】
孔子说:"不忧虑自己没有职位,只担心凭什么去任职。不忧虑别人不了解自己,只要努力去做别人就会了解。"

【注释】
①患:忧虑,担心。 ②所以立:朱熹《论语集注》:"谓所以立乎其位者。"以:介词。表凭借。 ③莫己知:"莫知己"的倒装句。 ④求:追求。这里意思是努力。为:做。

【解读】
孔子认为,职位和名声对一个人都不重要,重要的是要重品德修养,有真才实学。一个品德低劣、贪财好利的人,即使采取各种手段求得了一官半职,也是不可能长久的;一个没有真才实学、靠哗众取宠的人,即使成了所谓"名人",也是沽名钓誉,终究会昙花一现。因此,一个人立身处世,要淡泊名利,要注重品德的修养、学识的积累、才干的历练,立志成为一个德才兼备、对社会有用的人。

颜渊、季路侍①。子曰:"盍各言尔志②?"子路曰:"愿车马、衣轻裘与朋友共③,敝之而无憾④。"颜渊曰:"愿无伐善⑤,无施劳⑥。"子路曰:"愿闻子之志。"子曰:"老者安之,朋友信之,少者怀之。"

《论语·公冶长篇》第26章

【译文】
颜渊、子路站在孔子身旁。孔子说:"你们何不谈谈自己的志向?"子路说:"我愿意以车子、马匹、衣服、轻便皮衣与朋友共同使用,用坏了也不会感到遗憾。"颜渊说:"我希望不夸耀自己的长处,不夸耀自己的功劳。"子路说:"希望听到先生的志向。"孔子说:"我的志向是:老年人给予安抚,朋友给予信赖,年轻人给予关怀。"

【注释】
①侍:陪从尊长身旁。这里指站在孔子身旁。 ②盍:"何不"的合音字。 ③轻:轻便。一说"轻"为后人所加,宜删去。取"轻便"意,亦通,故可不

删。裘：皮衣。 ④敝：坏，破旧。憾：遗憾。 ⑤伐：功劳。夸耀自己的功劳、才能也叫伐。伐善：夸耀自己的长处。 ⑥施：夸张（见《中华大字典》）。这里指夸耀。施劳：夸耀功劳。

【解读】

颜渊、子路的志向都处于较低的层次，孔子听了感到不满意，因此谈了自己的志向。在孔子的志向中，"老者安之"体现了"仁"和"孝"，"朋友信之"体现了"诚"和"信"，"少者怀之"体现了对年轻人的关爱。老年人由于生理、心理、经济条件等方面的原因，在社会上属于弱者，因此需要子女的孝顺、社会的关爱；朋友要以诚相待，信守承诺，友谊才能持久；年轻人阅世不深，容易感情用事，又处于求知上进的阶段，因此要给予关怀。孔子的志向，关系到人伦秩序的构建、人性修养的宗旨，说明孔子所关注的是事关国家稳定、社会和谐的重大问题。

子曰："贤哉，回也！一箪食①，一瓢饮，在陋巷②，人不堪其忧，回也不改其乐③。贤哉，回也！"

《论语·雍也篇》第11章

【译文】

孔子说："颜回真是贤德啊！一盒饭食，一瓢饮水，住在简陋的巷子里，别人受不了贫困的忧愁，颜回却不改变他的乐趣。颜回真是贤德啊！"

【注释】

①箪（dān）：古代盛饭的竹器，圆形，有盖。 ②陋巷：简陋的巷子。 ③乐：乐趣。

【解读】

颜回身处陋巷，过着贫困的生活，却不改变自己的乐趣。他所追求的人生境界，不是物质的富裕，而是人性的修养，即对"仁"和"德"的追求。因此孔子对颜回作了高度评价，认为他贤德。毕宝魁先生认为："儒家学说中所谓的'内圣'，通过这种内圣的感化教育，并通过礼乐行政的管理与引导使整个社会的人都达到这种境界，便是所谓的'外王'。'内圣外王，修齐治平'八个字便是儒家的最高理想。"（《论语精评真解》）古往今来，身处贫困而能安贫乐道，为了事业和理想而不顾生活窘迫者，不乏其人。这是值得今人学习的。

子曰："甚矣吾衰也①！久矣吾不复梦见周公②！"

《论语·述而篇》第5章

【译文】

孔子说："我真是很衰老了！很久都没有梦见周公了。"

八、人才观

【注释】
①甚：很，极。　②周公：姓姬，名旦，周文王之子，周武王之弟。相传他曾辅助周武王灭商，后制礼作乐，为周王朝建立了一整套礼仪典制，是鲁国始祖，孔子最敬佩的古代圣人之一。

【解读】
周公是孔子心目中最敬佩的古代圣人之一，孔子毕生所追求的理想，就是建立以"仁德""礼制"为准则的社会秩序和人际关系。孔子的思想和学说，传承了周公所建立的周代礼制。孔子晚年，一方面由于年事已高，心力不济，另一方面由于当政者不采纳、不重视，自己的政治主张已无实现的可能，因此他发出了这样的感慨。

叶公问孔子于子路，子路不对。子曰："女奚不曰①：其为人也，发愤忘食，乐以忘忧，不知老之将至云尔②。"

《论语·述而篇》第 19 章

【译文】
叶公向子路询问孔子的为人，子路不回答。孔子说："你怎么不说：他的为人，用功便忘记了吃饭，快乐便忘记了忧愁，不知道衰老就要到来，如此罢了。"

【注释】
①奚：为什么。　②云：如此。尔：同"耳"，而已，罢了。

【解读】
对叶公的询问，子路不回答，是因为自己对孔子的为人难以准确地表述。而孔子用"发愤忘食，乐以忘忧，不知老之将至"来概括自己，则以寥寥数语，为自己描绘了一幅超脱世俗的自画像："一个积极奋发、以学习为快乐的老者形象凸现出来，非常和蔼可亲且没有一点神秘感。"（毕宝魁《论语精评真解》）孔子所说的"乐"，不是一般的快乐，而是一种人生境界，是以积极乐观的态度对待人生、幸福、他人以至万物的人格精神。孔子之所以成为"至圣先师"，被历代学者视为圣人，他的这幅自画像作出了生动的回答。

子曰："君子疾没世而名不称焉①。"

《论语·卫灵公篇》第 20 章

【译文】
孔子说："君子所担心的事，是死后名声不为后世传扬。"

【注释】
①疾：憎恨。指担心。没世：死。称：称颂，传扬。

【解读】

孔子曾反复强调,君子应加强自身的修养和学习,不必担心别人不了解自己。这说明他主张君子应该积极进取,有所作为,不追求在世时的虚名。从孔子一生的经历来看,他不但这样说了,也是这样做的。但孔子不同于常人之处,是有更高的目标和追求,那就是自己生前的努力和取得的成果,要给后世的人带来恩泽和教益,即造福于人类。孔子一生的努力,以及他所创立的思想体系充分说明,他不仅赢得了生前的声望、名誉,而且以其思想和学说丰富了中华民族传统文化的宝库,滋养了中华民族一代又一代的子孙。

子路、曾皙①、冉有、公西华侍坐②。

子曰:"以吾一日长乎尔③,毋吾以也④。居则曰⑤:'不吾知也!'如或知尔⑥,则何以哉?"

子路率尔而对曰⑦:"千乘之国,摄乎大国之间⑧,加之以师旅⑨,因之以饥馑⑩;由也为之,比及三年⑪,可使有勇,且知方也⑫。"夫子哂之⑬。

"求!尔何如?"对曰:"方六七十,如五六十⑭,求也为之,比及三年,可使足民⑮。如其礼乐,以俟君子⑯。"

"赤!尔何如?"对曰:"非曰能之,愿学焉。宗庙之事⑰,如会同⑱,端章甫⑲,愿为小相焉⑳。"

"点!尔何如?"鼓瑟希㉑,铿尔㉒,舍瑟而作㉓。对曰:"异乎三子者之撰㉔!"

子曰:"何伤乎㉕?亦各言其志也。"曰:"莫春者㉖,春服既成,冠者五六人㉗,童子六七人,浴乎沂㉘,风乎舞雩㉙,咏而归。"

夫子喟然叹曰㉚:"吾与点也㉛!"

三子者出,曾皙后。曾皙曰:"夫三子者之言何如?"子曰:"亦各言其志也已矣。"

曰:"夫子何哂由也?"曰:"为国以礼,其言不让㉜,是故哂之。"

"唯求则非邦也与?""安见方六七十如五六十而非邦也者?"

"唯赤则非邦也与?""宗庙会同,非诸侯而何㉝?赤也为之小,孰能为之大?"

《论语·先进篇》第26章

八、人才观

【译文】

子路、曾皙、冉有、公西华四位学生陪孔子坐着。

孔子说："我的年纪比你们稍长一些，但不要因为我是老师就拘束。平时你们说：'没有人了解我'，如果有人了解你们，那么你们准备做什么呢？"

子路立即回答说："千辆兵车的国家，夹处在大国中间，外有军队的威胁，内有饥荒的困扰。如果我去治理，只需三年时间，可以让百姓勇敢，并且懂得道理。"孔子微微一笑。

孔子问："冉有，你怎么样？"冉有答道："方圆六七十里，或者五六十里的小国，如果让我去治理，只需三年时间，可以让民众富足。至于礼乐推行，那就只有等待君子了。"

孔子问："公西华，你怎么样？"公西华答道："不是说我有能力，但愿意学习。举行祭祀，接待外宾，我愿意穿礼服戴礼帽，做小小的司仪。"

孔子问："曾皙，你怎么样？"曾皙放慢弹奏瑟的节奏，"铿"的一声放下瑟并起身，回答说："与他们三个人所说的意见不同。"

孔子说："那有什么妨害呢？正是要各人谈谈自己的志向啊。"曾皙说："暮春三月，已经穿上春装，和五六个成年人，六七个小孩子，在沂水里沐浴，到祭坛上乘凉，然后唱着歌回家。"孔子长叹一声："我赞同曾皙的志向！"

子路、冉有、公西华三人出去了，曾皙走在后面。曾皙说："他们三位的话怎么样？"孔子说："不过是各人谈谈自己的志向罢了。"

曾皙问："您为什么要笑子路呢？"孔子说："治理国家要以礼制，他的话不谦虚，所以我笑他。"

曾皙问："冉有说的不是治理国家吗？"孔子说："怎么能说方圆六七十里或者五六十里的地方就不是国家呢？"

曾皙问："公西华说的不是治理国家吗？"孔子说："祭祀宗庙，接待外宾，不是国家的事是什么？公西华说只愿意做小司仪，谁来做大司仪呢？"

【注释】

①曾皙：名点，字子皙。曾参的父亲，孔子的学生。 ②侍坐：陪坐。 ③一日：比喻年岁相差不大。长：年长。 ④以：同"已"，停止。意思是不说话，拘束。 ⑤居：平时。 ⑥或：有人。 ⑦率尔：轻率、急遽的样子。 ⑧摄：夹处。 ⑨师旅：指军队。 ⑩饥馑：饥荒。 ⑪比：相近。及：达到。比及：意思是将近、只需。 ⑫方：道，道理。 ⑬哂（shěn）：微笑。 ⑭如：连词。或者。 ⑮足：富足。 ⑯俟：等待。 ⑰宗庙之事：指国君、诸侯在宗庙举行祭祀活动。 ⑱会同：古代诸侯以事朝见帝王叫作会，众见叫作同。这里指与别国会盟。 ⑲端：古代礼服。章甫：古代礼帽。 ⑳相：执礼的人，即司仪。 ㉑希：稀疏。意思是节奏放慢。 ㉒铿：象声词。指放下

瑟的声音。　㉓作：指起身。　㉔撰：著述。这里指所说的意见。　㉕伤：妨害。　㉖莫：同"暮"。　㉗冠者：成年男子。古代在二十岁行冠礼，表示已成年。　㉘沂（yí）：沂水，河流名，源出山东省曲阜市东南的尼丘，西流经曲阜、兖州合于泗水。　㉙舞雩（yú）：鲁国祭天求雨的高坛。　㉚喟（kuì）然：叹气的样子。　㉛与：赞同，赞成。　㉜让：谦让。　㉝诸侯：指国家。

【解读】

孔子非常重视对学生的理想教育、励志教育。此章就是孔子对学生进行理想教育的生动范例。

一开始，孔子就营造了让学生畅所欲言的良好氛围。子路首先发言，说如果自己在危难之际受命，去治理"千乘之国"，只需三年时间，就能让百姓勇敢，并懂得道理；冉有的志向是治理小国，使民众富足；公西华的志向是在举行祭祀、接待外宾时当个小司仪；曾皙的志向则与前三人不同，他不愿意从政，而希望结伴同游山水，过一种闲适清静的生活。

从孔子这四位学生的发言中，可以看到他们不同的性格、志趣。子路性格刚强，率直勇武，能受命于危难之际；冉有性格谦恭，说自己能让民众富足而不擅长推行礼乐；公西华为人谦逊，说话委婉，说自己没有什么大的志向，只愿做一个小小的司仪；曾皙性格恬静，安贫乐道，寄情于山水。

对子路的志向，孔子并不赞同，因为他既不能以礼治国，又不谦虚；冉有在谈志向时，承认了自己在礼乐方面的不足，孔子没有不同意见；公西华谈志向时又过于谦虚，孔子鼓励他要有更高远的志向，不要安于做小司仪；曾皙所谈的志向，则得到了孔子的赞许，"因为曾皙所描绘的图画，正是儒家所推崇的人际关系和谐、人与自然和谐、政治清明、百姓安居乐业的美好理想"（雅瑟主编《论语大全集》）。

从此章的记述可以看到，孔子对学生的教育是全面的，他要求学生既要学习文化知识，又要进行品德人性的修养，增强社会实践能力，还要树立高远的理想，用仁德、礼制思想去治理国家、善待百姓。可见，孔子之所以能够成为一代宗师、万世师表，与他的教育思想和培养出了一大批杰出人才是密不可分的。

子谓子夏曰："女为君子儒①，无为小人儒。"

《论语·雍也篇》第13章

【译文】

孔子对子夏说："你要做一个君子式的学者，不要去做小人式的学者。"

【注释】

①儒：古代从巫、史、祝、卜中分化出来的人，也称术士，后泛指学者。

《周礼·天官·冢宰》:"儒以道得民。"《十三经注疏》:"儒,掌养国子以道德,故云以道得民。民亦谓学子也。"

【解读】

什么是"君子儒",什么是"小人儒",历来众说纷纭。我认为,由于孔子追求的人生境界是"仁""礼",他所说的"君子儒"应该是胸怀博大、仁爱有礼、躬行大道的人,而"小人儒"则是拘泥典籍、关注小利、心胸狭窄的人。孔子对子夏的告诫,既体现了一个长者对晚辈的希望和要求,又表明了自己的爱憎和是非观。

子曰:"谁能出不由户①?何莫由斯道也②?"

《论语·雍也篇》第17章

【译文】

孔子说:"谁能够出去而不经过房门?为什么没有人从这条路行走呢?"

【注释】

①户:单扇门。一扇为户,两扇为门。以前室内房门为单扇,房屋大门为双扇。 ②何莫:何不。道:此处为双关语,既指道路,又喻指自己的政治主张。

【解读】

孔子把自己的政治主张比喻为每人必须经过的房门,说明他对这种以"仁德""礼制"为核心的政治主张不被当权者和一些人重视感到困惑和不理解。尽管这样,孔子仍然以推行大道为己任,在各诸侯国奔走呼号,宣传自己的政治主张。这种孜孜以求、决不放弃的精神,滋养了一代又一代的中国学人,成为历代学者效法的典范。

子曰:"士而怀居①,不足以为士矣。"

《论语·宪问篇》第2章

【译文】

孔子说:"如果读书人留恋安逸的生活,就不配做读书人了。"

【注释】

①士:读书人,知识分子。怀居:留恋安逸。

【解读】

孔子教育学生,循循善诱,鼓励多于批评。可以说,现在盛行的励志教育,首创者当属孔子。孔子认为,读书人要探求学问、修养品德、砥砺心志,就必须耐得寂寞,不怕吃苦;读书人要实现自己的政治理想,要建功立业,治国平天下,必须置个人荣辱、安乐于不顾,勇于克服所遇到的艰难困苦。如果留恋安逸舒适的生活和环境，就会一事无成，就不配做读书人。可见，孔子对读书人的要求是相当高的。

子曰："苗而不秀者有矣夫①！秀而不实者有矣夫②！"

《论语·子罕篇》第22章

【译文】

孔子说："禾苗生长而不扬花的情况是有的，扬花而不灌浆结实的情况也是有的。"

【注释】

①秀：指禾类植物抽穗开花。　②实：结实。

【解读】

孔子以"苗而不秀"和"秀而不实"比喻学问、人生，言浅意深。正如朱熹所说："谷之始生曰苗，吐华曰秀，成谷曰实。盖学而不至于成，有如此者，是以君子贵自勉也。"可见，读书治学一定要持之以恒，心无旁骛，直至完成学业，实现目标。如果缺乏韧性，半途而废，将会一事无成，空留后悔。同时，孔子的比喻，也蕴涵着对颜回未能学成、中年去世的感慨之情。

附录：孔子弟子的言论

曾子曰："士不可以不弘毅①，任重而道远②。仁以为己任，不亦重乎？死而后已③，不亦远乎？"

《论语·泰伯篇》第7章

【译文】

曾子说："读书人不可以不刚强果断，因为他责任重大，路途遥远。以实现仁德为自己的责任，不是很重大吗？到死才能终止，不是很遥远吗？"

【注释】

①士：指读书人。弘毅：刚强果断。　②任：责任。　③已：停止，终止。

【解读】

曾参认为，士人"任重而道远"，因此必须刚强果断。士人担负着重大的责任，那就是大力推行和弘扬"仁"，以实现仁德于天下为己任。要实现这个目标，必须付出艰苦的努力，经过漫长的过程。因此，曾参一连使用了两个反问句，以此强调以"仁"为己任的艰难和必须付出的努力。在曾参"士不可以不弘毅，任重而道远"这句名言中体现出来的不屈不挠、坚持到底的韧性精神，对中国历代知识分子产生了广泛而深远的影响，在今天仍然值得提倡和发扬（见李泽厚《论语今读》）。

八、人才观

2. 处世

子曰:"人不知而不愠①,不亦君子乎②?"

《论语·学而篇》第1章

【译文】

孔子说:"别人不理解却不怨恨,不也是君子吗?"

【注释】

①愠(yùn):怨恨,恼怒。《诗·邶风·柏舟》:"忧心悄悄,愠于群小。"
②君子:泛称有才德的人。

【解读】

此章讲待人的态度,反映了孔子重视人格修养的主张。此章语言简洁,内涵丰富,读之浅易上口,思之启人心智,成为两千多年来脍炙人口的名言。

子贡曰:"贫而无谄①,富而无骄,何如②?"子曰:"可也。未若贫而乐③,富而好礼者也。"

《论语·学而篇》第15章

【译文】

子贡说:"贫穷却不奉承献媚,富有却不傲慢无礼,这种行为怎么样?"孔子说:"可以。但不如贫穷却乐于道德修养,富有却崇尚礼义的人。"

【注释】

①谄:奉承,献媚。 ②何如:怎么样。 ③贫而乐:皇侃《论语义疏》:"乐"后有"道"字。《史记·仲尼弟子列传》亦作"贫而乐道"。可从。

【解读】

此章孔子提出的"贫而乐道""富而好礼"的要求,体现了孔子以德为先的教育观。正如宋代学者朱熹在《论语集注》中所说:"乐则心广体胖而忘其贫,好礼则安处善,乐循礼,亦不自知其富矣。子贡货殖,盖先贫后富,而尝用力于自守者,故以此为问。而夫子答之如此,盖许其所已能,而勉其所未至也。"孔子希望自己的学生"乐道""好礼",他所推崇的伦理观念显然具有时代的局限性。在两千多年后的今天,有必要赋予其新的内涵,使他的思想和学说更具生命的活力。

子曰:"不患人之不己知①,患不知人也。"

《论语·学而篇》第16章

【译文】

孔子说:"不担心别人不了解自己,担心自己不了解别人。"

【注释】

①患：忧虑，担心。不己知："不知己"的倒装，意思是不了解自己。

【解读】

此章言简意赅，内涵丰富。别人不了解自己，并不影响自己的学习和修养、立身和处世，反而会激励自己勤学奋进、修养身心，从而体现个体的价值和尊严。自己不了解别人，则会为自己的立身、处世带来不便，甚至造成失误。关键在于，一个人既要做到"知己"，又要做到"知人"，才能既有利于个体的生存，又有利于群体的合作与发展。

子曰："君子周而不比①，小人比而不周②。"

《论语·为政篇》第14章

【译文】

孔子说："君子忠诚守信而不勾结偏袒，小人勾结偏袒而不忠诚守信。"

【注释】

①周：忠信。《诗·小雅·都人士》："行归于周，万民所望。"比：朱熹《论语集注》："比，偏党也。"这里指勾结，偏袒。　②小人：指行为不正派的人。

【解读】

宋代学者朱熹说："君子小人所为不同，如阴阳昼夜，每每相反。然究其所以为分，则在公私之际，毫厘之差耳。"孔子把君子与小人的做人处事进行对比，表明了他敬君子而远小人的态度，是和非，美和丑，不言自明。

子曰："伯夷、叔齐不念旧恶①，怨是用希②。"

《论语·公冶长篇》第23章

【译文】

孔子说："伯夷、叔齐不记过去的仇恨，因此别人对他们的怨恨就很少。"

【注释】

①伯夷、叔齐：两人均为商朝孤竹君的儿子。其父死后，两人互相让位，先后逃到周国。周武王伐纣，他们竭力劝阻。武王灭商后，他们以吃周朝粮食为耻，饿死在首阳山，是中国封建社会高尚守节的典型。旧恶：过去的嫌隙、仇恨。　②用：以，因此。希：同"稀"，少。

【解读】

伯夷、叔齐反对殷纣王，是因为他荒淫无道、杀害忠良；他们反对周武王伐纣，是因为要维护君臣之礼，这就是他们"不念旧恶"的原因。由于"不念旧恶"，他们宁愿不吃周朝的粮食，竟至饥饿而死，成了历代士大夫赞许的高

八、人才观

尚守节的典型。在他们看来,不管纣王的行为如何,但他毕竟是天子,下臣讨伐天子,就是不忠,就是违礼。他们的"不念旧恶",显然是"愚忠愚孝",不值得赞许。那么,为什么不怨恨他们的人少,而且历代士大夫把他们作为高尚守节的典型呢?我认为,原因在于人们看重的是他们尽忠守节的精神,以及对礼制人伦的维护。在当今社会,纠缠过去的是非、恩怨,不愿捐弃前嫌,势必影响今后的合作与发展。因此,不念旧恶,放眼未来,不失为一种明智的选择。

宰予昼寝①。子曰:"朽木不可雕也②,粪土之墙不可杇也③。于予与何诛④?"子曰:"始吾于人也⑤,听其言而信其行;今吾于人也,听其言而观其行。于予与改是⑥。"

《论语·公冶长篇》第10章

【译文】

宰予在白天睡觉。孔子说:"腐朽的木材不能雕刻,污秽的土墙不能粉刷。对宰予还有什么可责备的呢?"孔子又说:"最初我对于人,是听到他说的话就相信他的行为;现在我对于人,是听到他说的话还要观察他的行为。从宰予这件事后,我就改变了辨识人的方法。"

【注释】

①宰予:字子我,名予,鲁国人。昼:白天。 ②雕:雕刻。 ③粪土:腐土,秽土。杇(wū):涂饰,粉刷。 ④予:指宰予。与:语气助词。用于句中,无义。诛:责备。 ⑤始:最初。 ⑥于:介词。从。是:此,这。这里指代方法(即由"信其行"变为"观其行")。

【解读】

此章体现了孔子以小喻大的说理风格。宰予长于口才,是孔子的得意门生之一。由于看见宰予在白天睡觉,孔子对他进行了严厉批评,并进而引出了"听其言而观其行"的考察、识别人的方法。可见,孔子理想中的君子、贤人是勤勉、上进的人,而不是懒惰、不思进取的人。炎黄子孙向来以勤劳刻苦著称于世,恐怕与受孔子思想的熏陶分不开吧。孔子主张对人要"听其言而观其行",既强调了言而必行、言行一致的重要性,又隐含着要宰予以具体行动改正缺点的希望。

哀公问:"弟子孰为好学?"孔子对曰:"有颜回者好学,不迁怒①,不贰过②。不幸短命死矣③!今也则亡④,未闻好学者也。"

《论语·雍也篇》第3章

【译文】

鲁哀公问:"你的弟子中哪个好学?"孔子回答说:"有个叫颜回的好学,他不迁怒于别人,不重犯同样的过错。不幸短命死了!现在没有这样的人了,没有听说过好学的人了。"

【注释】

①迁:移,转移。迁怒:指把怒气转移到别人身上。 ②贰:重复。这里指重犯。贰过:重犯同样的错误。 ③短命:据《公羊传》记载,颜回死于鲁哀公十四年(前481),享年41岁。这时孔子已经71岁,因此孔子说他短命。 ④亡:通"无",没有。

【解读】

《论语》中有24章谈到颜回,孔子对颜回有褒无贬,可见颜回是孔子最满意的学生。颜回的好学精神,以及"不迁怒,不贰过"的人格品质,得到了孔子的高度评价,同样值得今人学习和效法。

子华使于齐①,冉子为其母请粟②。子曰:"与之釜③。"请益。曰:"与之庾④。"冉子与之粟五秉⑤。子曰:"赤之适齐也,乘肥马⑥,衣轻裘。吾闻之也,君子周急不继富⑦。"

《论语·雍也篇》第4章

【译文】

公西赤出使齐国,冉有为公西赤的母亲请求粟米。孔子说:"给他六斗四升。"冉有请求多给些。孔子说:"再给二斗四升。"冉有却给了他八十斛粟米。孔子说:"公西赤去齐国,乘坐壮马拉的车子,穿着轻暖的皮袍。我听说过,君子周济急难而不接济富有。"

【注释】

①子华:即公西赤,字子华。孔子的学生。 ②冉子:即冉有。孔子的学生。粟:小米。也可统称粮食。 ③釜:古代容积单位,六斗四升为釜。 ④庾:古代容积单位,二斗四升为庾。 ⑤秉:古代容积单位,十六斛(十斗为一斛,斛后来又称为石)为一秉。 ⑥肥马:指壮马拉的车。 ⑦周:周济,救济。继:连续不断。引申为增加,接济。

【解读】

公西赤是代表国家、季氏还是代表孔子出使齐国,历来有不同看法。我认为,既然是出使齐国,应该是代表国家。季氏是鲁国的权臣,冉有作为季氏的家臣,慷国家之慨,给了公西赤八十斛粟米,孔子认为极为不妥,并提出了"君子周急不继富"的著名观点。现实生活中,如果为过得去的人锦上添花,不如给穷困的人雪中送炭。

子曰:"君子之于天下也①,无适也②,无莫也③,义之与比④。"

《论语·里仁篇》第 10 章

【译文】

孔子说:"君子对于天下的事情,没有应当做的,也没有不能做的,怎样做合乎道义就怎样去做。"

【注释】

①天下:指天下的事。 ②适:适合,恰好。《中华大字典》:"师古曰:适,当也。谓事理当然。"引申为应当。 ③莫:毋,不肯。引申为不能。 ④义:道义。比:靠近,依从。与比:与它靠近。意思是就怎样去做。

【解读】

孔子认为,君子做任何事情都要有一个标准,那就是"义"。就是说,要从所遇到的每件事的实际出发,看怎样做才合理,才合乎道义,就怎样去做。这种不以陈见、不按陈规办事的态度,与今人所说的实事求是何等相似!

子曰:"君子和而不同①,小人同而不和。"

《论语·子路篇》第 23 章

【译文】

孔子说:"君子与人交往求和谐而不求同一,小人与人交往求同一却不和谐。"

【注释】

①和:和谐。同:齐一,同一。

【解读】

孔子认为,君子与人交往要以礼相待,和谐相处,但又不能为了保持一致而没有主见,人云亦云;小人与人交往总是自以为是,要对方按自己的意愿行事,结果反而不和谐。孔子这种"和而不同"的交友之道和处事原则,蕴涵着深刻的含义,值得深思和借鉴。正如李泽厚先生所说:"这话今天还很有意思,强求'一致''一律''一心',总没有好结果,'多极''多元''多样化'才能发展……'和'的前提是承认、赞成、允许彼此有差异、有区别、有分歧,然后使这些差异、区别、分歧调整、配置、处理到某种适当的地位、情况、结构中,于是各得其所,而后整体便有'和'——和谐或发展。"(《论语今读》)

子曰:"贤者辟世①,其次辟地②,其次辟色③,其次辟言④。"
子曰:"作者七人矣⑤。"

《论语·宪问篇》第 37 章

【译文】

孔子说:"贤德的人躲避乱世而隐居,其次是选择地方居住,其次是避开不好的脸色,再次是避开无礼的言语。"孔子说:"能够这样做的人有七位了。"

【注释】

①辟(bì)世:同"避世",躲避乱世。 ②辟地:避开不好的环境。 ③辟色:谓君礼貌衰减,有厌己之状,即去之。意思是避开不好的脸色。 ④辟言:违背名实的谬论。这里指避开无礼的言语。 ⑤七人:一说指伯夷、叔齐、虞仲、夷逸、朱张、柳下惠、少连七人,均为消极避世的人;一说指尧、舜、禹、汤、文王、武王、周公等七人,都是治理乱世、乱邦的明君圣贤。从孔子所说的四种情况看,疑为前者。

【解读】

孔子所处的时代,礼崩乐坏,社会动荡,当政者不行正道,贤能者怀才不遇,因此孔子产生了避世的思想。孔子认为,既然当政者不采纳自己的政治主张,自己也无能为力,只好选择避开世风日下的环境的方式。但孔子作为一个智者,又不一概而论,他根据所处的具体环境提出了四种可供选择的方式。孔子晚年回到家乡整理古代典籍,致力于教育,就是一种适合他的情况的明智选择,这说明他在避世的处境中,仍然有一种积极进取的精神。孔子之所以能够成为杰出的思想家、政治家和教育家,与他一生的积极进取、崇尚仁德是分不开的。

子贡曰:"君子亦有恶乎①?"子曰:"有恶:恶称人之恶者,恶居下流而讪上者②,恶勇而无礼者,恶果敢而窒者③。"

《论语·阳货篇》第24章

【译文】

子贡说:"君子也有憎恶的事吗?"孔子说:"有憎恶的事:憎恶说别人坏话的人,憎恶不思进取却诽谤在上者的人,憎恶勇敢而不遵礼义的人,憎恶行为果敢却固执己见的人。"

【注释】

①恶:憎恶。 ②下流:河的下游。这里喻指地位低而不思进取。讪(shàn):诽谤。上:在上者。指地位比自己高的人 ③窒:填塞。朱熹《论语集注》:"窒,不通也。"引申为固执。

【解读】

孔子主张以"仁"为本,认为要做到"仁",首先要关爱人,同时对违背"仁"的行为要谴责、憎恶,这体现了孔子爱憎分明的态度。孔子所憎恶的四种人是执政的官员,他们的共同点都是不遵行仁德、礼制,应该受到谴责和憎恶。

3. 人品

子曰："岁寒①，然后知松柏之后凋也②。"

《论语·子罕篇》第 28 章

【译文】

孔子说："到一年的寒冬，才知道松树、柏树是最后落叶的。"

【注释】

①岁：年。岁寒：一年的寒冬。　②凋：凋零，凋落。

【解读】

孔子盛赞松柏不畏严寒、傲然挺立的品格，意在激励君子应经受艰难困苦的考验，在恶劣环境和险恶处境中保持高尚的气节。千百年来，孔子的这句名言时时激励着志士仁人，使他们能够泰然面对各种艰难困苦的考验，最终取得了成功，并为中华民族优秀传统文化的传承、中华民族的伟大复兴做出了卓越贡献。

子曰："不逆诈①，不亿不信②，抑亦先觉者③，是贤乎！"

《论语·宪问篇》第 31 章

【译文】

孔子说："不事先猜疑别人存心欺诈，不猜想别人不信任自己，却能够事先发觉，这不是贤德的人吗？"

【注释】

①逆：预先。逆诈：事先即猜疑别人存心欺诈。　②亿：预料，猜想。不信：朱熹《论语集注》："谓人疑己。"　③抑：连词，表示转折。然，却。先觉：事先发觉。

【解读】

宽厚待人，以诚待人，这是孔子对待人接物的基本要求。他认为，在与人交往中，事先就猜疑别人欺诈、不信任自己，这就是"以小人之心度君子之腹"，不利于人与人之间的坦诚交往。但孔子又主张对人要听其言，观其行，不存任何戒心轻信别人，就容易上当受骗，所以他认为能够事先发觉别人的动机，这才是贤德的人。

微生亩谓孔子曰①："丘何为是栖栖者与②？无乃为佞乎③？"孔子曰："非敢为佞也，疾固也④。"

《论语·宪问篇》第 32 章

【译文】

微生亩对孔子说:"孔丘,你为什么这样忙碌不安呢?不是为了显示你的才辩吧?"孔子说:"我不敢到处显示才辩,只是憎恶那些固执的人。"

【注释】

①微生亩:姓微生,名亩。朱熹推测说:"亩名呼夫子而辞甚倨,盖有齿德而隐者。"(《论语集注》)　②是:这样,如此。栖栖:忙碌不安的样子。③佞:才能。这里指才辩。　④疾:怨恨,憎恶。固:固执,顽固。

【解读】

旧注微生亩是年高有德的隐士。他对孔子带领弟子奔走于各诸侯国,向国君和执政大臣宣传自己的政治主张的举动感到不理解,所以提出了这样的问题。孔子的回答既委婉,又表明了自己"知其不可而为之"的态度。

春秋末期,社会发展总的特点是礼崩乐坏,人伦丧失。诸侯国的国君和执政大臣为了维护自身的既得利益,不采纳孔子的主张,不继承周代的礼制,可以说是固执浅薄,顽固不化。孔子以"疾固"两个字,表达了希望尽快改变固执浅薄的当政者及违背礼制的行为的心情。同时,也隐含着对微生亩的批评。

子曰:"骥不称其力①,称其德也②。"

《论语·宪问篇》第33章

【译文】

孔子说:"对于千里马,不是称赞它的力量,而是称赞它的品质。"

【注释】

①骥:千里马。　②德:指品质。朱熹《论语集注》:"德,谓调良也。"意思是经过调教成为良马。

【解读】

千里马不但力量大,善奔跑,而且能理解主人的意图,对主人十分忠心。孔子借称赞千里马表明了自己的德才观。他认为,一个人要做到德才兼备,并把德放在首位。有才能而无德行的人,虽然能干,但人品卑劣,不行正道,对社会的危害很大;有德行而无才能的人,虽然人品好,不追逐名利,无害人之心,但只能空谈,不能做实事。只有像千里马那样,既有良好的品质,又有杰出的才能,才能成为优秀的人才。

或曰:"以德报怨①,何如?"子曰:"何以报德?以直报怨,以德报德。"

《论语·宪问篇》第34章

八、人才观

【译文】

有人说:"用恩德来回报仇怨,怎么样?"孔子说:"用什么来回报恩德呢?用正直来回报仇怨,用恩德来回报恩德。"

【注释】

①报:回答,回报。怨:恨。这里指仇怨。

【解读】

此章反映了春秋时期百家争鸣的情况。"以德报怨"是老子的主张(《老子》第63章原文为"抱怨以德")。老子认为,用仇怨回报仇怨,势必激化矛盾,不如用恩德来回报仇怨,从而缓和矛盾,这是老子以柔克刚思想的体现。孔子则认为,只能用正直来回报仇怨。对带来仇怨的人,如果仇恨他,报复他,必然激化矛盾,如果坚持原则,秉公处理,就会使人心服。针对"以德报怨"的观点,孔子以"何以报德"四个字明确表明了自己所持的否定态度。"在这里,儒家的社会性公德(正义公平)与宗教性私德(济世救人)又是合在一起的。"(李泽厚《论语今读》)

子曰:"莫我知也夫!"子贡曰:"何为其莫知子也?"子曰:"不怨天,不尤人①,下学而上达②。知我者其天乎!"

《论语·宪问篇》第35章

【译文】

孔子说:"没有人知道我啊!"子贡问:"为什么没有人知道老师呢?"孔子说:"不抱怨上天,不责怪他人,通晓人世的各种事情进而掌握真理。知道我的,只有上天了!"

【注释】

①尤:责备,归咎。 ②下学而上达:皇侃《论语义疏》:"下学,学人事;上达,达天命。我既学人事,人事有否有泰,故不尤人;上达天命,天命有穷有通,故我不怨天也。"人事:指人世的各种事情。天命:这里指自然的规律、真理。

【解读】

孔子带领弟子奔走于各诸侯国,大力宣传仁德、礼制等政治主张,却不为当政者认可和采纳,因此孔子有"没有人知道我"的感慨。针对子贡提的问题,孔子不是从客观上找原因,而是从主观上找原因。他认为,一个人应该下学人事,上达天命,只有通晓了人世的各种事情,才能懂得事物变化发展的规律。由于自己没能达到这个境地,所以"不怨天";由于当政者也没能达到这个境地,所以"不尤人"。"知我者其天乎"这句话含义很深,既是对自己怀才不遇的感叹,又有既然没有人知道我那就让实践(即"天")来检验我的意思。

子曰："君子贞而不谅①。"

《论语·卫灵公篇》第37章

【译文】

孔子说："君子坚守正道，而不拘泥小信。"

【注释】

①贞：正。指正道。朱熹《论语集注》："贞，正而固也。"谅：诚信。这里作动词，守信。引申为拘泥小信。朱熹《论语集注》："谅，则不择是非而必于信。"因守信而不分是非，不辨黑白，就是拘泥小信。

【解读】

孔子历来主张君子要讲诚信，要做到"言必信，行必果"。但他又反对因守信而不分是非、不辨黑白。如果对残暴、奸佞的人守信用，必然带来严重的后果。孔子认为，君子在坚守正道、践行仁德的情况下，不必拘泥于小信。如果背离正道，去讲守信，那就是固执、迂腐。因此，他提出的"贞而不谅"的主张，既有原则性，又体现了灵活性。

阳货欲见孔子①，孔子不见，归孔子豚②。孔子时其亡也③，而往拜之④，遇诸涂⑤。谓孔子曰："来！予与尔言。"曰："怀其宝而迷其邦⑥，可谓仁乎？"曰："不可。""好从事而亟失时⑦，可谓知乎？"曰："不可。""日月逝矣，岁不我与⑧。"孔子曰："诺。吾将仕矣⑨。"

《论语·阳货篇》第1章

【译文】

阳货想会见孔子，孔子不去见他，于是他送给孔子一只烤小猪。孔子趁他不在家时，前去拜谢，却在路上遇到了。阳货对孔子说："来！我有话和你说。"阳货说："怀藏自己的本领，却听任国家混乱迷失方向，可以称为仁爱吗？"孔子说："不可以。"阳货说："想要从政却屡次错过机会，可以称为明智吗？"孔子说："不可以。"阳货说："时光流逝，年岁不饶人啊！"孔子说："好吧。我将要出来从政了。"

【注释】

①阳货：又叫阳虎，季氏家臣。季氏几代在鲁国专权，当时阳虎执掌季氏的大权。　②归（kuì）：通"馈"，赠送。豚：小猪。这里指烤熟的小猪。③时：同"伺"，趁。亡：不在，外出。　④拜：拜谢，回访。　⑤涂：通"途"，路上。　⑥宝：指本领。迷其邦：意思是听任国家混乱迷失方向。　⑦从事：做事。这里指从政。亟：屡次。　⑧岁不我与："岁不与我"的倒装句，意

思是年岁不饶人。　⑨仕：做官，从政。

【解读】

季氏几代在鲁国专权，常有违礼僭越行为，当时阳货又执掌季氏大权。孔子不愿见阳货，阳货却派人送他烤小猪。孔子不得不依礼趁阳货不在家时去拜谢，却在路上遇到了阳货，既十分尴尬，又不得不忍受奚落，勉强应付。从阳货在鲁国时孔子一直不出来从政可以看出，孔子说"吾将仕矣"，并不是内心的愿望，而是应付阳货的话。季氏专权违礼、阳货助纣为虐，应该是孔子不愿与阳货交往、不愿在阳货执掌季氏大权时从政的原因。

佛肸召①，子欲往。子路曰："昔者由也闻诸夫子曰：'亲于其身为不善者，君子不入也。'佛肸以中牟畔②，子之往也，如之何！"子曰："然。有是言也。不曰坚乎，磨而不磷③；不曰白乎，涅而不缁④。吾岂匏瓜也哉⑤？焉能系而不食？"

《论语·阳货篇》第7章

【译文】

佛肸召请孔子，孔子打算前去。子路说："过去我曾听老师说：'亲自做坏事的人那里，君子是不去的。'佛肸凭借中牟叛乱，老师却要前去，这是为什么呢？"孔子说："对。我说过这话。人们不是说坚硬的东西磨不薄，白色的东西染不黑吗？我难道是葫芦吗？怎么能挂着而不吃呢？"

【注释】

①佛肸（xī）：晋国大夫范氏、中行氏的家臣，任中牟的长官。晋国大夫赵简子进攻范氏、中行氏，佛肸凭借中牟抗拒赵简子，并派人召请流亡在外的孔子。《史记·孔子世家》记载了此事，并载有此章内容。　②中牟：春秋时晋国城邑，在今河南省汤阴县西。　③磷（lìn）：薄，损伤。　④涅：本为做黑色染料的矿物，这里指染黑。缁（zī）：黑色。　⑤匏（páo）瓜：葫芦。后以匏瓜比喻求官不得或不被重用的人。

【解读】

春秋时期，战乱四起，许多战争都是由诸侯为争夺地盘、称霸天下而发动，因此有"春秋无义战"的说法（见《孟子·尽心下》）。佛肸为了抗拒专权的赵简子而叛乱，其性质无非是以下犯上。孔子对违礼专权的赵简子不满，所以佛肸召请他，他打算去。子路却认为以下犯上不义，于是反对孔子前去。孔子以坚硬的东西磨不薄、白色的东西染不黑为喻，强调只要志向坚定、德行高洁就不会与不义的人同流合污，并以葫芦为喻，说明自己不能空有理想而得不到施展抱负的机会。

子路从而后①，遇丈人②，以杖荷蓧③。子路问曰："子见夫子乎？"丈人曰："四体不勤，五谷不分，孰为夫子？"植其杖而芸④。子路拱而立⑤。止子路宿⑥，杀鸡为黍而食之，见其二子焉。明日，子路行以告。子曰："隐者也。"使子路反见之⑦。至，则行矣。

子路曰⑧："不仕无义。长幼之节⑨，不可废也；君臣之义⑩，如之何其废之？欲洁其身，而乱大伦⑪。君子之仕也，行其义也。道之不行⑫，已知之矣。"

《论语·微子篇》第7章

【译文】

子路跟随孔子赶路，落在后面，遇见一个老人，用拐杖挑着除草用的农具。子路问道："您看见我的老师没有？"老人说："你这种人四肢不勤劳，五谷不认识，我怎么知道你的老师是谁？"说完，就放下拐杖去锄草。子路拱着手站在那里。老人留子路住宿，并杀鸡做饭给他吃，让两个儿子与子路相见。第二天，子路赶上孔子并告诉了这件事。孔子说："这是位隐士。"让子路返回去见他。子路到了老人家里，老人已经出去了。

子路说："不从政做官不合乎君臣大义。长幼之间的礼节，尚且不能废弃；君臣之间的大义，怎么能废弃呢？想让自身纯洁，却扰乱了伦常大道。君子从政做官，是为了履行君臣大义。我们的政治主张不能实行，早已经知道了。"

【注释】

①从：跟随。后：指落在后面。　②丈人：通称老人。　③荷（hè）：扛，挑。蓧（diào）：古代除草用的农具。　④植：通"置"，放置。芸：锄草。　⑤拱：拱着手、双手交叉抱在一起的姿势，表示敬意。　⑥止：留住。⑦反：通"返"，返回。　⑧子路曰：指子路向老人的儿子转述了孔子所说的话。　⑨节：礼节。　⑩义：道义。　⑪大伦：伦常大道。古代多指礼制规定的人与人关系的根本准则。朱熹《论语集注》："人之大伦有五：父子有亲，君臣有义，夫妇有别，长幼有序，朋友有信是也。仕所以行君臣之义，故虽知道之不行而不可废。"　⑫道：指孔子的政治主张。

【解读】

此章记述的是孔子从楚国的叶邑返回蔡国途中隐者对孔子的劝告、评论，以及孔子做出的回应。

子路向老人的儿子转述的孔子的话表明，孔子主张君子从政做官必须履行君臣大义，即使自己的政治主张不能实行，也不能扰乱伦常大道，这充分体现了孔子"知其不可而为之"的精神。

"四体不勤，五谷不分，孰为夫子"这句话，有人认为是老人批评孔子和他的学生轻视体力劳动。但从孔子让子路转告的话来看,作为隐者的老人这样说,是委婉地劝告孔子和他的学生,与其"知其不可而为之",不如避世隐居踏踏实实地做点实事。孔子后来回到鲁国,一边整理古代文献典籍,一边培养教育学生,恐怕与这位老人的劝告不无关系。

子曰:"视其所以①,观其所由②,察其所安③。人焉廋哉④?人焉廋哉?"

《论语·为政篇》第10章

【译文】

孔子说:"看他所亲近的人,观察他所做的事,了解他做事时是否心安。那么,这个人怎么隐藏得住呢?这个人怎么隐藏得住呢?"

【注释】

①以:与,亲附,跟从。所以:所与。这里指所亲近的人。 ②由:经历。所由:所经历的事。这里指所做的事。 ③安:安定。所安:指做事时是否心安。 ④焉:何,怎样。廋(sōu):隐藏。

【解读】

此章是孔子谈论考察一个人的方法。孔子从"视""观""察"的不同角度,对一个人从过去到现在、从外部表现到内在动机进行整体的全面了解,因而能够了解一个人的真实情况,而不会被假象所蒙蔽。现在许多年轻人由于轻信网友而上当,许多老年人由于轻信电话而受骗,都是因为缺乏警惕性,轻信别人或轻信别人说的话(包括电话里某某人的话)而造成的。据统计,2015年台湾电信诈骗团伙与大陆犯罪分子勾结,在大陆诈骗的金额达200亿元人民币,被骗者无一例外在诈骗分子的花言巧语、恐吓胁迫下把钱按其要求转入所谓"安全账户",然后被迅速转走。

4. 才能

孟武伯问子路仁乎。子曰:"不知也。"又问。子曰:"由也,千乘之国①,可使治其赋也②,不知其仁也。""求也何如?"子曰:"求也,千室之邑③,百乘之家④,可使为之宰也⑤,不知其仁也。""赤也何如?"子曰:"赤也,束带立于朝⑥,可使与宾客言也⑦,不知其仁也。"

《论语·公冶长篇》第8章

【译文】

孟武伯问孔子子路是否仁。孔子说:"不知道。"他又问。孔子才说:"子路这个人，在拥有千辆兵车的国家，可以让他负责军事，我不知道他是否仁。"孟武伯又问："冉求怎么样呢？"孔子说："冉求这个人，在千户人家的城邑，百辆兵车的封地，可以让他担任总管，我不知道他是否仁。""公西赤怎么样呢？"孔子说："公西赤这个人，穿着礼服站在朝堂上，可以让他负责外交，我不知道他是否仁。"

【注释】

①千乘：一千辆兵车。　②治：管理。引申为负责。赋：兵。指军事。古代按田赋出兵，因此称兵为赋。　③千室之邑：指有千户人家的城邑。　④家：古代指卿大夫的采地食邑，即封地。　⑤宰：总管。古代官吏的通称。春秋卿大夫的家臣和采邑的长官也称宰。　⑥束带：束紧衣带。意思是穿着礼服。　⑦宾客：这里指外宾。与宾客言：与外宾交流、谈判。意思是负责外交。

【解读】

通过对孟武伯所提问题的回答，孔子对三位学生分别具有的军事、行政、外交才能给予了高度评价，可见孔子长于识人，并希望孟武伯能够量才任用，发挥他们的才能。孔子真的不知道这些学生是否仁吗？显然不是。孔子认为，"仁"是做人的最高境界，只有不断地进行品德人性的修养，才能最终达到"仁"的境界。孔子说不知道这些学生是否仁，实际上是希望这些贤能的学生能够在从政之后，继续进行品德人性的修养，并在社会实践中"进德修仁"，从而实现人生的理想。

子曰："雍也可使南面①。"

《论语·雍也篇》第1章

【译文】

孔子说："冉雍这个人可以让他做官。"

【注释】

①南面：古代以坐北朝南为尊位，因此天子诸侯见群臣，或各级官员见僚属，皆南面而坐。这里以"南面"指代做官。

【解读】

孔子对冉雍的德行有很高的评价，因此认为应该让他从政。孔子主张"学而优则仕"，要求弟子在辅佐国君、担任属僚的从政过程中，推行自己的"仁""礼"等政治主张，进而实现治国、平天下的愿望。孔子对冉雍的评价，说明他对弟子的德行、能力是十分关注和了解的。

子在川上①，曰："逝者如斯夫②！不舍昼夜③。"

《论语·子罕篇》第17章

八、人才观

【译文】

孔子在河岸上,说:"消逝的时光就像流水一样!日夜不停地奔流而去。"

【注释】

①川:河流。 ②逝者:这里指消逝的时光。斯:此。指流水。 ③不舍:不停。

【解读】

人的生命是由时间构成的,过去一小时少一小时,过去一天少一天,逝去的时光就像流水一样,不可能再回来。孔子通过形象的比喻,告诉人们应该珍惜时间,珍爱生命,要在青年时代专心致志地读书学习,成年后努力工作,不浪费时间,不虚度年华。"孔子的这句比喻也表现出其对于人的生命处在动态的这种理解。在动中去追寻生命的意义,便可以使生命获得永恒。人只有在自己生命的历程中去尽情享受人生的乐趣,去构建自己的主体品格,只有把握好今生才会拥有未来,这便是儒家思想积极进取精神的原动力,也是其精华之所在。"(毕宝魁《论语精评真解》)

子曰:"后生可畏①,焉知来者之不如今也②?四十、五十而无闻焉③,斯亦不足畏也已。"

《论语·子罕篇》第 23 章

【译文】

孔子说:"年轻人是值得敬佩的,怎么知道他的将来不如现在呢?如果一个人四五十岁还没有声誉,也就不值得敬佩了。"

【注释】

①后生:后辈。指年轻人。畏:敬畏,佩服。 ②来:指将来。 ③闻(wèn):名声,名望。这里指声誉。

【解读】

年轻人精力旺盛,记忆力强,正处于身心发展、学业进步的关键阶段。孔子说"后生可畏",既是对年轻人的称赞,也是对年轻人的鼓励。孔子认为,年轻人应该珍惜光阴,勤学上进,一方面奠定知识学问的基础,另一方面加强人性道德的修养。在此基础上,才能在四五十岁这个人生的中年阶段取得成就,在学问、道德上享有声誉。如果荒废了青年时代的宝贵光阴,到了四五十岁就会碌碌无为,一事无成。孔子的告诫,值得处于求学阶段的人们深思。

子曰:"君子不可小知而可大受也①,小人不可大受而可小知也。"

《论语·卫灵公篇》第 34 章

【译文】

孔子说:"君子不会耍小聪明,而能在大义上经受考验;小人不能在大义上经受考验,却会耍小聪明。"

【注释】

①小知:即"小智",小聪明。大受:承担重任,委以重任。这里指在大义上经受考验。

【解读】

此章孔子采取对比的方式讲君子与小人的区别。君子具有德行,为人正直,考虑问题着眼全局和长远,与人交往不会耍小聪明,在大是大非问题上能经受考验,不失气节;小人品德低劣,为人奸诈,考虑问题着眼局部和眼前,与人交往好耍小聪明,在大是大非问题上不能经受考验,而会丧失气节。孔子谈君子与小人的区别,目的是要求学生加强品德人格的修养,要学习君子而不能效法小人。

孔子曰:"不知命①,无以为君子也。不知礼,无以立也②。不知言③,无以知人也。"

《论语·尧曰篇》第3章

【译文】

孔子说:"不懂得人生和社会发展的规律,不能成为君子。不懂得礼义,不能在社会上立足。不懂得分析言论的实质,不能了解人。"

【注释】

①命:一说指命运,一说指人生和社会发展规律。从后说。 ②立:指立足。 ③言:言论。指言论的实质。

【解读】

"知命""知礼""知言",是孔子提出的君子立身处世的三项要求,与《论语》全书的第1章(也是《学而篇》的第1章)相呼应。从君子应乐于学习、乐于与朋友切磋交流,到具备上述三项能力,可以说"是人生的全部内容,是生命的真正意义与价值"(毕宝魁《论语精评真解》)。

孔子提出的三项要求中,做到"知命"最难,因为"命"让人感到不可捉摸,具有很大的偶然性。如果把"命"理解为人生规律和社会发展规律,那么隐藏在无数现象之中的规律也是可以认识和掌握的。如果不懂得人生和社会发展的规律,屈从于所谓的"命运",这样的人生就是消极的、被动的,这种人怎么能成为君子呢?孔子还认为,礼义是行为准则,能约束、规范人的行为,要在社会上立足,就必须懂得礼义;言为心声,通过对别人言论的分析,了解其真实用意,才能了解一个人。

八、人才观

太宰问于子贡曰①:"夫子圣者与?何其多能也?"子贡曰:"固天纵之将圣②,又多能也。"子闻之,曰:"太宰知我乎!吾少也贱,故多能鄙事③。君子多乎哉?不多也。"

《论语·子罕篇》第6章

【译文】

太宰问子贡说:"你的老师是圣人吧?为什么这样多才多艺呢?"子贡说:"这是上天要让他做圣人,又使他多才多艺。"孔子听到后,说:"太宰了解我吗?我年幼时贫贱,因此学会了不少平常的技艺。君子需要这样多的技艺吗?不需要这样多。"

【注释】

①太宰:官名。殷代开始设太宰,周代又称冢宰,为天官之长,辅佐帝王治理国家。春秋时期诸侯国多称太宰。此处太宰指何人,不详。 ②纵:放纵。这里意思是让。朱熹《论语集注》:"纵犹肆也,言不为限量也。"将:秉承。将圣:秉承圣德。意思是做圣人。 ③鄙事:卑贱的事。指平常的技艺。

【解读】

孔子否认太宰称赞自己是圣人的说法,也间接地批评了子贡不了解自己"多能鄙事"的原因。孔子认为,自己是因为年幼时家境贫困,为生活所迫,才学会了不少技艺。孔子主张,君子应该以追求仁德、修养人生、增长学问为重点,没有必要花很多时间和精力去学习太多的技艺。这一主张,也体现了作为教育家的孔子的治学之道。

牢曰①:"子云:'吾不试②,故艺。'"

《论语·子罕篇》第7章

【译文】

牢这个人说:"孔子说过:'我没有去从政,所以学会了多种技艺。'"

【注释】

①牢:人名,生平、事迹不详。朱熹《论语集注》说是孔子弟子,姓琴,字子开,一字子张。但《史记·仲尼弟子列传》无"牢"这个人。 ②试:用,任用。指从政。

【解读】

孔子从来不以"圣人""天才"自居,此章又是一个具体的证据。孔子认为,由于自己年轻时没有去从政,因此有充裕的时间学习六艺(礼、乐、射、御、书、数等),并掌握了多种技能,这既是一句大实话,又是他的经验之谈。

181

子曰:"不患人之不己知①,患其不能也②。"

《论语·宪问篇》第 30 章

【译文】

孔子说:"不担忧别人不了解自己,担心自己没有本领。"

【注释】

①患:担忧。 ②不:无,没有。

【解读】

在孔子的学说中,强调自我修养、严于要求自己是一个重要内容。孔子认为,一个人应该立足于人性道德的修养和文化典籍的学习,通过锲而不舍的努力,成为有德行有学问的贤人,自然会有名望而得到别人的了解。如果不加强自身的修养和学问的积累,急于出名而得到名利,那也仅仅是徒有虚名。当今社会,一些人不愿意下工夫,耐不住寂寞,有了一定的知识或本领就希望走捷径,通过网络、媒体的炒作一夜成名,结果却逃不过昙花一现的命运,其教训是深刻的。

子曰:"君子病无能焉①,不病人之不己知也。"

《论语·卫灵公篇》第 19 章

【译文】

孔子说:"君子担心自己没有能力,不担心别人不了解自己。"

【注释】

①病:忧虑,担心。

【解读】

此章与《学而篇》第 16 章、《里仁篇》第 14 章、《宪问篇》第 30 章意思相同。孔子多次强调不担心别人不了解自己,目的在于强调加强自身的修养和学习。孔子认为,一个人能专心致志地学习,严格地进行品德人性的修养,并且矢志不渝,不懈努力,一定能成为德才兼备的君子。可见,不图虚名,严格要求自己,重视自身的修养和学习,是为人的根本,是获得成功的途径。

附录:孔子弟子的言论

子张曰:"执德不弘①,信道不笃②,焉能为有?焉能为亡?"

《论语·子张篇》第 2 章

【译文】

子张说:"履行仁德却不让它发扬光大,信奉道义却不能真诚执着,这种人怎么能说有?又怎么能说没有?"

八、人才观

【注释】
①执：施行，履行。弘：扩大。引申为光大。 ②笃：真诚。

【解读】
子张认为，履行仁德却不能发扬光大，信奉道义却不能真诚执着，这样的人称不上君子，无足轻重，有没有都没关系。作为君子，既要做到独善其身，即履行仁德，信奉道义；还要做到兼济天下，即让仁德发扬光大，让道义深入人心，使官员、民众逐步树立仁德观念，从内心信奉道义。

陈子禽谓子贡曰①："子为恭也②，仲尼岂贤于子乎?"子贡曰："君子一言以为知③，一言以为不知，言不可不慎也。夫子之不可及也④，犹天之不可阶而升也⑤。夫子之得邦家者⑥，所谓立之斯立⑦，道之斯行⑧，绥之斯来⑨，动之斯和⑩。其生也荣⑪，其死也哀。如之何其可及也!"

《论语·子张篇》第 25 章

【译文】
陈子禽对子贡说："您太谦恭了，仲尼难道比您贤德吗?"子贡说："君子一句话可以认为他明智，一句话也可以认为他不明智，说话不能不谨慎啊！我的老师不能赶上，好像天空不能沿着阶梯攀登上去一样。我的老师如果得到治理国家的职权，就会使百姓自立，百姓就自立；引导教化百姓，百姓就实行道义；安抚感化百姓，百姓就来归附；鼓动激励百姓，百姓就齐心协力。他在世时被人尊敬，去世后为人哀悼。怎么能赶得上呢！"

【注释】
①陈子禽：即陈亢，子禽是他的字，陈国人。孔子的学生。 ②恭：恭敬，谦恭。 ③知：通"智"，明智，聪明。 ④及：追上，赶上。 ⑤阶：阶梯。升：登，攀登。 ⑥邦家：这里指国家。得邦家：意思是得到治理国家的职权。 ⑦立：自立。之：指代百姓。后文"道之""绥之""动之"的"之"均指代百姓。 ⑧道：通"导"，引导。 ⑨绥：安抚。来：通"徕"，指前来归附。 ⑩动：鼓动，动员。和：应和。意思是齐心协力。 ⑪荣：光荣。意思是被人尊敬。

【解读】
孔子去世后，由于子贡先后在卫国、鲁国从政，很有威望，因此陈子禽称赞子贡，贬低孔子。子贡告诫陈子禽说话要谨慎，因为一个人是否明智从一句话就能表现出来。接着，子贡高度评价了孔子的德行。子贡认为，由于孔子推行仁政，主张以德治国，只要他获得治理国家、施展抱负的机会，就能做到

"立之斯立，道之斯行，绥之斯来，动之斯和"，构建一个和谐兴盛的社会。子贡一再强调自己赶不上孔子，既是谦虚的表现，也说明他对孔子的推崇和爱戴发自内心。

5. 学习

子曰："知之者不如好之者①，好之者不如乐之者②。"

《论语·雍也篇》第 20 章

【译文】

孔子说："懂得学问的人不如喜好学问的人，喜好学问的人不如以学问为乐的人。"

【注释】

①之：代词。这里指学问。　②乐之：以之为乐。

【解读】

孔子认为，对待学问，"知之"不如"好之"，"好之"不如"乐之"，在知、好、乐三者中，以乐为最高境界。孔子的这句话，告诉研究学问的人不能停留在懂得学问的阶段，要在探究学问的过程中实现人性的升华，从懂得学问上升到喜好学问，并进而达到以学问为乐的人生境界。只有这样，才能排除学习道路上的各种干扰，克服学习过程中遇到的各种困难，以乐观的、永不言弃的心态，去实现学习的目标，为中华民族的伟大复兴贡献自己的力量。

子曰："三年学，不至于谷①，不易得也。"

《论语·泰伯篇》第 12 章

【译文】

孔子说："学习了三年，还没有做官获取俸禄的念头，这很难得。"

【注释】

①至：指意念所至，即想到、念头。谷：古代以谷米做俸禄，因此"谷"指代"禄"。朱熹《论语集注》："谷，禄也。至，疑当作志。"

【解读】

孔子所处的时代，能够全身心求学的人不多，学习了三年而不急于去谋职做官，这种精神孔子十分赞赏。孔子主张"学而优则仕"，主张知识分子应该从政，以实现推行"仁德""礼制"的目标和治国平天下的理想，但他又希望弟子们能静心学礼，在增长知识才干的同时进行品德人性的修养，而不能心浮气躁，在学无所成的情况下急于去求职做官。可见，孔子并不是不赞成从政，而是反对急功近利、急于求成的做法。

八、人才观

子曰:"学如不及①,犹恐失之②。"

《论语·泰伯篇》第17章

【译文】

孔子说:"学习好像时不我待一样紧迫,学到的知识又担心失去。"

【注释】

①不及:来不及。意思是时不我待,指学习时的紧迫感。 ②犹:还,又。

【解读】

此章是讲学习时的心情和状态。孔子认为,人的时间乃至生命有限,需要学习的知识却很多,因此学习的时候要专注、认真,不要随意浪费时间,要有时不我待的心情和紧迫感;同时,对于已经学过的知识,又要经常温习,要有担心所学知识被遗忘的忧虑。

人类进入21世纪以后,随着科学技术的进步,知识更新更加频繁,人们在学习中更应该珍惜宝贵的时间,并且要有时不我待的紧迫感和危机意识。只有这样,才能适应知识经济时代的需要,为社会的和谐发展做出自己的贡献。

子曰:"由也,女闻六言六蔽矣乎①?"对曰:"未也。""居②!吾语女。好仁不好学,其蔽也愚;好知不好学,其蔽也荡③;好信不好学,其蔽也贼④;好直不好学,其蔽也绞⑤;好勇不好学,其蔽也乱⑥;好刚不好学,其蔽也狂⑦。"

《论语·阳货篇》第8章

【译文】

孔子说:"子路啊,你听说过六种品德和六种弊病吗?"子路回答道:"没有。"孔子说:"坐下吧!我告诉你。喜好仁德而不喜欢学习,弊病就是愚蠢;好要聪明而不喜欢学习,弊病就是放纵;喜好诚信而不喜欢学习,弊病就是易受伤害;喜好直率而不喜欢学习,弊病就是容易偏激;喜好勇敢而不喜欢学习,弊病就是捣乱惹祸;喜好刚强而不喜欢学习,弊病就是放肆妄为。"

【注释】

①言:指品德。 ②居:坐下。 ③荡:放纵。 ④贼:伤害。 ⑤绞:急切。引申为偏激。 ⑥乱:扰乱,捣乱。 ⑦狂:狂妄,放肆妄为。

【解读】

孔子认为,仁、知、信、直、勇、刚都是好的品德,但必须通过学习明白其含义和要求,才不会出现偏差。他所说的六种弊病,就是虽然喜好这六种品德,但不喜欢学习,没能领悟其含义和要求在行为上出现的问题。子路性格直率粗鲁，孔子针对他的这个弱点告诉他只有认真学习、加强修养才能真正具备仁、知、信、直、勇、刚等美德的道理，体现了他对学生的爱心。

子曰："十室之邑①，必有忠信如丘者焉，不如丘之好学也。"

《论语·公冶长篇》第28章

【译文】

孔子说："在只有十户人家的小地方，一定也有像我这样忠实守信的人，只是不像我这么好学罢了。"

【注释】

①邑：古代区域单位。《周礼·地官·小司徒》："九夫为井，四井为邑，四邑为丘。"十室之邑：十户人家的地方，比喻人少。

【解读】

孔子认为，一个人只是做到了"忠信"还不够，还必须热爱学习。只有不断地学习，才能在学习过程中不断地受到启迪、教育，提高自己的品德、人性修养水平，从而弥补自己在待人处世中的不足。孔子能够成为著名的社会活动家、杰出的思想家和教育家，与他毕生的好学是分不开的。作为古代自学成才的楷模，他以自己简洁、朴实而又富于哲理的一系列言论，丰富了中国传统文化的宝库，陶冶了中华民族一代又一代儿女的情操。

陈亢问于伯鱼曰①："子亦有异闻乎②？"

对曰："未也。尝独立，鲤趋而过庭③。曰：'学《诗》乎？'对曰：'未也。''不学《诗》，无以言④。'鲤退而学《诗》。他日，又独立，鲤趋而过庭。曰：'学礼乎？'对曰：'未也。''不学礼，无以立⑤。'鲤退而学礼。闻斯二者。"

陈亢退而喜曰："问一得三：闻《诗》，闻礼，又闻君子之远其子也⑥。"

《论语·季氏篇》第13章

【译文】

陈亢问孔鲤说："你也许听到了老师特别的教诲吧？"

孔鲤回答说："没有。他曾独自站在庭院中，我快步走过。他问我：'学习《诗经》了吗？'我答道：'没有。'他说：'不学习《诗经》，就不会说话。'我下来后就学习《诗经》。有一天，他又独自站在那里，我快步走过庭院。他问我：'学习礼制没有？'我答道：'没有。'他说：'不学习礼制，无法在社会上立足。'我下来后就学习礼制。我听到的教诲就这两次。"

陈亢回去后高兴地说:"我问一件事却知道了三件事:知道学习《诗经》的意义,知道学习礼制的重要,还知道君子不偏爱他的儿子。"

【注释】

①伯鱼:即孔鲤,字伯鱼。孔子的儿子。 ②异闻:听到不同的东西。意思是听到特别的教诲。 ③趋:小步快走。表示恭敬。 ④无以言:不会说话。 ⑤无以立:无法立足。 ⑥远:疏远。这里意思是不偏爱。远其子:朱熹《论语集注》引尹氏曰:"孔子之教其子,无异于门人,故陈亢以为'远其子'。"

【解读】

此章通过简洁、生动的对话,展现了陈亢、孔鲤和孔子的形象。陈亢求学心切,以为孔子对儿子会有"秘传",因此向孔鲤打听。孔鲤说他只是两次经过父亲身边,父亲才告诉自己学习《诗经》和礼制的意义,自己并没有听到过特别的教诲。《诗经》的语言简练、生动、形象,礼制规范人的行为举止,提高人的品德素质,因此孔子要求学生都要学习,自己的儿子也不能例外。

阅读此章,孔鲤尊敬父亲、孔子关爱而不偏爱儿子的形象跃然纸上。此章所记述的孔子教育孔鲤的情况,堪称家庭教育的典范,值得研究和学习。

达巷党人曰①:"大哉孔子!博学而无所成名②。"子闻之,谓门弟子曰:"吾何执③?执御乎?执射乎?吾执御矣。"

《论语·子罕篇》第2章

【译文】

达巷这个地方的人说:"孔子伟大啊!他学问广博却没有让自己成名的本事。"孔子听说后,对学生们说:"我专攻什么来成名呢?是驾车呢?还是射箭呢?我看还是驾车好了。"

【注释】

①达巷党:古代以五百家为一党,达巷是党这个基层单位的名称。 ②无所成名:意思是没有让自己成名的本事。 ③执:专执。意思是专攻。

【解读】

孔子精通六艺,所学不但有古代礼、乐等文献典籍,而且有御、射等实用技能。可见,达巷的人虽然钦佩孔子,但并不完全了解孔子。孔子对学生说的话,并不是说他只擅长于驾车,而是因为驾车在六艺之中相对易学,自己是从驾车开始专攻实用技能,说明了学习要由易到难、从简单到复杂,要循序渐进的道理。同时,孔子的这番话,又在幽默之中委婉地表明了自己不屑于去成就"达巷党人"所认为的"名声"的意思。在别人的冷嘲热讽面前,孔子豁达、幽默的形象,令人敬佩。

子曰:"由之瑟①,奚为于丘之门②?"门人不敬子路。子曰:"由也升堂矣③,未入于室也④。"

《论语·先进篇》第 15 章

【译文】

孔子说:"仲由这样弹奏瑟,为什么要到我的门前来呢?"于是弟子们不尊重子路。孔子又说:"仲由已经学有成就,只是还需更进一步罢了。"

【注释】

①瑟:古代乐器,形制类似古琴。这里用作动词。 ②奚为:何为,为何。 ③堂:古代建筑,进门后先到正厅(殿堂),再进内室。升堂:登上正厅。比喻学有成就。 ④入于室:进入内室。意思是还需更进一步。喻指学问造诣达到精深的程度。

【解读】

子路性格率直粗鲁,他弹奏瑟,其曲调或许太激越,或许不悦耳,因此有人认为有"杀伐之声"(见《孔子家语》),孔子听了后不满意。听到他的议论后,弟子们就不尊重子路了。针对这种情况,孔子又肯定了子路的优点,希望弟子们要正确看待子路,不要因为老师指出了他的缺点而瞧不起他。对弟子既严格要求,又真心爱护,这就是具有仁者情怀的真实的孔子。

子曰:"南人有言曰①:'人而无恒,不可以作巫医②。'善夫!""不恒其德,或承之羞③。"子曰:"不占而已矣。"

《论语·子路篇》第 22 章

【译文】

孔子说:"南方的人说:'人如果没有恒心,就不能做巫医。'说得真好!"《易经·恒卦》的爻辞说:"不长久保持仁德,就会招致羞辱。"孔子说:"这样的人不必去占卜了。"

【注释】

①南人:南方的人。指吴国或楚国的人。 ②巫医:古代以舞降神的人叫巫,治疗疾病的人叫医;既能占卜祈祷,又能辟邪治病的人叫巫医。 ③不恒其德,或承之羞:《易经·恒卦》九三爻的爻辞。意思是:不长久保持仁德,就会招致羞辱。

【解读】

孔子引用的南方人的话和《易经·恒卦》中的话,都是说一个人应该有恒心。远古时代,由于人类处于蒙昧状态,不了解宇宙万物和人的吉凶祸福的关系,因此巫术盛行。但没有恒心、朝三暮四的人,不可能通晓巫术和医术,因此不能做巫医。孔子认为，不长久保持仁德的人，即使去占卜，也不能改变招致羞辱的结局，因此不必去占卜。可见，孔子引用这两句话，是希望学生们要有恒心，要在求学、从政、敬人中具备矢志不渝的精神。只有这样，才能完成学业，成就事业，成为仁德、善良的君子。

子曰："年四十而见恶焉①，其终也已②。"

《论语·阳货篇》第26章

【译文】

孔子说："人到了四十岁还被别人厌恶，这一生就完了。"

【注释】

①见：被。　②终：事物的结局。意思是终结，完了。

【解读】

四十岁是人生的重要阶段，即孔子所说的"不惑"之年。一个人经过少年时代的学习、修养，青年时代的奋斗、上进，到了四十岁，应该是在学问、道德上有所成就的时候，这样的人一定会受到别人的尊重。反之，如果到了四十岁还被人厌恶，说明他要么道德品行低劣，要么不学无术，庸碌无为。孔子说这样的人一生就完了，并不是说这种人不可救药，而是告诫年轻人要珍惜宝贵光阴，在年轻时勤奋学习、修养身心，使自己成为既有广博的学识，又有高尚的德行的君子，不要因为虚度光阴，到了中年时一事无成而后悔！

子曰："饱食终日，无所用心，难矣哉①！不有博弈者乎②？为之犹贤乎已③。"

《论语·阳货篇》第22章

【译文】

孔子说："整天吃饱了饭，什么心思也不用，这是灾难呀！不是有六博、围棋吗？玩玩这些也比闲着好。"

【注释】

①难：难办。一说为灾难。均可。意思是难以领悟大道，难以走上正途。②博：六博，也叫掷采，古代棋类游戏。共十二棋，六黑六白，两人相博，每人六棋。今已失传。弈：围棋。　③贤：胜过。意思是比……好。

【解读】

孔子教育学生学习礼、乐、射、御、书、数等六艺，要求学生重视人性道德的修养，其目标是"修身、齐家、治国、平天下"。因此他认为整天无所用心对一个人真是灾难，其后果是年轻人无心学习，东游西逛，成为"啃老族"；中年人无心事业，玩物丧志，一事无成；老年人无所事事，就去追名逐利，或者搬弄是非。与其这样，还不如去掷采、下棋，适当参与一下这些有益身心的活动。

附录：孔子弟子的言论

子夏曰："博学而笃志①，切问而近思②，仁在其中矣。"

《论语·子张篇》第 6 章

【译文】

子夏说："广泛学习，专心致志，恳切提问，循序渐进，仁就在其中了。"

【注释】

①笃志：专心致志。　②切：急切，恳切。近：切近。近思：思考当前的问题。意思是循序渐进，不好高骛远。程颐注："近思者以类而推。"

【解读】

子夏认为，一个人要成就仁德，就必须遵循博学、笃志、切问、近思的途径。广泛学习才能通晓仁德、礼制等方面的知识；专心致志才能排除各种干扰潜心学习；恳切提问才能弄清自己不懂的问题；循序渐进才能从近处、从当前入手，进而学习相关的知识，或联系实际情况进行分析思考，从而达到举一反三、善于类推的目的。总之，能够做到博学、笃志、切问、近思，就能明白"仁"的道理，并进而成就仁德。

九、修身观

孔子非常重视修身,并把修身贯穿于自己的整个人生历程。他曾说:"吾十有五而志于学,三十而立,四十而不惑,五十而知天命,六十而耳顺,七十而从心所欲,不逾矩。"冯友兰先生认为:"孔子说他自己'十有五而志于学',是说懂得了立志学道。现在人们所说的'学',是指'增长知识',而'道'则是指悟性的提高……孔子到七十岁时,可以从心所欲,而所做的都合于规范,他的行为不再需要意识去引导,可以顺乎自然。这表明了圣人在心灵修养上最后阶段的造诣。"(冯友兰《中国哲学简史》)可见,孔子在修身上下了很深的功夫,并因此而成为中华民族历代仁人志士修身的典范。

孔子谈论修身的言论,从智仁勇、修身自省、谦恭谨慎、正直真诚、节俭励行、修养方法等方面,全面、系统地阐述了修身的内容、要求和方法,为今人进行修身提供了有益的借鉴。

1. 智、仁、勇

子曰:"君子道者三①,我无能焉:仁者不忧,知者不惑,勇者不惧。"子贡曰:"夫子自道也②。"

《论语·宪问篇》第28章

【译文】

孔子说:"君子的道德体现在三个方面,我都没能做到:仁德的人不忧愁,明智的人不疑惑,勇敢的人不畏惧。"子贡说:"老师是在讲自己啊。"

【注释】

①道:道德。 ②自道:指讲自己。

【解读】

"仁者不忧,知者不惑,勇者不惧",这是孔子所追求的人生境界。仁者有高尚的德行,以仁爱之心待人,因此不会忧愁;智者头脑清醒,洞察世事,能见微知著,透过错综复杂的现象把握事物的本质,因此不会疑惑;勇者伸张大义,能见义勇为,不顾个人安危,因此不畏惧。孔子说这三个方面自己都没能做到，这既是自谦之词，又说明他对自己有清醒的认识。子贡说的话，表明了他对孔子的敬重和崇拜。孔子所追求的"仁、智、勇"的人生境界，无论对他的学生，还是对后世的有志者，都是一种期望和勉励。

子曰："知者不惑①，仁者不忧，勇者不惧②。"

《论语·子罕篇》第29章

【译文】

孔子说："明智的人不疑惑，仁德的人不忧愁，勇敢的人不畏惧。"

【注释】

①惑：疑惑，糊涂。　②惧：畏惧，害怕。

【解读】

智、仁、勇是孔子提出的达成完美人格修养的道德规范。孔子认为，一个人有智慧，就不会被纷乱的世事所迷惑，就能按照礼仪道德的规范做人和处世；一个人具有仁德，就会襟怀坦荡，排除私欲，不追名逐利，就不会有忧愁；一个人忠勇果敢，能为道义、民众献出生命，自然无所畏惧。正如朱熹《论语集注》所说："明足以烛理，故不惑；理足以胜私，故不忧；气足以配道义，故不惧。"可见，一个人要达到智、仁、勇的人生境界，必须加强人性道德的修养和历练，使自己成为一个崇尚仁德、遵循礼义的具有完美人格修养的君子。

子路问成人①。子曰："若臧武仲之知②，公绰之不欲，卞庄子之勇③，冉求之艺，文之以礼乐④，亦可以为成人矣。"曰："今之成人者何必然？见利思义，见危授命⑤，久要不忘平生之言⑥，亦可以为成人矣。"

《论语·宪问篇》第12章

【译文】

子路问怎样才叫德才兼备的人。孔子说："像臧武仲那样明智，孟公绰那样廉洁，卞庄子那样勇敢，冉有那样有才艺，再用礼乐来修饰提升他，也可以说是德才兼备的人了。"孔子又说："现在德才兼备的人何必这样呢？看到利益能考虑是否合理，遇到危险敢于献出生命，长久处于穷困境地却不忘平时的诺言，也可以说是德才兼备的人了。"

【注释】

①成人：德才兼备的人，完美的人。　②臧武仲：鲁国大夫臧孙纥。据《左传·襄公二十三年》记载，他逃到齐国后，齐庄公曾赐给他田地，后来他

预见齐庄公将被杀而设法退还了所得到的田地。 ③卞庄子：鲁国大夫，以勇著名，曾制服两只虎。"卞"是他的食邑，"庄"是他的谥号。 ④文：文饰。引申为修饰。 ⑤授命：献出生命。 ⑥要：通"约"，穷困。指处于穷困境地。平生：平时，平素。

【解读】

此章孔子首先列举臧武仲、孟公绰、卞庄子、冉有这四个子路熟悉的人，指出具备了明智、廉洁、勇敢、才艺，再从礼乐上加以修饰提升，也就是进德修仁，这样的人就是完美的。但要同时具备这四种品质，并进德修仁，要求又太高，难以做到，于是孔子联系当时的社会实际，提出了比较可行的"完美的人"的标准，即：为人正直（"见利思义"）、见义勇为（"见危授命"）、信守承诺（"久要不忘平生之言"）。这三条，是君子应有的道德素质和行为表现。

子曰："里仁为美①。择不处仁②，焉得知③？"

《论语·里仁篇》第1章

【译文】

孔子说："居处在民风淳朴的地方是理想的。选择住处不考虑民风是否淳朴，怎么能说是明智呢？"

【注释】

①里：宅院，居处。仁：仁爱。这里指民风淳朴。美：完美，理想。 ②处：住处。 ③知：通"智"，明智。

【解读】

孔子认为，民风体现一个地方民众的品德和素质。民风淳朴，体现人的仁爱、遵礼；民风粗野，反映人的品德、素质低下。因此，孔子认为"里仁为美"，选择居处一定要选择民风淳朴的地方。后来出现的"孟母三迁"的事，也体现了孔子"择居而处"的思想。现实生活中，不但居住要考虑环境，而且交友要考虑其人品。否则，与好逸恶劳、不求上进、贪财好利的狐朋狗友交往，其后果不堪设想。

子曰："唯仁者能好人①，能恶人②。"

《论语·里仁篇》第3章

【译文】

孔子说："只有仁德的人才能喜爱好人，憎恶坏人。"

【注释】

①好：喜爱。人：这里指品德好的人，即好人。 ②恶：憎恶。人：这里指品德不好的人，即坏人。

【解读】

孔子在这里提出了爱与憎的原则，足见他提倡的"仁者爱人"不是无原则的爱。由于他始终坚持爱憎分明的原则，他官至司寇而能弃官不做，周游列国而不被重用。这个原则，源自于他的"仁"的思想，体现了他的价值判断和情感态度。

子曰："我未见好仁者、恶不仁者。好仁者，无以尚之①；恶不仁者，其为仁矣，不使不仁者加乎其身②。有能一日用其力于仁矣乎③？我未见力不足者。盖有之矣④，我未之见也。"

《论语·里仁篇》第6章

【译文】

孔子说："我没有看见喜欢仁的人、憎恶不仁的人。喜欢仁的人，认为没有什么能超过仁；憎恶不仁的人，他要是去行仁，是不让不仁的东西出现在自己身上。有谁能整天致力于仁吗？我没有见到精力不够的。也许真有这样的人，但我没有见到。"

【注释】

①尚：超过。 ②加乎其身：加在自己身上。意思是出现在自己身上。 ③力：力量。这里指精力。 ④盖：句首语气词。也许，大概。

【解读】

孔子所处的时代，是新旧制度交替、社会动荡、礼崩乐坏的时代。处在这样的时代，由于生活的困顿，人们很难把心思和精力用在人格、品德的修养上，崇尚仁的人自然很少，因此孔子说自己没有看到"好仁"和"恶不仁"的人。可是孔子并不放弃，他坚信只要有志于行仁，就会有精力去进德修仁，并成为品德高尚的仁德之人。为了重建安定、和谐的社会秩序，他与弟子们周游列国，奔走呼号，宣传他的"德治"和"礼治"思想，即使不被当政者采纳和重用也不懊悔。这种为了理想和信念永不言弃的精神，给后人以深刻的启示。

子曰："回也，其心三月不违仁①，其余则日月至焉而已矣②。"

《论语·雍也篇》第7章

【译文】

孔子说："颜回呀，他的内心长时间不违背仁德，其他人只是偶尔达到仁德罢了。"

【注释】

①三月：指时间长久。这里的"三"不是确数。 ②日月：短时间，偶

尔。与"三月"相对应。至：到来，达到。焉：代词。指代仁德。

【解读】

孔子认为，人生的最高境界就是达到"仁"，并说自己也很难达到这种境界。孔子对颜回的评价是能够长时间"不违仁"，这一评价是很高的。因为一个人短时间内达到"仁"，偶尔做一些好事并不难，难的是长时间行"仁"，经常地做好事。可见，人性的修养和对"仁"的追求不是一朝一夕的事，它需要人们持之以恒不懈地追求。

子曰："知者乐水①，仁者乐山。知者动，仁者静。知者乐②，仁者寿。"

《论语·雍也篇》第23章

【译文】

孔子说："聪明的人喜欢流水，仁爱的人喜欢山岳。聪明的人活跃，仁爱的人安静。聪明的人乐观，仁爱的人长寿。"

【注释】

①乐：爱好，喜欢。　②乐：快乐。引申为乐观。

【解读】

孔子以水和山为喻，说明智者灵动、活跃如同流水，仁者宽厚、安静如同山岳，并通过对智者和仁者不同特点的对比，从智者和仁者的情趣、爱好展示了他们各具特色的人生境界，体现了"天人合一"的思想。

宰我问曰："仁者①，虽告之曰②：'井有仁焉③。'其从之也？"子曰："何为其然也？君子可逝也④，不可陷也⑤；可欺也，不可罔也⑥。"

《论语·雍也篇》第26章

【译文】

宰我问道："有仁德的人，假如告诉他：'井里掉进一个人。'他会跳下去救吗？"孔子说："为什么要这样做呢？君子会去相救，却不能自己掉入井里；君子可以被欺骗，却不可以被紧急情况所蒙蔽。"

【注释】

①仁者：有仁德的人。　②虽：假如。　③仁：此处为"人"的假借字。④逝：往，去。朱熹《论语集注》："逝，谓使之往救。"　⑤陷：没入。指掉入。　⑥罔：通"惘"，迷惑，愚弄。引申为蒙蔽。

【解读】

宰我提出的问题，问得刁钻，而孔子的回答，答得巧妙，充满着智慧。舍己救人，难能可贵，但目的是要救到人。如果不清楚情况，没有恰当的措施，盲目地去救，不但救不了人，反而会让自己掉进去。可见，孔子所说的君子救人的做法是明智的，具有指导意义，尤其值得从事基础教育的人借鉴和思考。孔子所说的做法，与"司马光砸缸"的故事有异曲同工之妙。

闵子侍侧①，訚訚如也②；子路，行行如也③；冉有、子贡，侃侃如也④。子乐。"若由也⑤，不得其死然。"

《论语·先进篇》第13章

【译文】

闵子骞陪侍在孔子身旁，温和而恭顺；子路刚强而勇武；冉有、子贡从容而快乐。孔子很高兴。然后，孔子说："像子路那样，恐怕得不到好死。"

【注释】

①侍：陪从尊长身旁。　②訚（yín）訚：和颜悦色的样子。这里意思是温和恭顺。　③行（hàng）行：刚强的样子。　④侃侃：和乐的样子。　⑤由：仲由，即子路，亦称季路。

【解读】

孔子主张因材施教，看到闵子骞、子路、冉有、子贡这四位学生各具个性的神态，他感到很高兴。同时，他又认为子路的性格有缺陷，如果为人刚强而无智谋，就不会有好的结局。于是，他直言不讳地指出"像子路那样，恐怕得不到好死"。孔子对子路的告诫是坦率的，是发自内心对子路的关心。但人的性格一旦形成，确实很难改变。后来，子路在卫国担任大夫孔悝的家臣，卫国内乱时他忠勇无畏，死于乱军。

子曰："君子上达①，小人下达②。"

《论语·宪问篇》第23章

【译文】

孔子说："君子崇尚仁义，小人追求财利。"

【注释】

①上达：上进。意思是崇尚仁义。　②下达：追求财利。

【解读】

古今对此章有不同的理解和解释。一种解释是，"君子循天理，故日进乎高明；小人徇人欲，故日究乎污下"（朱熹《论语集注》）；第二种解释是，君子大处成功，小人小处成功；第三种解释是，"上"指"义"，"下"指"利"。

拙著取第三种解释。

孔子思想的核心内容之一是"仁",他毕生推行"仁德""礼制",在对学生的教育中,也经常强调"仁德""礼制"。此章孔子从对"义"和"利"的不同态度说君子与小人的区别,目的是希望学生们学习君子崇尚仁义,不要像小人那样追求财利。可见,孔子对学生的教育,注重人性道德的修养和追求,反对追求财利、贪图享受、不思进取的行为。

子贡问曰:"赐也何如①?"子曰:"女②,器也③。"曰:"何器也?"曰:"瑚琏也④。"

《论语·公冶长篇》第4章

【译文】

子贡问孔子:"我这个人怎么样?"孔子说:"你像一种器具。"子贡问:"什么器具?"孔子说:"宗庙里贵重的瑚和琏。"

【注释】

①赐:子贡名。 ②女:通"汝",你。 ③器:器具。 ④瑚琏:瑚和琏都是古代祭祀时盛粟稷的器具,因其贵重,常用来比喻人有才能,堪当大任。

【解读】

子贡是孔子最得意的弟子之一。此章孔子把子贡比做贵重的瑚琏,既对他的才干进行了称赞,又对他寄予了更高的期望,希望他不要仅仅像个器具,只具有某些方面的才干,还应该加强品德人性的修养,成为有德有才、德才兼备的贤能之士。孔子对子贡的评价,体现了作为社会活动家和教育家的孔子的人才观。

附录:孔子弟子的言论

子游曰:"吾友张也为难能也①,然而未仁。"

《论语·子张篇》第15章

【译文】

子游说:"我的朋友子张是难得的人才,但还没有达到'仁'的境界。"

【注释】

①张:指子张。孔子的学生。难能:难得的才能,这里指难得的人才。

【解读】

子游给予子张很高的评价,认为他是难得的人才。由于"仁"是君子追求的最高人生境界,一般人难以达到,孔子也认为没有人达到了这个境界。子游说子张虽然有才能,但还没能达到"仁"的境界,也许是实话,但更多的是激励,并以此互相勉励,作为共同进步的动力。可见,子游领悟了孔子所说没有人达到"仁"的境界的良苦用心。

曾子曰:"堂堂乎张也①,难与并为仁矣。"

《论语·子张篇》第16章

【译文】
曾子说:"子张总是仪表堂堂、庄严大方,很难与他一道履行仁德。"

【注释】
①堂堂:形容仪容庄严大方。

【解读】
在《先进篇》第18章,孔子对曾参和子张作了评价,认为曾参迟钝,子张偏颇。金良年先生认为"迟钝偏于内向,偏颇偏于外向,比较而言,迟钝更接近于仁"(《论语译注》)。由于两人的性格截然不同,对"仁"的理解也就有差异,因此曾参认为"难与并为仁",意思是自己注重从内在修养上下工夫,以求达到"仁"的境界并履行"仁";子张更注重履行"仁"的外在形式,而在内在修养上则不足。曾参的话表明,他和子张在履行"仁"的方式和途径上有所不同,子张应从内在修养上多下一些工夫。

2. 修身自省

子曰:"君子求诸己①,小人求诸人②。"

《论语·卫灵公篇》第21章

【译文】
孔子说:"君子责求于自己,小人苛求于别人。"

【注释】
①求:责求。 ②求:苛求。

【解读】
是"责求于自己"还是"苛求于别人",这是孔子总结出的君子和小人在行为上的区别。君子立身处世,总是严格要求自己,遇事先从自身找原因,不把责任推给别人;即使是别人的责任,也能以宽容的态度对待和处理。小人却与此相反。孔子善于从鲜明的对比中表明自己的观点和态度,这又是一个生动的例证。

司马牛问君子。子曰:"君子不忧不惧。"曰:"不忧不惧,斯谓

九、修身观

之君子已乎？"子曰："内省不疚①，夫何忧何惧？"

《论语·颜渊篇》第4章

【译文】

司马牛问怎样做君子。孔子说："君子不忧愁，不恐惧。"司马牛说："不忧愁，不恐惧，这样的人就是君子吗？"孔子说："能够问心无愧，还有什么忧愁、恐惧呢？"

【注释】

①内省：从内心自省。疚：内心痛苦，愧疚。内省不疚：意思是问心无愧。

【解读】

孔子认为，君子为人处世遵循道义，因此能够问心无愧，自然不会有忧愁、恐惧。孔子回答司马牛怎样做君子的问题，既强调了君子的为人，又借此打消司马牛的顾虑，告诫他只要自己问心无愧，就没有必要忧愁和恐惧。孔子之所以这样开导司马牛，是因为司马牛之兄司马桓（即桓魋）曾准备杀害孔子；在司马牛从宋国到孔子身边求学不久，又传来司马桓将要叛乱的消息。于是司马牛心情不好，常常忧愁、恐惧。对这样一个学生，孔子并不歧视，而是进行耐心的开导、教育，这充分体现了孔子高尚的人格和博大的胸怀。

子曰："已矣乎①！吾未见能见其过而内自讼者也②。"

《论语·公冶长篇》第27章

【译文】

孔子说："算了吧！我没有见过能看到自己的错误而在内心自责的人啊！"

【注释】

①已：完成，完毕。矣乎：语气词连用，表示感叹。已矣乎：意思是"算了吧"。 ②内：内心，心里。自讼：自责。

【解读】

孔子认为，有仁德之心的君子，应该有自知之明，要做到严于律己，有了错误应该内心自责，勇于面对。孔子感慨没有见过有错误而能自我责备的人，说明这样的人社会上实在不多。古今中外，有了错误不敢面对，既不自责，又不改过，结果一错再错，害人害己的事例，不胜枚举。人非圣贤，谁能无过。两千多年前孔子所提出的如何对待自己所犯错误的问题，事关人的品德、人性的修养和积极情感的塑造，值得每个人重视和深思。

孔子曰："君子有九思①：视思明②，听思聪③，色思温④，貌思

199

恭⑤，言思忠，事思敬⑥，疑思问，忿思难⑦，见得思义⑧。"

《论语·季氏篇》第10章

【译文】

孔子说："君子有九种需要考虑的事：看，要考虑看清楚没有；听，要考虑听明白没有；表情，要考虑是否温和；态度，要考虑是否恭敬；说话，要考虑是否诚实；办事，要考虑是否严肃认真；有疑问，要考虑向人请教；生气时，要考虑是否有后患；看到利益，要考虑取得是否合理。"

【注释】

①思：思考，考虑。 ②明：清楚。 ③聪：明白。 ④色：脸色，表情。 ⑤貌：容仪，态度。 ⑥敬：恭敬，严肃认真。 ⑦难：灾难。指后患。 ⑧得：获得。指利益。

【解读】

这是孔子对君子在待人处事中的各种行为提出的具体要求，既具有现实的针对性，又具有可操作性。但是，一个品德低劣、为人奸伪的人，要做到这些又很难。可见，作为君子，要在日常生活中落实这些要求，还必须严格要求自己，加强自身品德、人格的修养。

孔子所提出的礼仪规范，在他所生活的时代，对于规范人的行为、协调人与人的关系、提高社会的文明程度，起到了重要的作用。但是，随着时代的发展，日常生活中的礼仪规范、行为准则有了较大的变化，"今人不必谨守传统仪文、规矩、观念（包括孔子教义在内），但由孔子和儒学强调'礼'作为社会群体生存规范这一基本观念，毕竟不可废弃，'虽百世可知也'"（李泽厚《论语今读》）。

子贡方人①。子曰："赐也贤乎哉②？夫我则不暇。"

《论语·宪问篇》第29章

【译文】

子贡常讥评别人。孔子说："子贡，你就那么贤德吗？我却没有这闲工夫。"

【注释】

①方：比拟，比较品评。一说为"谤"，讥评，可从。 ②贤：贤德。

【解读】

孔子主张严以律己，宽以待人，并要求学生也要这样待人处世。孔子有时也品评人物，但他总是肯定和称赞别人的德行和功绩，批评、谴责的对象往往是既无德又无才的小人。子贡很聪明，喜欢讥评别人，但他"喜扬人之美，不能匿人之过"（《史记·仲尼弟子传》），因此孔子对他进行了委婉的批评，并希

九、修身观

望他严格要求自己,与其有闲工夫讥评别人,不如在提高自己的德行上多花些时间。

子曰:"德之不修①,学之不讲②,闻义不能徙③,不善不能改,是吾忧也。"

《论语·述而篇》第 3 章

【译文】

孔子说:"品德不修养,学问不探求,知晓道义不去实行,有了过失不能改正,这是我所忧虑的。"

【注释】

①修:修养,培养。 ②讲:讲习。引申为探求。 ③徙:迁移,移动。引申为行动、实行。

【解读】

孔子所忧虑的四个方面,是人们修身的要点。孔子认为,培养品德,探求学问,实行道义,有过能改,这四者有着内在联系。要做一个有德行操守的人,就必须从这四个方面努力。在物欲横流、金钱至上的时代,我们尤其要重视这四个方面的修养,从而避免沦为唯利是图的庸人。

子张问善人之道①。子曰:"不践迹②,亦不入于室③。"

《论语·先进篇》第 20 章

【译文】

子张询问使人向善的方法。孔子说:"不遵循前代圣贤的足迹,道德品行就不能达到高深的境界。"

【注释】

①善人:使人向善、变好。"善"作动词。 ②践:依循,遵循。践迹:指遵循前代圣贤的足迹。 ③不入于室:指道德品行不能达到高深境界。

【解读】

古今对"善人"的理解存在分歧。朱熹认为是"质美而未学者",金良年、李择非持此说;李泽厚认为是"使人变好"(即向善),毕宝魁也持此说。从后说。

孔子认为,要使人向善,不但要让他学习礼仪典制,进行人性道德修养,还要让他以前代圣贤为榜样,以他们的德行操守指导自己的行为,这样才能使自己的道德品行得到完善和提高。孔子的这一观点,说明了优秀文化遗产的继承对于人性修养、品德提升的重要意义。

子曰:"古之学者为己①,今之学者为人②。"

《论语·宪问篇》第 24 章

【译文】

孔子说:"古时的学者学习是为了提高自己,现在的学者学习是为了给别人看。"

【注释】

①为己:为提高自己。 ②为人:为了给别人看。朱熹《论语集注》引程子曰:"为己,欲得之于己也。为人,欲见之于人也。"

【解读】

此章讲两种截然不同的学习态度。从孔子所处的时代来看,他所说的"古之学者"应为周代的学者,当时礼制施行,社会稳定,民风淳朴;"今之学者"应为春秋末期的学者,这时战乱四起,世风日下。孔子认为,古时的学者遵从仁德,追求道义,学习的目的是为了提高自己;现在的学者看重名利,急功近利,学习的目的是为了炫耀于人。为提高自己而学习,才能成为学识广博、品德高尚的君子;为炫耀于人而学习,必然急功近利,蜻蜓点水,成为夸夸其谈而无真才实学的小人。

子曰:"乡原①,德之贼也②。"

《论语·阳货篇》第 13 章

【译文】

孔子说:"好好先生,是败坏道德的人。"

【注释】

①原:也作"愿"。乡原:外博谨愿(诚实)之名,实与流俗合污的伪善者,即好好先生。 ②贼:败坏。

【解读】

好好先生不讲原则,唯唯诺诺,在大是大非面前貌似公允,实际上不讲公平、正义,助长了邪恶势力或不正之风,因此孔子谴责这种人是败坏道德的人。现实生活中,这种好好先生两面讨好,左右逢源,既有人缘,又得实惠。但有时事与愿违,就像"老鼠钻风箱",两头受气。这样的好好先生,既可恨又可悲。

子曰:"巧言令色①,鲜矣仁②。"

《论语·阳货篇》第 17 章

【译文】

孔子说:"花言巧语,面目伪善,这种人很少有仁爱。"

九、修身观

【注释】

①巧言：花言巧语。令色：和悦的面容。这里为贬义，指表面热情，实则伪善的人。　②仁：仁爱。

【解读】

此章文字与《学而篇》第3章相同，有人认为系重出，有人认为在各篇的位置不同，意义上各有侧重。此章强调"巧言令色"对仁的损害；《学而篇》第3章则是强调君子应该学习和尊崇仁，反对花言巧语，表里不一。

　　子贡曰："君子亦有恶乎①？"子曰："有恶：恶称人之恶者，恶居下流而讪上者②，恶勇而无礼者，恶果敢而窒者③。"曰："赐也亦有恶乎？""恶徼以为知者④，恶不孙以为勇者⑤，恶讦以为直者⑥。"

《论语·阳货篇》第24章

【译文】

子贡说："君子也有憎恶的事吗？"孔子说："有憎恶的事：憎恶说别人坏话的人，憎恶不思进取却诽谤在上者的人，憎恶勇敢而不遵礼义的人，憎恶行为果敢却固执己见的人。"孔子说："端木赐，你也有憎恶的事吗？"子贡说："我憎恶抄袭别人却自认为聪明的人，憎恶不谦逊却自认为勇敢的人，憎恶揭别人隐私却自认为直率的人。"

【注释】

①恶：憎恶。　②下流：河的下游。这里喻指地位低而不思进取。讪（shàn）：诽谤。上：在上者。指地位比自己高的人　③窒：填塞。朱熹《论语集注》："窒，不通也。"引申为固执。　④徼（jiāo）：抄袭。　⑤孙：通"逊"，谦逊。　⑥讦（jié）：揭发别人隐私。

【解读】

孔子主张以"仁"为本，认为要做到"仁"，首先要关爱人，同时对违背"仁"的行为要谴责、憎恶，这体现了孔子爱憎分明的态度。孔子所憎恶的四种人是执政的官员，子贡所憎恶的三种人是士人（即知识分子），虽然他们的地位、身份不同，但行为的共同点都是不遵行仁德、礼制，应该受到谴责和憎恶。

附录：孔子行为及弟子的言论

　　子绝四①：毋意②，毋必③，毋固④，毋我⑤。

《论语·子罕篇》第4章

【译文】

孔子杜绝四种毛病：不任意猜测，不主观武断，不固执己见，不自以为是。

【注释】

①绝：戒，杜绝。　②意：臆断，猜测。　③必：必然。这里指固执，独断。　④固：固执。　⑤我：自我。意思是自以为是。

【解读】

孔子所杜绝的四种毛病，都是以自我为中心，不顾他人的感受、看法，不顾客观环境的变化。有了这些毛病，就不能正确处理人与人、人与社会、人与自然的关系，就会成为一个唯我独尊、不合时代潮流的人。杜绝这四种毛病，是人性修养的重要内容，是克服私欲、达到"仁"的境界的重要途径，也是圣人有别于凡人的重要标志。正因为如此，孔子要从自身做起，杜绝"意、必、固、我"等四种毛病。

曾子曰："吾日三省吾身①：为人谋而不忠乎②？与朋友交而不信乎③？传不习乎④？"

《论语·学而篇》第4章

【译文】

曾子说："我每天从三个方面反省自己：为别人出主意是否尽心？与朋友交往是否真诚？老师传授的知识是否复习和践行？"

【注释】

①三省（xǐng）：从三个方面反省。　②谋：谋划，考虑。这里指出主意。忠：忠诚，尽心尽力。　③信：诚实，真诚。　④传：传授。习：温习。指复习《诗》《书》和践行礼、乐等。

【解读】

曾参"三省吾身"的做法，既体现了孔子"仁"的理念，又为后世学子树立了严以律己的楷模。为人办事必须尽心，与人交往必须真诚，体现了孔子以"仁"待人的精髓。对老师传授的知识，通过复习和践行进而理解和掌握，体现了虚心向学的态度。此章可以说是流传千古的处理人与人之间关系的准则。

子夏曰："大德不逾闲①，小德出入可也②。"

《论语·子张篇》第11章

【译文】

子夏说："大节不能超越界限，小节稍有出入也行。"

【注释】

①大德：大的节操，即大节。闲：范围。引申为界限。　②小德：即小节。

【解读】

子夏的这句话可以从两个方面理解。在处事方面,君子应关注大是大非问题,在原则问题上不让步,对于非原则的小问题,就不必过于计较;在待人方面,君子应看对方的大节,看他的品德人格,不能因为他有小的过失或冒犯自己的地方,就求全责备,全盘否定。子夏的这句话蕴涵着具体问题具体分析、看问题应把握本质和主流的认识论的思想。

3. 谦恭谨慎

子曰:"君子无所争。必也射乎①!揖让而升②,下而饮。其争也君子③。"

《论语·八佾篇》第 7 章

【译文】

孔子说:"君子没有什么可争的事。如果一定要有,就是比赛射箭。相互作揖行礼,然后上场比赛,结束后下来喝酒。这种竞争是君子的竞争。"

【注释】

①射:古代六艺之一。《礼·射义》:"是故古者天子,以射选诸侯、卿、大夫、士。射者,男子之事也。"作为一种既可防身,又能娱乐、竞赛的项目,射的礼仪有大射、宾射、燕射、乡射四种。 ②揖让:相互作揖,表示谦让。升:登。指上场比赛。 ③争:竞争。

【解读】

"君子无所争"这句话,表现了孔子与世无争的思想。孔子认为,君子是胸怀坦荡、不谋私利、有德行操守的人,这样的人不能也不会为个人私利或达到个人目的去与他人或天下人争。这样的不争,是理想人格的体现。在孔子看来,君子应该不争,但也有争的时候,这种争是君子之争,即公平、友好的竞争,而不是不择手段、拼得你死我活的竞争。当今世界,不管是国与国的竞争,人与人的竞争,企业与企业的竞争,既存在公平、友好的竞争,但也不乏要阴谋、用诡计、搞欺诈的尔虞我诈的竞争,更有靠武力以大欺小的竞争,这显然是违背公平正义、诚信无欺的做人处世之道的。

子曰:"以约失之者鲜矣①。"

《论语·里仁篇》第 23 章

【译文】

孔子说:"因为约束自己而犯过失,这种情况是少有的。"

【注释】

①约：约束，节制。失：过失。鲜（xiǎn）：少。

【解读】

两千多年前，孔子就提出了人只有约束自己的行为，才能不犯或少犯错误的观点。约束自己，用今天的话说就是自律。凡是严于律己的人，对名誉、地位、金钱等等，都不会不择手段地去追求、占有。放纵自己的人，对名誉、地位、金钱等东西，都会拼命去追逐，不择手段地获取。这种人利欲熏心，毫无廉耻，其结局是臭名昭著，遗恨终身。古今中外，这种放纵自己、不顾廉耻的人，不乏其人。那么，应该以什么来约束自己呢？按照孔子一贯的主张，应该以"礼"来约束和规范自己的行为。符合礼义、道德的事就做，违反礼义、道德的事就不做。只有这样，才能不犯或少犯错误。

子谓南容①，"邦有道②，不废③；邦无道④，免于刑戮⑤"。以其兄之子妻之⑥。

《论语·公冶长篇》第2章

【译文】

孔子谈到南容，说："国家政治清明，他不会被废弃；国家统治黑暗，也不会受刑罚惩罚。"于是孔子把自己的侄女嫁给他。

【注释】

①南容：南宫适，名适，字子容，"敬叔"是他的谥号，孟懿子之兄，鲁国人。孔子的学生。　②邦：国家。有道：指政治清明。　③废：废弃。　④无道：暴虐，没有德政。指统治黑暗。　⑤刑：刑罚。戮（lù）：杀，惩罚。　⑥兄：孔子的异母兄长孟皮。

【解读】

孔子对南容的评价，说明他看人重视人品和才干，而不在是否能做出惊天动地的大事。南容在国家政治清明时能被重用，说明他德才兼备；在国家统治黑暗时不受刑罚惩罚，说明他既能坚持原则，又善于保护自己。在当今社会，一个人要立身处世，必须重视品德、人格的修养，学识、才能的历练。只有这样，才能在不同的社会环境、不同的工作岗位获得生存的空间，并进而做出自己的贡献。

子曰："宁武子①，邦有道，则知②；邦无道，则愚③。其知可及也④，其愚不可及也。"

《论语·公冶长篇》第21章

【译文】

孔子说:"宁武子这个人,在国家政治清明时,就显露才智;在国家政治黑暗时,就表现愚笨。他的才智别人可以赶上,他的愚笨别人却做不到。"

【注释】

①宁武子:姓宁,名俞,卫国大夫。"武"是他的谥号。 ②知:同"智"。才智。 ③愚:愚笨。 ④及:追上,赶上。

【解读】

宁武子的处世之道既具有积极进取的一面,也具有洁身自保的一面,因此得到了孔子的肯定和赞许。一个贤能的人,处于治世比较容易施展才干,处于乱世往往很难应付。同流合污,为君子所不齿;奋起抗争,往往达不到预期的目的。宁武子假装愚笨,采取静观时变的办法,既能洁身自保,又不致同流合污。孔子赞许这种做法,说明孔子思想中融入了道家思想的部分内容。而孔子思想的包容性,正是孔子思想极具活力的重要原因。

陈司败问①:"昭公知礼乎②?"孔子曰:"知礼。"孔子退,揖巫马期而进之③,曰:"吾闻君子不党④,君子亦党乎?君取于吴⑤,为同姓,谓之吴孟子⑥。君而知礼,孰不知礼?"巫马期以告。子曰:"丘也幸,苟有过,人必知之。"

《论语·述而篇》第 31 章

【译文】

陈司败问孔子:"鲁昭公知礼吗?"孔子说:"知礼。"孔子出去后,陈司败向巫马期作揖并请他进去,说:"我听说君子不偏袒,难道孔子也有偏袒吗?昭公从吴国娶了夫人,是同姓,大家叫她吴孟子。昭公如果知礼,谁不知礼?"巫马期把这话告诉孔子。孔子说:"我孔丘很幸运,如果有过错,别人一定会知道。"

【注释】

①陈:陈国,春秋时诸侯国名。司败:春秋时陈、楚两国主管司法的官员,又称司寇。一说陈司败为人名。究竟是人名还是陈国的司法官,无法确知。 ②昭公:鲁国国君,名裯,"昭"是他的谥号。鲁襄公庶子,继襄公为君。 ③巫马期:姓巫马,名施,字子期,鲁国人。孔子的学生,比孔子小三十岁。 ④党:偏袒。 ⑤取:通"娶",娶亲。鲁国和吴国的王族都是周先祖之后,同姓姬。周礼规定同姓不能通婚。 ⑥吴孟子:鲁昭公夫人。

【解读】

鲁昭公从吴国娶同姓女子为妻,孔子明明知道这违背了礼制,却在回答陈司败的问题时说昭公"知礼",这种偏袒鲁昭公的行为,体现了孔子"为尊者讳"的主张。实际上,孔子说鲁昭公"知礼",是代表个人的"违心之言",并不能代表其他人对鲁昭公"不知礼"的看法。当孔子得知别人认为他关于鲁昭公"知礼"的说法不对时,他感到由衷的高兴,觉得自己的一番苦心获得了别人的理解。可见,孔子为了处理好与鲁昭公的关系,说话十分委婉,有分寸,虽不直说国君不知礼,而别人仍能理解他的苦心。

子曰:"文①,莫吾犹人也②。躬行君子③,则吾未之有得。"

《论语·述而篇》第33章

【译文】

孔子说:"在文献知识上,我大概和别人差不多。做一个亲身实践、身体力行的君子,那么我还没有达到。"

【注释】

①文:文献典籍。 ②莫:大概,或许。犹人:和别人差不多。朱熹《论语集注》:"言不能过人,而尚可以及人。" ③躬行:亲自实践,身体力行。

【解读】

孔子认为自己在文献典籍的学习上和别人差不多,这体现了他的平和与谦虚;他说自己还没有达到"躬行君子"的程度,这说明他非常重视实践和行动。在"文"和"行"的关系上,他主张"行"重于"文"。孔子作为古代杰出的教育家,既重视书本知识(包括礼、乐等文献典籍)的传授,又重视学生社会实践能力的培养,而且通过让学生跟随自己周游列国、从政、参与具体的社会活动,提高学生的实践能力。这是中国教育史上十分精彩的案例。

子曰:"如有周公之才之美,使骄且吝①,其余不足观也已②。"

《论语·泰伯篇》第11章

【译文】

孔子说:"如果有周公那样完美的才能,假使骄傲而且吝啬,其他方面就不值得一看了。"

【注释】

①使:假使,假如。吝:吝啬。 ②不足观:不值得一看。

【解读】

据《史记·鲁周公世家》记载,周公辅助周武王灭纣,建周王朝,后受封于鲁。武王死后,周成王年幼,周公入朝摄政。后武庚作乱,周公率军东征,平定叛乱。相传周代的礼制都由周公制定。周公有很高的德行,是孔子所景仰的古代圣人之一。

九、修身观

此章孔子所说的这番话，是告诫人们不要犯骄傲和吝啬的毛病，其目的是要人们重视品德人性的修养，提高自己的操守和素质，这样才能避免骄傲和吝啬，才能成为一个像周公那样有很高的德行，能够造福于民众的人。

子曰："君子泰而不骄①，小人骄而不泰。"

《论语·子路篇》第 26 章

【译文】

孔子说："君子安详舒泰而不傲慢无礼，小人傲慢无礼而不安详舒泰。"

【注释】

①泰：《易经》卦名。《易经》："泰，小往大来吉亨，天地交而万物通也。"引申为通畅，安宁。这里意思是安详舒泰。骄：高傲，傲慢。

【解读】

孔子这句话指出了君子和小人在神态上的区别。君子胸怀宽广，仁德待人，心态平和，因此神态安详舒泰；小人度量狭小，自以为是，容不下人，因此神态傲慢无礼。是学君子，还是做小人，孔子的态度，不言自明。

子击磬于卫①。有荷蒉而过孔氏之门者②，曰："有心哉，击磬乎！"既而曰："鄙哉，硁硁乎③！莫己知也，斯己而已矣④。深则厉，浅则揭⑤。"子曰："果哉⑥！末之难矣⑦。"

《论语·宪问篇》第 39 章

【译文】

孔子在卫国敲击磬。有个挑着草筐经过孔子门口的人说："这样敲磬含有深意啊！"一会儿又说："磬声硁硁，真是鄙陋！没有人知道自己，自己知道就行了。好像过河，水深就拿着衣服涉过去，水浅就撩起衣服走过去。"孔子说："说得真果断！我无法反驳他了。"

【注释】

①磬：用玉、石或金属制成的乐器，形状如矩。　②蒉（kuì）：草筐。③硁硁：拟声词。这里形容孔子击磬的声音。　④斯：就。而已：语末助词。罢了。　⑤深则厉，浅则揭：朱熹《论语集注》："以衣涉水曰厉，摄衣涉水曰揭。"语出《诗·邶风·匏有苦叶》。　⑥果：果敢，坚决。引申为果断。　⑦末：无，没有。难：拒斥，反驳。

【解读】

据《史记·孔子世家》记载，孔子周游列国时最先到卫国。后来又多次到卫国，卫灵公虽然也尊重孔子，但始终不任用孔子。一次孔子击磬，一个挑草筐的人从磬声中听出了孔子所表达的情感，于是劝他知道事不可为，就应该放弃，并以《诗经》中的诗句委婉地指出贤德的人应该因时、因地制宜，根据情况的变化而采取不同的策略。孔子觉得这个普通的人说出了自己当时进退两难的处境和心情，因此感叹自己无法反驳。

子曰："君子矜而不争①，群而不党②。"

《论语·卫灵公篇》第22章

【译文】
孔子说："君子庄重而不争执，合群而不偏私。"

【注释】
①矜：庄重。争：争执。　②群：合群。指能与人和睦相处。党：偏私。

【解读】
此章是讲君子待人处事之道。孔子认为，作为有德行操守的君子，为人庄重谨慎，遇事严于律己，不与人发生争执，不追名逐利，能与人和睦相处，不徇私情而偏袒与自己亲近的人。孔子讲述君子的待人处世之道，是希望自己的学生以君子为榜样，不断提高自己的德行操守，学会像君子那样做人。

子曰："巧言乱德①。小不忍则乱大谋。"

《论语·卫灵公篇》第27章

【译文】
孔子说："美妙伪善的言辞败坏人的道德。小事不忍耐就会败坏大事。"

【注释】
①巧言：巧伪的言辞。乱：扰乱。引申为败坏。

【解读】
此章讲处世之道，也是说人的自身修养。首先，要善于听取不同意见。美妙动听的话往往隐藏着伪善的动机，要特别留意和分析、鉴别。轻信这样的"巧言"，轻则听不进不同意见，重则铸成大错。其次，要善于控制情绪。遇事不能感情用事，要宽容、忍耐，为了大局宁可牺牲局部的、暂时的利益。同时，做事应该在情况清楚时当机立断，如果在小事上纠缠，优柔寡断，就会影响、败坏大事。"小不忍则乱大谋"这句话，为后来的许多事例所证明，已成为中国人经典的格言和处世的策略。

孔子曰："君子有三戒①：少之时，血气未定②，戒之在色；及其壮也，血气方刚③，戒之在斗；及其老也，血气既衰，戒之在得④。"

《论语·季氏篇》第 7 章

【译文】

孔子说:"君子有三件事需要警戒:年轻时,血气尚未稳定,要警戒女色;到了壮年,血气正旺盛,要警戒争强好斗;到了老年,血气已衰弱,要警戒贪图名利。"

【注释】

①戒:警戒。 ②血气:历来有多种解释。一说"精力",但《辞海》"血气"条的这一解释仅举"血气方刚"为例,"血气未定"解作"精力尚未稳定",似有不妥;一说"血脉和气血";一说"随着身体而有的本能和欲望";一说"人的自然属性"。我认为,人的"血气"包括生理和心理两个方面,既有自然属性,又受环境和教育等因素的影响,在人生的不同阶段有不同的表现。年轻时身体处于发育阶段,世界观尚未形成,缺乏正确判断和处理问题的能力;壮年时身强力壮,精力旺盛,遇事容易冲动;老年人身体衰弱,精力减退,如果追名逐利,结果势必事与愿违。为此,拙著采用杨伯峻的做法:不做解释,译文中保留"血气"一词。 ③刚:强劲。这里指旺盛。 ④得:贪得。指贪图名利。

【解读】

朱熹《论语集注》说:"血气,形之所待以生者,血阴而气阳也。得,贪得也。随时知戒,以理胜之,则不为血气所使也。范氏曰:'圣人同于人者血气也,异于人者志气也。血气有时而衰,志气则无时而衰也。少未定,壮而刚,老而衰者,血气也。戒于色,戒于斗,戒于得者,志气也。君子养其志气,故不为血气所动,是以年弥高而德弥邵也。'"朱熹的理解和范氏的分析很深刻,可供研读此章参考。

孔子针对一个人在青年、壮年、老年三个阶段不同的生理、心理特点,分别提出了需要警戒的事情,合情合理,见解深刻。可见,人的道德修养,在不同的年龄阶段有不同的侧重点,要根据所处年龄段的特点和容易出现的问题,提出有针对性的要求,从而规范自己的行为,避免人为的错误。孔子的这一忠告,对于生活在 21 世纪的人仍有普遍的意义。

孔子曰:"君子有三畏:畏天命①,畏大人②,畏圣人之言③。小人不知天命而不畏也,狎大人④,侮圣人之言⑤。"

《论语·季氏篇》第 8 章

【译文】

孔子说:"君子有三种敬畏:敬畏天命,敬畏德行高尚的人,敬畏圣人说的话。小人不懂得天命而不敬畏，轻侮德行高尚的人，亵渎圣人的言论。"

【注释】

①天命：一说指天神的意旨，一说指先祖的遗训。孔子对天命和鬼神"敬而远之"，仅持敬畏的态度，故从前说。　②大人：一说指德行高尚的人，一说指大官、贵族。从前说。　③圣人：人格品德最高的人。　④狎：轻侮，轻视。　⑤侮：轻慢，亵渎。

【解读】

一个人有所敬畏，才有追求的目标；有敬畏之心，才会约束自己的行为。孔子认为，君子作为有德行的人，应该有三种敬畏，才能不辱没君子的言行。首先，天命不可知，人无法抗拒；其次，德行高尚的人严于律己、仁德待人，是学习的楷模；再次，圣人说的话充满生活的智慧，可作为座右铭。这三种敬畏，体现了君子对客观世界的探索，对人性道德的修养，以及对文明成果的继承。小人对天命一无所知，因而不知敬畏；轻视道德高尚的人，因而自以为是；亵渎圣人说的话，因而胡作非为。可见，由于小人没有上述三种敬畏，导致了道德的沦丧，以致不能约束自己的行为。

樊迟从游于舞雩之下①，曰："敢问崇德，修慝②，辨惑。"子曰："善哉问！先事后得③，非崇德与？攻其恶④，无攻人之恶，非修慝与？一朝之忿⑤，忘其身，以及其亲，非惑与？"

《论语·颜渊篇》第21章

【译文】

樊迟跟随孔子在雩台下面闲游，说："请问怎样提高德行，消除怨恨，辨识疑惑？"孔子说："问得好！先付出后获得，不就是提高德行吗？指责自己的过错，不指责别人的过错，不就能消除怨恨吗？一时愤怒而忘记了自己，甚至忘记了亲人，不就是疑惑吗？"

【注释】

①舞雩：祭台。古代求雨祭天，设坛命女巫为舞，故谓舞雩。　②修：整治，消除。慝（tè）：邪恶。这里指恶念、怨恨。　③事：做，从事。指行动、付出。　④攻：指责过失。恶：罪过。这里指过失、错误。攻其恶：意思是指责自己的过错。　⑤忿：也作"愤"，生气、愤怒。

【解读】

樊迟向孔子请教怎样"崇德、修慝、辨惑"，孔子针对樊迟为人"粗鄙近利"（朱熹《论语集注》语）的缺陷一一作了回答。孔子认为，一个人应该加强道德修养，先付出劳动后收获成果，责己之过而不责人之过，不因生气发怒而忘记后果。可见，奉献精神、严于律己、处事冷静，是人性修养的重要内容，做到了这三条，就能达到"崇德、修慝、辨惑"的境界。

子曰："道听而涂说①，德之弃也②。"

《论语·阳货篇》第14章

【译文】

孔子说："在路上听到传闻，途中很快就说出去，是背弃道德的行为。"

【注释】

①涂：通"途"，途中。意思是很快。 ②弃：丢弃，背弃。

【解读】

路上听到的传闻，是怎么来的，经过了多少人的口，真实性如何，这些都应考虑、分析。如果没弄清传闻的真相，就人云亦云，随意散布，就是不负责任的行为，其后果甚至会因传言而杀人，因此孔子说这样做是背弃道德的行为。

附录：孔子弟子的言论

子禽问于子贡曰："夫子至于是邦也①，必闻其政，求之与？抑与之与②？"子贡曰："夫子温、良、恭、俭、让以得之③。夫子之求之也，其诸异乎人之求之与④？"

《论语·学而篇》第10章

【译文】

子禽询问子贡说："先生每到一个国家，一定会听到这个国家的政事，是他主动去打听的呢？还是别人告诉他的呢？"子贡回答说："先生是凭借温和、善良、恭敬、节俭、谦让而得知的。他获得的方式，恐怕与别人获得的方式不同吧！"

【注释】

①夫子：古代对做过大夫的人的敬称，孔子曾做鲁国司寇，其学生称他为夫子。后以夫子代指老师。 ②抑：或，还是。表示选择。 ③温：温和。恭：恭敬。让：谦让。 ④其者：大概，恐怕。表示揣度的语气词。

【解读】

此章通过子贡对子禽的回答，既赞扬了孔子高尚的德行，又指出了孔子闻政采取的是主动的方式，反映了儒家主张"入世"、参与政治的思想。尽管孔子未能获得国君的重用，他的政治主张未能在当时得到倡导和弘扬，但他关心国事、关注民生的精神，却是他留给后世子孙的重要精神遗产。

曾子有疾,召门弟子曰:"启予足①!启予手!《诗》云:'战战兢兢②,如临深渊,如履薄冰③。'而今而后,吾知免夫!小子!"

《论语·泰伯篇》第3章

【译文】

曾子患了病,把他的学生召集起来,说:"拉开被子看一下我的脚,再拉开被子看一下我的手。《诗经》上说:'谨慎小心,好像面临着深渊,好像行走于薄冰。'从今以后,我知道可以免于这种谨慎小心的情况了!弟子们!"

【注释】

①启:开。这里指拉开被子。"启"后疑省了"视"字。 ②战战兢兢:恐惧谨慎的样子。 ③履:行走。

【解读】

《论语》的许多篇章都由曾参的弟子辑录,因此称曾参为曾子。儒家认为人的身体发肤受之父母,因此人人都应爱护自己的身体,这也是孝的一种表现。曾参在生病后,让学生看看自己的手和脚,并引用《诗经》中的诗句,说明自己平时谨慎小心地爱护身体,遵行了孝道;然后说自己生了重病,虽尽人力而难以治愈,因此可以免于谨慎小心的心境了。在污染严重、恶疾滋生的当今社会,人们更应该珍爱生命,爱护身体,以强健的体魄去迎接各种挑战,为中华民族的伟大复兴建功立业。

4. 正直真诚

子曰:"君子食无求饱①,居无求安②,敏于事而慎于言③,就有道而正焉④,可谓好学也已⑤。"

《论语·学而篇》第14章

【译文】

孔子说:"君子在饮食上不追求吃喝,在生活上不追求享受,做事勤勉,说话谨慎,接近有德行的人并端正自己的行为,可以说是好学的了。"

【注释】

①君子:这里指有德的人。求:追求。饱:饱足。指吃喝。 ②居:居住。指日常生活。安:安逸。引申为享受。 ③敏:勤勉。 ④就:接近。正:纠正。引申为端正。 ⑤也已:语气词,表示肯定。

【解读】

作为教育家的孔子,他所说的"学",既有狭义的,如"学文"、学礼、乐、射、御等;也有广义的,如此章所说的不追求物质享受,说话、做事的要求,如何端正自己的行为等。可见,一个人的学习,包括了对文化科学知识的学习和对礼仪规范、做人之道的学习,即既要致力于学问,又要学会做人。通过这两个方面的学习和修养,才能成为一个有道德、有学问的君子。

子曰:"德不孤①,必有邻②。"

《论语·里仁篇》第25章

【译文】
孔子说:"有德行的人不会孤单,一定会有人亲近。"
【注释】
①德:道德,德行。 ②邻:亲,近。
【解读】
孔子认为,道德修养是一个人立身处世的根本,它决定了一个人的品德、人格、胸襟以及待人处世的原则。试想,一个人格卑劣、利欲熏心、斤斤计较、行事以自我为中心的人,怎么会得到别人的亲近和赞赏?在当今社会,一个人要处理好同事关系、上下关系、长幼关系、邻里关系,不能靠刻意追求,不能靠小恩小惠,最根本的仍然在于道德修养。有了高尚的人格、品德,又善于在生活实践中领悟待人处世之道,自然会得到别人的亲近和赞赏。

子曰:"人之生也直①,罔之生也幸而免②。"

《论语·雍也篇》第19章

【译文】
孔子说:"人的生存由于正直真诚。不正直的人能生存,是因为幸运而免于祸患。"
【注释】
①也:语气词。表示停顿。直:正直,真诚。 ②罔:通"枉",不正直,欺罔。
【解读】
孔子认为,正直真诚是一个人立身处世之本,是人性修养的根基。为人正直,待人以诚,是中华民族的传统美德。为人虚伪,欺世盗名,虽然能得逞于一时,但最终会落得可悲的下场。正如孔子所说,不正直的人能生存,是因为一时幸运而免于祸患,不可能时时幸运而得逞于一世。孔子的告诫,警醒世人重视人性修养,在人际交往中正直善良,做到待人以诚,为人真诚。

子曰:"狂而不直①,侗而不愿②,悾悾而不信③,吾不知之矣。"

《论语·泰伯篇》第16章

【译文】

孔子说:"狂妄而不直率,无知而不老实,表面诚恳却不讲信用,我不知道该怎样看他。"

【注释】

①直:直率,正直。 ②侗:幼稚无知。愿:朴实,善良。不愿:不善,不老实。 ③悾悾:诚恳的样子。

【解读】

孔子所列举的三种不良品质,在古今许多人身上都有所体现。在列举这些不良品质之后,孔子以"吾不知之矣"这样简短的一句话,表明了自己鲜明的态度。孔子认为,作为君子,应该具备直率、朴实、守信用的品德,决不能与狂妄无知、不讲诚信的人为伍。

蘧伯玉使人于孔子①。孔子与之坐而问焉,曰:"夫子何为?"对曰:"夫子欲寡其过而未能也②。"使者出。子曰:"使乎③!使乎!"

《论语·宪问篇》第 25 章

【译文】

蘧伯玉派人看望孔子。孔子给他座位,然后问道:"他老先生在做什么?"使者回答说:"老先生想减少自己的过错,但还做不到。"使者出去后,孔子说:"好使者!好使者!"

【注释】

①蘧伯玉:名瑗,卫国大夫,善于自省,"年五十而知四十九年之非"(《淮南子·原道》)。孔子到卫国时曾住在他家。 ②寡:减少。 ③使:使者。

【解读】

蘧伯玉是卫国大夫蘧庄子(无咎)的儿子,是卫国的贤人。他严于律己,善于自省。他派去看望孔子的使者回答孔子的话,既表达了对蘧伯玉的敬重,又体现了蘧伯玉严于自律的处世态度。因此,孔子连声称赞他是好使者。李泽厚先生说:"这倒是孔子的真精神。'温良恭俭让',从不以为自己是天才,是超人,掌握了绝对真理。个人如是,民族国家亦如是。中华文化之所以源远流长,正是因为保持了这种不断努力、从不懈怠、永不自满的精神。"(《论语今读》)

公山弗扰以费畔①,召,子欲往。子路不说,曰:"末之也已②,何必公山氏之之也③。"子曰:"夫召我者,而岂徒哉④?如有用我者，吾其为东周乎⑤？"

《论语·阳货篇》第 5 章

【译文】
公山弗扰凭借费邑发动叛乱，派人召请孔子，孔子打算去。子路不高兴，说："没有地方去就算了，何必去公山弗扰那里呢？"孔子说："召请我去的人，难道是白白地让我去吗？如果有任用我的人，难道我就不能在鲁国复兴周代的礼制吗？"

【注释】
①公山弗扰：即公山不狃，名弗扰，季氏的家臣。《史记·孔子世家》记载："定公八年，公山不狃不得意于季氏，因阳虎为乱，欲废三桓之适，更立其庶孽阳虎素所善者，遂执季桓子。桓子诈之，得脱。定公九年，阳虎不胜，奔于齐。是时孔子年五十。公山不狃以费畔季氏，使人召孔子。孔子……欲往。子路不说，止孔子……然亦卒不行。其后定公以孔子为中都宰，一年，四方皆则之。由中都宰为司空，由司空为大司寇。"可见，此章所说的公山弗扰就是《史记》中所说的公山不狃，而公山不狃召请孔子的时间在孔子任中都宰之前。此章记述的事《左传》未记载，《左传·定公十二年》记载了公山不狃叛乱的事，他不但没有召请孔子，反而被任大司寇的孔子派人打败。有人据此认为此章文字不可信。公山不狃叛乱后召请孔子是在孔子任中都宰之前，《史记》的这一记述比《左传》的记述可信度大，可从。畔：通"叛"，叛乱。 ②末：无，没有。之：往，去。 ③何必公山氏之之也："何必之公山氏"的倒装句，前一个"之"字是结构助词，后一个"之"字是动词。 ④徒：徒然，白白地。 ⑤为东周：意思是在鲁国复兴周代的礼制。东：东方。指鲁国。

【解读】
季氏在鲁国长期专权，季氏家臣公山弗扰与阳虎扣留了季桓子，后来公山弗扰又在季氏封邑费邑叛乱，其矛头所指显然是季氏。孔子打算去公山弗扰那里，子路却不理解，于是孔子说了"如有用我者，吾其为东周乎"这句话。这说明，他去公山弗扰那里，目的是在鲁国复兴周代的礼制，而不是去帮助公山弗扰。虽然最终他没有去，但他的这个想法反映了他为推行礼制、实现自己的政治主张的急切心情。

子曰："君子坦荡荡①，小人长戚戚②。"

《论语·述而篇》第 37 章

【译文】
孔子说："君子胸怀宽广，小人经常烦恼。"

【注释】

①坦荡：坦率，不做作。坦荡荡：形容胸怀宽广。　②戚戚：忧愁，烦恼。

【解读】

"坦荡荡"和"长戚戚"是两种心态，也是两种截然不同的人生境界。君子关注天下苍生，追求崇高的理想，能排除杂念和各种干扰，始终保持积极向上的乐观心态，因此能够胸怀宽广；小人关心个人私利，追求个人名利，事事以个人为中心，凡事斤斤计较，只愿得，不愿舍，因此患得患失，终日烦恼。

中国历史上涌现出了众多襟怀坦荡的君子，如孔子、屈原、司马迁、诸葛亮、李白、杜甫、苏轼、张居正、鲁迅、巴金等等，他们以自己博大的胸怀和杰出的成就，成为中华民族的脊梁，是生活在21世纪的人们仍然必须学习的楷模。

色斯举矣①，翔而后集②。曰："山梁雌雉③，时哉④！时哉！"子路共之⑤，三嗅而作⑥。

《论语·乡党篇》第27章

【译文】

野鸡见到人的神色不善，就飞起来，在空中盘旋飞翔了一阵，然后又落在一处。看到这种情景，孔子感慨地说："这些山梁上的雌野鸡，真是懂得时宜啊！真是懂得时宜啊！"子路听了，就喂给它们一些食物，它们闻了几下，又飞走了。

【注释】

①色：容色，神色。斯：《中华大字典》："斯，败也。见《广雅释诂》。"败：毁坏，败坏。引申为不善。举：飞起。色斯举：朱熹《论语集注》："言鸟见人之颜色不善，则飞去。"　②翔：盘旋而飞。翔集：群鸟飞止于一处。　③雌雉：雌野鸡。野鸡善走，不能久飞。　④时哉：正逢其时。意思是懂得时宜。　⑤共：通"供"，指供给食物。　⑥嗅：一说当为"戛"。朱熹《论语集注》引晁氏曰："《石经》'嗅'作'戛'，谓雉鸣也。"一说当为臭（jú），指鸟张两翅。朱熹《论语集注》引刘聘君曰："嗅，当作臭。张两翅也。见《尔雅》。"一说用鼻子辨别气味。因前两说均改字立说，又查无依据，故从第三说。雌雉"三嗅而作"，隐含着君子进退应谨慎的含义。

【解读】

对此章的解释历来很多。杨伯峻先生认为"自古以来就没有满意的解释，很多人疑它有脱误"。李泽厚先生也赞同这一观点。

比较诸家观点，联系此章内容，可作如下解读：

野鸡见到陌生人神色不善，就飞起来，盘旋飞翔中发现人并无恶意，于是又落在一处。看到这种情景，孔子十分感慨，说这些雌野鸡真是懂得时宜。子路喂给野鸡食物，既表示对老师观点的赞同，又对雌野鸡的进退得宜表示肯定。

孔子为推行自己的政治主张，带领弟子周游列国。不但未能得到当政者的重用，政治主张也不为当政者采纳，他深感自己生不逢时，没有实现政治主张的机遇。此章以野鸡飞起又停下喻指贤才经过一番周折，终于找到了施展才干的机会。可见，孔子找不到实现人生理想的机会，心情是苦闷的，他所说的雌野鸡懂得时宜，是有感而发。从孔子晚年取得的成就来看，他虽然感慨生不逢时，但并未意志消沉，而是以另一种方式，通过另一种途径，取得了令世人瞩目的成就，并成为中华民族仁德、智慧的象征。

附录：孔子弟子的言论

有子曰："信近于义①，言可复也②；恭近于礼，远耻辱也③；因不失其亲④，亦可宗也⑤。"

《论语·学而篇》第 13 章

【译文】

有子说："恪守信用符合义，说的话就能实行；谦恭待人符合礼，才能避免耻辱；遵循礼义而不背离自己的亲人，礼义就可以尊崇并得到传扬。"

【注释】

①近：接近。引申为符合。　②复：兑现承诺。指实行。朱熹《论语集注》："复，践言也。"　③远：使……远离。引申为避免。　④因：因袭。意思是遵循。"因"后省略了"之"。失：放弃。引申为背离。　⑤宗：尊崇。《诗·大雅·云汉》："上下奠瘗，靡神不宗。"

【解读】

"义"和"礼"都是孔子提出并倡导的行为准则和规范。有子的这句话，明确地揭示了达到"义"和"礼"的具体途径，即"恪守信用"和"谦恭待人"。有子还认为，一个人能做到遵循礼义，就不会背离亲人，不会背离所交往的人。这样，礼义就会得到人们的尊崇，并使之代代相传。"信近于义""恭近于礼"是对自身道德修养的要求，"因不失其亲"是遵循礼义的人对亲人的态度，以及产生的社会效果。

5. 节俭励行

子曰："奢则不孙①，俭则固②。与其不孙也，宁固。"

《论语·述而篇》第 36 章

【译文】

孔子说:"生活奢侈就傲慢,生活节俭就质朴。与其傲慢,宁可质朴。"

【注释】

①孙:同"逊",谦逊。不孙:不谦逊。意思是傲慢。 ②固:鄙陋。这里意思是质朴。

【解读】

孔子认为,奢侈就会傲慢,人一傲慢必然失"礼";节俭就会质朴,过分质朴就显得寒酸而不庄重。虽然两者都不合乎礼义,但为人傲慢的危害更大,所以孔子宁愿质朴,也不愿意傲慢。

子贡问君子。子曰:"先行其言而后从之①。"

《论语·为政篇》第 13 章

【译文】

子贡问什么是君子。孔子说:"君子应该先履行要说的话,然后再说出来。"

【注释】

①行:履行,实行。从:跟随。之:指要说的话。从之:这里指行而后言。

【解读】

孔子认为,君子与小人有本质的区别。他提出的"行而后言"的观点,是区别君子与小人的标准之一。今天,言行一致、诚实守信作为做人之本,已成为人们进行道德修养的重要内容。古往今来,凡是言而不行、言而无信的人,都会受到世人的谴责和鄙视。

子曰:"古者言之不出①,耻躬之不逮也②。"

《论语·里仁篇》第 22 章

【译文】

孔子说:"古代的人不轻易说话,是因为他以自己做不到为耻辱。"

【注释】

①古者:古代的人。言之不出:话不轻易说出。 ②耻:这里作动词。以……为耻。躬:亲自。引申为自身。逮:及,追上。不逮:追不上,赶不上。意思是做不到。

【解读】

谨言慎行、言行一致,这是孔子倡导和推崇的美德。对个人而言,做到言出必行、言行一致,这是个体私德。对社会而言,无论是国家政策,还是商业广告,做到言而必行、名副其实,这是社会公德。当今社会,言而无信、言行不一的人,大有人在;有令不行、朝令夕改的情况,屡见不鲜。在进入全球一体化的市场经济社会,倡导和弘扬言行一致、言而有信的美德,已成为精神文明建设的一项重要内容。

子曰:"君子欲讷于言而敏于行①。"

《论语·里仁篇》第24章

【译文】
孔子说:"君子要做到说话谨慎,行动敏捷。"

【注释】
①欲:要。讷(nè):语言迟钝。意思是说话谨慎。敏:敏捷。

【解读】
言出必行、言行一致,这是孔子对贤德的人的要求,目的在于塑造健康、完善的人性。说话谨慎,体现的是信守承诺,因此在说话或作出决定之前,一定要认真分析,深思熟虑,从而形成正确的意见或决定。一旦说出自己的意见或决定,如果没有重大或特殊的原因,就必须付诸实施。否则,就是言而无信,言行不一。对待工作或所做的事情,应该尽心竭力,敏捷务实,而不能拖拉应付,敷衍了事。让我们牢记"讷于言,敏于行"这句流传千古的名言,做一个言而有信、勤勉务实的人。

子谓颜渊,曰:"惜乎①!吾见其进也,未见其止也。"

《论语·子罕篇》第21章

【译文】
孔子谈到颜回,说:"真可惜啊!我只见他不断进步,从没见他停步不前。"

【注释】
①惜:可惜。朱熹《论语集注》:"颜子既死而孔子惜之,言其方进而未已也。"

【解读】
颜回是孔子的得意门生,他死时年仅四十一岁,孔子非常悲痛。他对颜回的上述评价,称赞了颜回勤学奋进、不断进取的精神。颜回的中年去世,也给予后人深刻的启示。为学者既要专心致志,锲而不舍,又要珍爱身体,加强锻炼,做到德、智、体、美全面发展,才能在学成之后报效国家和民族,贡献自己的聪明才智。如果像颜回那样,即使学有所成,也没能发挥应有的作用。

颜渊死，颜路请子之车以为之椁①。子曰："才不才，亦各言其子也。鲤也死②，有棺而无椁。吾不徒行以为之椁。以吾从大夫之后③，不可徒行也。"

《论语·先进篇》第8章

【译文】

颜回死了，他的父亲颜路要求孔子卖掉自己的车子来为颜回置办外棺。孔子说："不管有没有才能，也都是自己的儿子。我的儿子孔鲤死了，也只有内棺，没有外棺。我不能步行来为他置办外棺。因为我曾经担任过大夫，依礼是不可以步行的。"

【注释】

①颜路：名无繇，字路。颜回的父亲，也是孔子的学生。椁（guǒ）：外棺。古代棺木有两层，外层叫椁，内层叫棺。　②鲤：孔鲤（前532—前483），字伯鱼，孔子的儿子。据《公羊传》记载，颜回死于鲁哀公十四年（前481），享年41岁。一说颜回生于公元前521年，死于公元前490年。不从。③从大夫之后：跟随在大夫行列之后。孔子曾担任鲁国大夫，说这番话时早已离职，所以谦虚地说是"从大夫之后"。

【解读】

颜回是孔子的得意门生，年仅四十一岁就去世了，孔子十分悲伤。颜路因家贫而请求孔子卖车置办外棺，孔子首先用为自己的儿子孔鲤办丧事没有置办外棺，让颜路设身处地考虑是否一定要为颜回置办外棺，然后从礼制角度说明自己不能卖车步行的原因。孔子对颜路的回答，既设身处地，又委婉坦诚，同时也表达了对颜回之死的伤感和对颜路的同情。从孔子关于可以只置办内棺的主张可以看到，他提倡量力而行，根据家庭财力办理丧事，这样既不违反礼制，又合乎人情。

子曰："君子耻其言而过其行①。"

《论语·宪问篇》第27章

【译文】

孔子说："君子以所说的超过所做的为羞耻。"

【注释】

①耻：羞耻。而：用法同助词"之"，相当于"的"。皇侃《论语义疏》此字作"之"。

【解读】

孔子历来主张言而有信，说了就要做，要信守承诺，做到言行一致。他还要求少说多做，以实际行动影响和感染人、鼓动人。如果多说少做，甚至只说不做，就会失信于人，这不是君子的行为。现实生活中，不乏好说大话、漂亮话，口若悬河、夸夸其谈的人，只要观察他们的行为，用实践来检验他们所说的话，就会真相大白，而不至于上当受骗。不少人受网友骗，许多人遭到电信诈骗，都因为过于相信别人说的话，而不考虑他的行为和目的，结果深受其害。

孔子曰："见善如不及①，见不善如探汤②。吾见其人矣，吾闻其语矣。隐居以求其志③，行义以达其道④。吾闻其语矣，未见其人也。"

《论语·季氏篇》第 11 章

【译文】

孔子说："看见善良就努力追求，如同赶不上；看见邪恶就戒惧小心，如同手伸进开水。我见过这样的人，我听过这样的话。隐居避世以保持他的志向，遵行道义来实现他的理想。我听过这样的话，没有见过这样的人。"

【注释】

①不及：赶不上。 ②汤：沸水。探汤：探沸水会把手烫伤。比喻戒惧。 ③求：寻求。这里意思是保持。 ④达：达成。引申为实现。道：这里指理想。

【解读】

孔子的人生阅历非常丰富，他既在朝廷做过官，又带领弟子周游过列国，见过无数的人，经历过许多的事。他认为，一个人追求善良、崇尚仁德，并能戒惧邪恶、独善其身，这还可以做到；但要做到为了保持志向而避世隐居，遇到施展抱负的时机仍遵行道义就很难。前一种人的人生境界是"独善其身"，后一种人的人生境界是"兼济天下"。要达到后一种人的人生境界，即既有高尚的德行，又能在待人处世、做官从政中坚守道义，对一个人的要求很高，因此孔子感叹没有见过这样的人。

附录：孔子弟子的言论

子游曰："丧致乎哀而止①。"

《论语·子张篇》第 14 章

【译文】

子游说："办理丧事，表达了悲哀的心情就行了。"

【注释】

①致：表达。止：停止。意思是行了、够了。

【解读】

子游的这句话，可以从两个方面理解：一方面，为亲人办理丧事，既要严肃认真，表达内心悲伤的心情，又不能过分悲伤，这对身体不利，也不符合办丧事的初衷；另一方面，操办丧事要置办礼器、祭品，既要根据财力操办，又不能铺张浪费，只注重丧事的形式而不管办丧事的目的、作用。可能当时社会上出现了铺张浪费、大办丧事的风气，子游针对这种情况说了上述这句话。

6. 修养方法

子曰："君子不重则不威①，学则不固②。主忠信③。无友不如己者④。过则勿惮改⑤。"

《论语·学而篇》第 8 章

【译文】

孔子说："君子不庄重就没有威严，学习了仁德、礼制就不会鄙陋。做人应以忠实诚信为主。不要和不如自己的人交往。有了过错不要怕改正。"

【注释】

①重：庄重，稳重。威：威严。　②固：鄙陋。　③主：为主。忠信：忠实，诚信。　④无：通"毋"，不要。友：这里作动词。指交往。　⑤过：过错。惮（dàn）：害怕。

【解读】

为人庄重、严谨，才会得到别人的尊敬；人有了德行，才不会鄙陋。反之，如果为人轻薄随便，就会失去威信；不学习仁德、礼制，就会鄙陋低俗。在交友上，则应交益友，交在某些方面比自己强的朋友。为人忠实诚信，有过不怕改正，这是做人的基本原则。在此章，孔子对君子如何完善自己的德行，如何进行品德修养，提出了一系列要求。孔子在两千多年前说的这些话，对今人来说，仍然是指导品德修养的箴言。

子曰："苟志于仁矣①，无恶也②。"

《论语·里仁篇》第 4 章

【译文】

孔子说："如果立志于行仁，就不会有恶行。"

【注释】

①苟：连词。假若，如果。志：立志。　②恶：指恶行。

224

【解读】

人的行为包括待人和处世。待人应爱憎分明,处世应明辨是非,其根源都在"仁"。因此,孔子认为一个人立志行仁,才不会有恶行。注重品德、情操的修养,以仁德之心待人和处世,就能成为一个仁爱善良的人。

子曰:"君子去仁,恶乎成名①?君子无终食之间违仁②,造次必于是③,颠沛必于是④。"

《论语·里仁篇》第5章

【译文】

孔子说:"君子抛弃了仁德,怎么成就名节呢?君子任何时候都不能违背仁,仓促紧迫时一定这样,颠沛流离时也必须这样。"

【注释】

①恶(wū):疑问代词。怎么,如何。 ②无:没有。这里意思是不会。终食之间:一顿饭的工夫,指一刻、任何时候。 ③造次:仓促,紧迫。于:介词。为,是,这样。 ④颠沛:倾覆,仆倒。这里形容人事困顿、社会动乱。

【解读】

孔子认为,君子在任何情况下都不能违背仁。他所倡导的仁是贯穿于人的一生、主导着人的一切行为的观念和品德。当今社会,为了追求富有和显贵而不择手段,为了摆脱贫穷和微贱而丧失人格,这样的事比比皆是。可见,在充满竞争、物欲横流的社会,加强品德修养对一个人是多么重要。

子曰:"见贤思齐焉①,见不贤而内自省也②。"

《论语·里仁篇》第17章

【译文】

孔子说:"看见贤德的人,应该想怎样向他看齐;看见不贤的人,就从内心自我反省。"

【注释】

①齐:相等,相同。意思是看齐。 ②内:内心。省(xǐng):检查自己,反省。

【解读】

这是孔子谈品德和人性修养的言论,体现了他要求君子注重"进德修业""三省吾身"的思想,以及谦虚好学的精神。俗话说,人上一百,形形色色。其中,有德才兼备的人,有品行卑劣的人,有平常朴实的人,也有庸俗无聊的人。按照孔子的观点,对贤德的人,对今人所说的好人,应该学习,应该看齐；对不贤的人，对今人所说的不好的人，应该从自身进行反省，看是否有同样的问题或行为。这种坦荡的胸怀、谦虚的态度，难道不值得我们学习吗？

子曰："君子博学于文①，约之以礼②，亦可以弗畔矣夫③！"

《论语·雍也篇》第27章

【译文】

孔子说："君子广泛地学习文献典籍，再用礼仪来统率制约，也就可以不背离大道了。"

【注释】

①文：文献典籍。 ②约：制约。引申为统率。 ③弗：不。畔：通"叛"，背离。

【解读】

孔子认为，作为君子，要做到不背离大道，首先要广泛地学习，用文献典籍的知识来充实自己，提升自己。在此基础上，还要用礼仪来统率制约自己，使自己的行为举止合乎礼仪规范。在孔子看来，学习文献典籍是君子不背离大道的前提条件，遵循礼仪规范是君子不背离大道的关键因素。因此，孔子把"礼"作为教育的中心内容，放在六艺之首。

子曰："法语之言①，能无从乎？改之为贵。巽与之言②，能无说乎？绎之为贵③。说而不绎，从而不改，吾末如之何也已矣。"

《论语·子罕篇》第24章

【译文】

孔子说："符合礼法规范的话，能不听从吗？纠正错误才可贵。听到谦逊委婉的话，能不高兴吗？分析推究才可贵。高兴而不推究，听从而不纠正，我就不知道拿他怎么办了。"

【注释】

①法语：合于礼法的话。 ②巽（xùn）：卑顺，谦让。巽与之言：谦逊委婉的言辞。 ③绎（yì）：寻求，推究。

【解读】

现实生活中，有的人做了错事，听到严肃的批评，得到耐心的帮助，只是口头上赞同，表面上听从，却没有改正错误的行动；有的人喜欢听恭维话，听迎合自己的话，却不分析、深究这种话是否正确，说这种话的人的动机。孔子认为，一个人有了错误"改之为贵"，关键在于行动；听到谦恭的话"绎之为贵"，要做认真的分析。可见，只是听从而没有纠正错误的行动，只愿听恭维逢迎的话而不加分析推究，都是孔子所批评的没有仁德的不明智的行为。

九、修身观

子曰:"躬自厚而薄责于人①,则远怨矣。"

《论语·卫灵公篇》第 15 章

【译文】
孔子说:"要求自己严格,却很少责备别人,就会远离怨恨了。"

【注释】
①躬自厚:应为"躬自厚责",因后文有"责"字而省略"责"。躬:亲自。厚:重,大。引申为严格。躬自厚责:要求自己严格。薄责:少责备。

【解读】
这是孔子提出的处世原则。与人共事或相处,如果工作出现了失误,首先从自身找原因,而不能把责任全部推给别人;如果产生了意见分歧,首先检讨自己的意见是否正确,而不能轻易否定对方的意见。孔子认为,做到了严以律己,宽以待人,就能远离怨恨。现实生活中,能够遵行这个处世原则的人,不但能处理好与上级、同事以及相交往的人的关系,而且能营造一种融洽和谐的氛围,有利于问题的解决和工作的推行。

子贡问曰:"有一言而可以终身行之者乎①?"子曰:"其恕乎!己所不欲②,勿施于人③。"

《论语·卫灵公篇》第 24 章

【译文】
子贡问道:"有一句可以终身奉行的话吗?"孔子说:"大概是'恕'吧!自己所不想要的,不要给予别人。"

【注释】
①行:奉行,遵循。 ②不欲:不想。指不想要的东西。 ③施:给予。

【解读】
在《里仁篇》第 15 章,曾参以"忠恕"概括孔子一以贯之的思想。"忠"和"恕"两个字,概括了孔子对君子的基本要求。"忠"的实质是严以律己,"恕"的实质是宽以待人。在此章,孔子从"恕"的角度提出了君子待人处事的原则,并明确告诉子贡可以终身奉行的话就是"恕",具体说就是"己所不欲,勿施于人"。

子曰:"过而不改,是谓过矣。"

《论语·卫灵公篇》第 30 章

【译文】
孔子说:"有了过错却不改正,这就真是过错了。"

【解读】

现实生活中，人难免犯错误，绝对不犯错误的人是没有的。孔子能够正视这个问题，认为犯错误不要紧，重要的是对待错误的态度，只有勇于承认错误，及时改正错误，才是明智的做法。否则，就会导致一错再错、无可挽回的后果。孔子的这个观点，既是对待错误的明智之举，也体现了孔子思想中的宽容精神。

附录：孔子弟子的言论

子张曰："士见危致命①，见得思义②，祭思敬，丧思哀，其可已矣。"

《论语·子张篇》第1章

【译文】

子张说："读书人看到危险能舍弃生命，看到利益就想到道义，祭祀时想到恭敬，守孝时想到悲哀，这就可以了。"

【注释】

①士：读书人，即知识分子。致命：授命，舍弃生命。 ②得：获得，得益。指利益。义：道义。指是否取之合理。

【解读】

子张对读书人在不同场合应采取的态度分别提出了要求。这四项要求，正是读书人应该具备的四种德行，也是读书人立身处世的准则。在《季氏篇》第10章，孔子提出了"君子有九思"的要求，对君子的日常行为进行了规范。子张对读书人提出的四项要求，是对孔子"君子有九思"要求的总结和进一步发挥。

子夏曰："小人之过也必文①。"

《论语·子张篇》第8章

【译文】

子夏说："小人对于过错一定要掩饰。"

【注释】

①小人：指行为不正派的人。文（wèn）：文饰，掩饰。

【解读】

由于小人品德卑劣、行为不正派，心中总有不能见人的东西，因此不能正视、承认自己的过错，总是想方设法对过错进行掩饰，以求蒙混过关。子夏以此告诫自己的学生不要做小人，而要像君子那样，心地坦然，勇于承认并改正

九、修身观

错误,这样既能得到人们的理解和原谅,也有利于自己的进步和事业的发展。如果一个人有过错不但不承认、改正,反而"文过饰非"(这个成语就是源于此章),这就不是君子所为。

子贡曰:"君子之过也,如日月之食焉①:过也,人皆见之;更也②,人皆仰之③。"

《论语·子张篇》第21章

【译文】

子贡说:"君子的过错,就像日食和月食:犯错误时,人人都能看见;改正错误时,人人都会敬仰。"

【注释】

①日月之食:指日食和月食。 ②更:改正。 ③仰:敬慕、敬仰。

【解读】

子贡以日食和月食为喻,说明君子犯错误不要紧,关键在勇于改正错误。人非圣贤,考虑问题难免有疏忽,处理问题难免有不当,交往朋友难免有不妥。出现这些问题,首先要正视、承认,然后要认真分析,找出原因,并认真改正。能够这样做,才是君子所为,才能得到别人的理解和敬佩。

十、世风观

孔子所生活的春秋时代，处于封建制逐步取代奴隶制的社会转型时期。诸侯争霸，社会动荡，大臣专权，世风日下，是当时社会的主要特征。不良社会风气对朝廷君臣，乃至对社会民众的影响，孔子深有感触。他官至鲁国司寇（掌管司法的官员）却辞官与弟子周游列国，大力宣传自己的政治主张；他不为列国君主所用，却"知其不可而为之"，不与世俗同流合污。孔子十分重视世风对官风、人心的影响，也深知人的主观努力能引导世风的改变。无论是周游列国，宣传自己的政治主张，还是办学兴教，传播仁学，传授六艺，都是孔子力图以自己的言传身教匡正世风的体现。

1. 世风与人心

子曰："人之过也①，各于其党②。观过，斯知仁矣③。"

《论语·里仁篇》第7章

【译文】

孔子说："人们的错误，各属于一定的类别。观察一个人的错误，就知道这一类人是否仁德了。"

【注释】

①过：过失，错误。　②党：等类，类别。　③斯：连词。则，就。

【解读】

物以类聚，人以群分。社会上的人，或因志趣相投而成为朋友，或因利害相关而结为同伙。总之，从古至今，人是分为不同类型的。因此，孔子认为对人的错误也不能一概而论，仁德的人犯错误和邪恶的人犯错误，有着根本的不同。孔子通过观察一个人的错误，来判断一类人是否仁德，是从本质上考察人，是通过"一个人"了解"一类人"。这种由点到面的观察人和事物的方法，值得借鉴。

子贡曰："我不欲人之加诸我也①，吾亦欲无加诸人。"子曰：

"赐也,非尔所及也②。"

《论语·公冶长篇》第12章

【译文】

子贡说:"我不愿意别人强加什么东西给我,我也不愿强加什么给别人。"孔子说:"子贡呀,这不是你所能做到的。"

【注释】

①加:强加,施加。诸:通"之"。指代人、事或物。 ②及:达到,做到。

【解读】

"己所不欲,勿施于人"是对孔子主张的"恕"的具体解释。子贡在这里谈对"恕"的理解,涉及公平和正义原则,也就是社会公德,它要求人们都要自觉地遵守和奉行。与单纯的个人修养相比,其要求、难度也就更高。社会生活中,绝对不求于人很难办到,要求别人不强加于自己更难办到。因此,坚持"恕"道,做到"己所不欲,勿施于人",必须从私德和公德两个方面着手,一手抓个人的品德人性修养,一手抓社会公德的建设,以形成良好的社会环境和氛围。

子曰:"吾未见好德如好色者也①。"

《论语·子罕篇》第18章

【译文】

孔子说:"我没有看到喜好德行像喜好美色那样的人。"

【注释】

①德:道德,德行。色:美色。多指女色。

【解读】

据《史记·孔子世家》记载,孔子在卫国时,一次出行,"灵公与夫人(即南子)同车,宦者雍渠参乘,出,使孔子为次乘,招摇市过之"。于是孔子发出了这番感慨。孔子的感慨虽然是有感而发,有明确的针对性,但又具有普遍意义。喜好美景、美貌及一切美好的事物,是人皆有之的发自内心的情感;而喜好道德和德行,却需要教育、培养和修炼。孔子发此感慨,是希望人们重德行轻美色,加强人性道德的修养,成为一个遵循礼制、具有德行的高尚的人。

子贡问曰:"乡人皆好之①,何如?"子曰:"未可也。""乡人皆恶之②,何如?"子曰:"未可也。不如乡人之善者好之,其不善者恶之。"

《论语·子路篇》第 24 章

【译文】

子贡问道:"家乡人都喜欢他,这个人怎么样?"孔子说:"不行。"子贡说:"家乡人都厌恶他,这个人怎么样?"孔子说:"不行。不如家乡的好人喜欢他,坏人厌恶他。"

【注释】

①乡人:指家乡人、乡里人。好:喜欢。 ②恶:厌恶。

【解读】

孔子认为评价人要有客观的标准,不能随大流,不能人云亦云。好人喜欢的人,坏人必然厌恶。反之,坏人喜欢的人,好人不可能喜欢。古今中外,那些人格低下,贪财好利,为达目的不择手段的人,总是臭味相投,称兄道弟;那些品德高尚,为人谦逊,学识广博的人,往往有深厚的情谊。因此,评价一个人的是非、善恶,要依据公理、道义,决不能盲目从众。

子曰:"已矣乎①!吾未见好德如好色者也②。"

《论语·卫灵公篇》第 13 章

【译文】

孔子说:"完了啊!我没有看到喜好德行像喜好美色那样的人。"

【注释】

①已:完毕。引申为完了。 ②好色:喜好美色。

【解读】

孔子对卫灵公重色轻德的行为非常反感。因为感到在卫国推行仁德、礼制,实现自己的政治理想已无希望,不久孔子就离开了卫国。

孔子曰:"益者三乐,损者三乐。乐节礼乐①,乐道人之善②,乐多贤友,益矣;乐骄乐③,乐佚游④,乐宴乐⑤,损矣。"

《论语·季氏篇》第 5 章

【译文】

孔子说:"有益的乐趣有三种,有害的乐趣有三种。以礼乐节制行为为乐,以说别人的长处为乐,以多结交好朋友为乐,这样就有益;以骄纵放肆为乐,以游荡无度为乐,以宴饮游乐为乐,这样就有害。"

【注释】

①节:调节,节制。 ②道:说。 ③骄乐:骄纵放肆。朱熹《论语集

注》:"骄乐,则侈肆而不知节。" ④佚游:游荡没有节制。 ⑤宴乐:宴饮游乐。

【解读】

孔子十分重视人性道德的修养。培养什么兴趣,以什么为乐趣,是人性道德修养的一项内容。在三种有益的乐趣中,孔子把"以礼乐节制行为为乐"放在首位,强调了礼乐制度对于规范人的行为的重要性。在三种有害的乐趣中,居于首位的是"以骄纵放肆为乐",说明骄纵而不知节制就会违背礼制,从根本上影响人的品德和行为。孔子认为,人应该适当游玩、宴饮,但游荡无度、宴饮不节就对人有害。

2. 风俗与社会

子曰:"性相近也①,习相远也②。"

《论语·阳货篇》第2章

【译文】

孔子说:"人的本性没有大的差别,因为习俗、环境不同就有很大的差异。"

【注释】

①性:人的本性。指人先天的本来面目。相近:指没有大的差别。 ②习:指习俗、环境。

【解读】

此章语言简洁,内涵丰富,体现了孔子的辩证法思想。孔子认为,人的本性没有大的差别,但因为习俗不同,生活环境、教育环境不同,就会有很大的差异。孔子生活在两千多年前,就已经认识到了外部原因对人的重要影响,可见他具有很强的观察和分析问题的能力。他的这一观点,早已被无数的事实和实践所证明。难怪后来的通俗读物《三字经》以这句话作为开头。《论语》中孔子谈到了人性,但并没有作进一步的解释,这就为后人留下了探讨、争论的空间。关于人的本性是善还是恶的争论,就是在这个基础上展开的。

子谓子贱①,"君子哉若人②!鲁无君子者,斯焉取斯③?"

《论语·公冶长篇》第3章

【译文】

孔子评价子贱,说:"这个人是君子啊!如果鲁国没有君子,他从哪里获得这种品德呢?"

【注释】

①子贱:姓宓,名不齐,字子贱,鲁国人。孔子的学生。《史记·仲尼弟

子列传》说他比孔子小三十岁,但司马贞《索隐》据《孔子家语》认为他比孔子小四十九岁。从后说。　②若人:此人,那人。　③斯:此。斯焉取斯:前一个"斯"指子贱,后一个"斯"指君子的品德。焉:何,哪里。取:汲取。引申为获得。

【解读】

　　子贱作为孔子的学生,曾做单公(春秋时鲁国城邑)宰,相传他身不下堂,鸣琴而治,施行德政,因此孔子称赞他是君子。孔子认为,好的品德来自环境和教育,因此他在晚年致力于教育,对学生进行德、智、体、美(即礼、乐、射、御等)等多方面的教育,子贱就是孔子晚年培养出来的具有良好品德的弟子之一。由于孔子晚年在鲁国办学,继续倡导"仁德""礼制"思想,对鲁国君臣和百姓产生了广泛的影响,使鲁国涌现出了一些具有君子之风的人,这就是子贱所成长的环境。

　　子曰:"由!知德者鲜矣。"

《论语·卫灵公篇》第 4 章

【译文】

　　孔子对子路说:"仲由!现在懂德行的人太少了。"

【解读】

　　"德"即道德,是人的内在品质,是对社会成员起约束和团结作用的准则。孔子推行仁德、礼制,目的在于让人通过人性道德的修养,提高自己的德行和遵礼守法的意识,从而改变礼崩乐坏、人伦丧失的社会状况,达到社会的和谐。孔子带领弟子周游列国,备尝艰辛,政治理想却不能实现。他感叹社会道德沦丧,因此对子路说了这句话。

　　子贡欲去告朔之饩羊①。子曰:"赐也!尔爱其羊②,我爱其礼。"

《论语·八佾篇》第 17 章

【译文】

　　子贡想省去每月初一在祖庙祭祀时宰杀的羊。孔子说:"子贡呀!你爱惜的是这只羊,我爱惜的是这项礼仪。"

【注释】

　　①去:除去。这里指省去。告朔饩羊:朱熹《论语集注》:"告朔之礼,古者天子常以季冬颁来岁十二月之朔于诸侯,诸侯受而藏之祖庙。月朔,则以特羊告庙。请而行之。鲁自文公始不视朔,而有司犹供此羊,故子贡欲去之。"后以"告朔饩羊"譬喻虚应故事。朔:农历每月的初一。饩(xì):指古代祭

祀用的牲畜。　②爱：惜，爱惜。

【解读】

鲁文公虽在每月初一举行祭祀，却不亲自参加，有名而无实，所以子贡想省去祭品，不拘于这种形式。孔子却认为，只要祭祀时贡品这种形式在，就有可能恢复"礼"这个根本，即"名"存则"实"存。"我爱其礼"这简短的四个字，表明了孔子在当时礼崩乐坏的情况下恢复礼制，重建人际和谐、尊卑有序的社会秩序的愿望。

子曰："圣人①，吾不得而见之矣；得见君子者②，斯可矣。"

子曰："善人③，吾不得而见之矣；得见有恒者④，斯可矣。亡而为有⑤，虚而为盈，约而为泰⑥，难乎有恒矣。"

〈论语·述而篇〉第 26 章

【译文】

孔子说："圣人，我是看不到了；能看到君子，就可以了。"

孔子又说："善人，我是看不到了；能看到有操守的人，就可以了。没有却装作有，空虚却装作充实，穷困却装作奢华，就难以保持操守了。"

【注释】

①圣人：人格品德最高的人。　②君子：泛称有才德的人。　③善人："行善有成的人，在此相近于仁者。"（傅佩荣《解读论语》）　④有恒者：有恒心、有操守的人。　⑤亡：通"无"，没有。　⑥约：穷困。泰：奢侈。引申为奢华。

【解读】

孔子一生都教育、鼓励弟子们"行仁""向善"，圣人、君子、善人都是他心目中有道德修养的人。在孔子所处时代礼崩乐坏、世风日下的大环境下，他发出的上述感叹，说明他对当时的社会风气的无奈和对执政者们伪善虚夸、好做表面文章的劣行的蔑视。从孔子的感叹中，我们可以看到社会风气与人的素质的密切联系：人的道德素养对社会风气有一定的影响，社会风气也会影响人的道德素养，两者相互作用，相互影响。

3. 移风易俗

或曰①："雍也仁而不佞②。"子曰："焉用佞③？御人以口给④，屡憎于人⑤。不知其仁⑥，焉用佞？"

《论语·公冶长篇》第 5 章

【译文】

有人说:"冉雍这个人有仁德但没有口才。"孔子说:"要口才干什么呢?以敏捷的言辞同别人争论,常常被别人憎恶。我不知道他是否真有仁德,要口才干什么呢?"

【注释】

①或:代词。有人。 ②雍:冉雍,字仲弓,鲁国人。孔门德行科的高材生。佞(nìng):才能。这里指口才。朱熹《论语集注》:"佞,口才也。仲弓为人重厚简默,而时人以佞为贤,故美其优于德,而病其短于才也。" ③焉:何,何必。 ④御:抵御。这里意思是争论。给(jǐ):足。言辞不穷的意思。口给:言辞敏捷。指口才好。 ⑤憎:憎恶,厌恶。 ⑥不知其仁:杨伯峻先生认为:"孔子说不知,不是真的不知,只是否定的另一方式。"可从。

【解读】

孔子认为,口才好、会说话,不等于人品好、有德行。古往今来,巧舌如簧、能吹会拍的人,往往能讨得当权者的欢心,从而飞黄腾达,鱼肉百姓,但绝大多数结局都很可悲。孔子主张,一个人首先要有仁德,其次要有才能,如果口才不够好也无关紧要,只要"讷于言,敏于行",就是一个贤能的人。在现代社会,由于人际交流的频繁和重要,一些岗位对人的口才有了更高的要求,但决不能因此而忽视对人的品德、人格的要求。

子曰:"孰谓微生高直①?或乞醯焉②,乞诸其邻而与之③。"

《论语·公冶长篇》第24章

【译文】

孔子说:"谁说微生高直爽?有人向他要一点醋,他却去邻居家要来给人家。"

【注释】

①微生高:姓微生,名高,鲁国人。《汉书·古今人表》有尾生高,颜师古注:"即微生高。"《庄子·盗跖》:"尾生与女子期于梁下。女子不来,水至不去,抱梁柱而死。"因此,微生高以守信闻名于当时。 ②乞:求,要。醯(xī):醋。 ③诸:之于。其:代词。指要醋的人。

【解读】

孔子对微生高的评论,表面上看是批评微生高好面子,不直爽,实际则是提醒人们不要被虚名所累,做事要实事求是,对别人所托的事,做得到就做,做不到就直说,这才是真正的直爽。当然,如果微生高真的没有醋,而是尽自己之力到邻居家要一点来给人,这种待人以诚的态度,也值得肯定。在当今社会,遇事抱着事不关己、不闻不问的态度,没有微生高那种以诚待人之心的,

十、世风观

却大有人在。

长沮、桀溺耦而耕①，孔子过之，使子路问津焉②。长沮曰："夫执舆者为谁③？"子路曰："为孔丘。"曰："是鲁孔丘与？"曰："是也。"曰："是知津矣。"问于桀溺，桀溺曰："子为谁？"曰："为仲由。"曰："是鲁孔丘之徒与？"对曰："然。"曰："滔滔者天下皆是也④，而谁以易之？且而与其从辟人之士也，岂若从辟世之士哉？"耰而不辍⑤。子路行以告。夫子怃然曰⑥："鸟兽不可与同群，吾非斯人之徒与而谁与⑦？天下有道，丘不与易也⑧。"

《论语·微子篇》第6章

【译文】

长沮、桀溺两人在一起耕种，孔子一行经过那里，叫子路去询问渡口。长沮问："车上手执缰绳的人是谁？"子路说："是我的老师孔丘。"长沮说："是鲁国的孔丘吗？"子路说："是。"长沮说："他知道渡口在哪里。"子路去问桀溺，桀溺问："你是谁？"子路说："是仲由。"桀溺问："你是鲁国孔丘的学生吗？"子路说："是的。"桀溺说："滔滔的洪水到处泛滥，谁能够改变它呢？你与其跟随躲避坏人的人，不如跟随躲避乱世的人。"说完，不停地播种盖土。子路回来报告孔子。孔子茫然自失地说："人不能同飞鸟走兽一起生活，我们不同这些人相处，还同谁相处呢？如果天下太平，我就不会参与社会变革了。"

【注释】

①长沮、桀溺：春秋时的隐士，不是真实姓名，详情不可考。耦（ǒu）：两人并耕。泛指耕种。 ②津：渡口。 ③执舆：手执缰绳。子路下车后，孔子拉着马缰绳。 ④滔滔：水流湍急的样子。 ⑤耰（yōu）：播种后覆盖泥土。 ⑥怃然：茫然自失的样子。 ⑦徒：同类的人，同类。引申为与之相处。 ⑧易：改变。指变革。

【解读】

据《史记·孔子世家》记载，此章记述的是孔子从楚国的叶邑返回蔡国途中的事。

当长沮知道车上拉缰绳的人是孔丘时，他说孔子知道渡口在哪里，言外之意可能是孔子能坚持大道，自己知道该怎么做。桀溺对子路说的话，是希望孔子生在乱世要避世隐居，不要对当政者们抱有希望。孔子却不同意桀溺的观点，他认为，生逢乱世，就要同乱世中的人（包括当政者）相处，而不能采取躲避的消极办法，去隐居而与飞鸟走兽一起生活。正因为天下不太平，他才要奔走于各诸侯国，向当政的国君和大臣宣传自己的政治主张，参与社会的变革。孔子之所以伟大，他的许多观点之所以两千多年来一直得到世人的赞同，他所具有的"知其不可而为之"的永不言弃的精神是重要原因之一。

附录：孔子弟子的言论

曾子曰："慎终追远①，民德归厚矣②。"

《论语·学而篇》第9章

【译文】

曾子说："慎重办理丧事，追怀历代祖先，百姓的品德就会归于淳厚。"

【注释】

①终：死，生命结束。这里指为死者办丧事。追：追思，追怀。远：近之反。指前代祖先。　②归：返回。这里指归于、趋于。厚：忠厚，淳厚。

【解读】

孔子和他的弟子对丧祭之礼十分重视，强调厚丧葬，重祭祀，通过对死者的丧礼、对祖先的祭祀，进行人性的熏陶和道德的建构，并通过国君和上层的示范，达到上行下效、渗透交融，使社会风气和百姓品德归于淳厚的目的。

曾子有疾，孟敬子问之①。曾子言曰："鸟之将死，其鸣也哀；人之将死，其言也善。君子所贵乎道者三②：动容貌，斯远暴慢矣③；正颜色，斯近信矣；出辞气，斯远鄙倍矣④。笾豆之事⑤，则有司存⑥。"

《论语·泰伯篇》第4章

【译文】

曾子患了病，孟敬子去看望他。曾子对他说："鸟快死时，它的叫声悲哀；人要死时，他的话语和善。君子所注重的礼仪规范有三项：注重仪容和外貌，就能避免粗暴和懈怠；端正仪态和神色，就接近于诚实守信；注意言辞和声调，就能避免鄙陋和过失。至于祭祀的礼仪细节，自然有主管祭祀事务的官员负责。"

【注释】

①孟敬子：鲁国大夫仲孙氏，名捷。孟武伯之子，"敬"是他的谥号。②道：事理，准则。这里指礼仪。郑玄注："此道谓礼也。"　③慢：懈怠。④鄙：鄙陋。倍：通"悖"，悖理。指错误、过失。　⑤笾（biān）豆：古代祭祀所用的器具，笾用竹制，豆用木制。笾豆之事：指祭祀礼仪。　⑥有司：主管部门。这里指主管祭祀礼仪等事务的官员。

十、世风观

【解读】

　　孟敬子作为鲁国大夫,与曾参持不同的政治观点。当他去看望曾参时,曾参首先说"鸟之将死,其鸣也哀;人之将死,其言也善"这句话,目的是希望改变孟敬子的观点。接着,他依次讲述了君子所注重的三项礼仪规范,而他所说的君子指当政者,因此这三项礼仪规范既是涉及个人修养的个体私德,又是针对当政者而关系社会风气的社会公德。

　　邢昺《论语注疏》说:"人之相接,先见容貌,次观颜色,次交言语,故三者相次而言也。"可见,曾参从仪容、态度、言谈三个方面,依次介绍了君子应该注意的礼仪,阐述了自己关于修己为政的主张。今天看来,一个人是否注意礼节仪容、言谈举止,事关个人品德素质的高低,因此应该高度重视,并从日常生活中待人接物的小事上做起。

十一、贫富观

孔子言论中，有一些谈论贫富的言论。这些言论，体现了孔子的贫富观。孔子认为，富有和显贵，是人们所向往的，但必须用正当的方法去获得；贫穷和微贱，是人们所嫌恶的，但必须靠正当的途径去摆脱。这一观点，具有振聋发聩的警世作用。千百年来，涌现出了不少不择手段追求富有和显贵，不以正当方式改变贫困和低贱的人。其中，包括古今的贪官酷吏，以及追名逐利、钻营拍马之徒。

子曰："富与贵，是人之所欲也；不以其道得之①，不处也②。贫与贱，是人之所恶也；不以其道得之③，不去也。君子去仁，恶乎成名④？君子无终食之间违仁⑤，造次必于是⑥，颠沛必于是⑦。"

《论语·里仁篇》第5章

【译文】

孔子说："富有和显贵，是人们所向往的；不用正当的方法得到它，不能得到。贫穷和微贱，是人们所嫌恶的，不依正当的途径摆脱它，不能摆脱。君子抛弃了仁德，怎么成就名节呢？君子任何时候都不能违背仁，仓促紧迫时一定这样，颠沛流离时也必须这样。"

【注释】

①以：用。道：方法。这里指正当的方法。　②处：处理。这里指接受、得到。　③得之：应为"不得之"，即"去之"，意思是抛弃、摆脱。焦循《论语补疏》："古人文法有急缓。不显，显也，此缓读也。《公羊传》：'如勿与而已矣。'何休注云：'如即不如，齐人语也。'此急读也。以得为不得，犹以如为不如。"（见徐刚《孔子之道与〈论语〉其书》）　④恶（wū）：疑问代词。怎么，如何。　⑤无：没有。这里意思是不会。终食之间：一顿饭的工夫，指一刻、任何时候。　⑥造次：仓促，紧迫。于：介词。为，是，这样。　⑦颠沛：倾覆，仆倒。这里形容人事困顿、社会动乱。

十一、贫富观

【解读】

向往富有和显贵，嫌恶贫穷和微贱，是人之常情，孔子也不能例外。但孔子认为，获得富有和显贵，要用正当的方法；摆脱贫穷和微贱，要有正当的途径。否则，就是抛弃仁。针对这种情况，孔子强调，作为君子在任何情况下都不能违背仁。这说明孔子所倡导的仁是贯穿于人的一生、主导着人的一切行为的观念和品德。当今社会，为了追求富有和显贵而不择手段，为了摆脱贫穷和微贱而丧失人格，这样的事比比皆是。可见，在充满竞争、物欲横流的社会，加强品德修养对一个人是多么重要。

子曰："富而可求也，虽执鞭之士①，吾亦为之。如不可求，从吾所好。"

《论语·述而篇》第12章

【译文】

孔子说："如果富有能够求得，就是去做市场的管理者，我也会去做。如果富有不能求得，那就去做我愿意做的事。"

【注释】

①执鞭之士：据《周礼》记载，有两种人手持皮鞭，一种是古代天子或诸侯出入时，有二至八人手持皮鞭使路人让道；一种是手持皮鞭维持秩序的市场守门人。这里指市场的管理者。

【解读】

孔子认为，追求富有要有正当的途径，要符合于"道"，即不违背原则。在此基础上，从事的职业不论高低贵贱，他都乐意去做。这就是作为平常人的孔子。孔子还认为，如果富有"不可求"，那就应该去做自己愿意做的事，而决不会强求。这种超然物外、随遇而安的思想，体现了孔子作为仁者的坦然心态，这与当今社会违背良知、不择手段攫取钱财的各色人等（即人们所说的"老虎""苍蝇""蚊子"）相比，真有天壤之别！

子曰："好勇疾贫①，乱也②。人而不仁，疾之已甚③，乱也。"

《论语·泰伯篇》第10章

【译文】

孔子说："喜好勇武而怨恨贫穷，就会作乱。作为人而不仁德，对他厌恶过分，也会招致祸乱。"

【注释】

①疾：恨，怨恨。　②乱：祸乱，作乱。　③疾：恨。引申为厌恶。已甚：太甚，过分。

【解读】

此章分析了导致社会动乱的两个原因：一是老百姓过于贫困，其中"好勇疾贫"的人就会起事、作乱；二是富人不行仁德，为富不仁，但如果"疾之已甚"，也会招致祸乱。孔子认为，当政者应该体恤百姓，要有仁爱之心，并采取措施避免老百姓过于贫困，用今天的话来说，就是要缩小贫富差距，关注民生；同时，要让富有的人知礼行仁，不做为富不仁的事，以此避免激化矛盾、导致祸乱。可见，孔子一生推行"仁"和"礼"，不仅事关个人的人性道德修养，也事关社会公德，以及社会的和谐和稳定。

子曰："贫而无怨难，富而无骄易。"

《论语·宪问篇》第10章

【译文】

孔子说："贫穷而没有怨恨很困难，富贵而不骄傲却容易。"

【解读】

任何社会都存在贫、富差别。贫穷的人生活困苦，处境艰难，自然情绪不好，心生怨恨；富有的人往往自命不凡，傲慢无礼。这是人之常情，也是社会上常见的现象。孔子所提倡的，是"贫而无怨，富而无骄"。就是说，贫穷的人只有安贫乐道，勤奋努力，才能改变贫穷的处境，如果自暴自弃，怨天尤人，就不能改变命运；富贵的人要珍惜顺境，修养品德，待人以礼，如果傲慢无礼，奢侈浪费，也不能永久富贵。孔子说"贫而无怨难"，是要贫穷的人树立自信，说"富而无骄易"，是要富贵的人引起重视。只要贫穷的人树立自信、富贵的人好礼行仁，就能达到"贫而无怨，富而无骄"的理想状态。

子谓卫公子荆①，"善居室②。始有③，曰：'苟合矣④。'少有⑤，曰：'苟完矣⑥。'富有，曰：'苟美矣⑦。'"

《论语·子路篇》第8章

【译文】

孔子谈到卫国的公子荆，说："他善于处理家务。刚有一点财产，就说'差不多足够了。'稍多一点财产，就说'差不多完备了。'财产充裕时，就说'几乎完美了。'"

【注释】

①公子荆：字南楚，卫献公的儿子。　②居室：这里指居家，处理家务。　③有：指有财产。　④合：全，足够。　⑤少：稍微，略微。　⑥完：完备。　⑦美：完美。

十一、贫富观

【解读】

在世风日下、奢靡之风盛行的春秋末期,作为卫国国君的儿子,公子荆不追求财富,在财产不多时认为差不多足够,财产稍多时认为差不多完备,财产充裕时认为几乎完美。他不贪图奢华生活,甘于过淡泊节俭生活的态度,得到了孔子的称赞。

季氏富于周公[①],而求也为之聚敛而附益之[②]。子曰:"非吾徒也。小子鸣鼓而攻之[③],可也。"

《论语·先进篇》第 17 章

【译文】

季氏的富有超过周公,冉求却为他搜刮财物以增加他的财富。孔子说:"他不是我的学生。你们这些学生可以公开声讨他。"

【注释】

①周公:有三种说法。一是指周公旦;二是泛指在周王朝任职的王族;三是指作为周公之后的鲁国国君。毕宝魁先生持第三说,可从。 ②求:指冉求。当时他在季康子处任家臣。聚敛:搜刮财货。附益:增加财富。 ③鸣鼓而攻之:击鼓发起进攻。这里意思是公开声讨。

【解读】

据《左传》记载,在鲁哀公十一年至十二年,鲁国执政大臣季康子要采用田赋制度以增加赋税,让其家臣冉求征求孔子的意见,孔子主张"施取其厚,事举其中,敛从其薄"。季康子不采纳孔子的意见,而让冉求去施行田赋制度。冉求作为孔子的学生,竟然助纣为虐,去搜刮百姓,孔子感到十分气愤。他让学生们"鸣鼓而攻之",从表面上看是要公开声讨冉求,实际上隐含着公开声讨季康子的苛政的意思。

此章体现了孔子反对横征暴敛、主张藏富于民的思想。

齐景公有马千驷[①],死之日,民无德而称焉[②]。伯夷、叔齐饿于首阳之下[③],民到于今称之。(诚不以富,亦只以异。)其斯之谓与[④]?

《论语·季氏篇》第 12 章

【译文】

齐景公有四千匹马,他死时,老百姓不觉得他有什么德行值得称颂。伯夷、叔齐饿死在首阳山下,老百姓到现在还称颂他们。(实在不是因为他们富有,只因为他们品格卓异。)大概就是说的这个意思吧?

【注释】

①驷:古代一车套四马,因此一驷就是四匹马。 ②称:称道,称颂。 ③首阳:山名。在今山西省永济市南,即雷首山,又名首山。传说中伯夷、叔齐饿死处。 ④其斯之谓与:朱熹《论语集注》引胡氏曰:"程子(程颐)以为第十二篇错简'诚不以富,亦只以异',当在此章之首。今详文势,似当在此句之上。言人之所称,不在于富,而在于异也。"虽不见证据,但有一定道理。从此说。

【解读】

此章的说话主体不明,从表达的观点看,应为孔子所说。

齐国自齐桓公之后成为春秋时代的大国。齐景公在位58年,权势极大,财富很多,但由于他奢侈,厚赋重刑,没有德行,因此得不到老百姓的称颂。伯夷、叔齐作为商代孤竹君的儿子,因互相谦让,不愿登位而逃到周国。周武王灭商后,他们耻食周粟,饿死在首阳山下。他们高尚守节的精神,得到了老百姓的称赞。此章所表达的观点是:能否得到老百姓的称颂,关键在德行,而不在财富。

附录:孔子弟子的言论

哀公问于有若曰:"年饥①,用不足,如之何?"有若对曰:"盍彻乎②?"曰:"二③,吾犹不足,如之何其彻也?"对曰:"百姓足④,君孰与不足?百姓不足,君孰与足?"

《论语·颜渊篇》第9章

【译文】

鲁哀公问有若:"荒年收成不好,费用不充足,怎么办?"有若回答说:"为什么不按十分取一的赋税率收税呢?"鲁哀公说:"按十分取二的赋税率收税,我还不够,怎么能按十分取一的赋税率收税呢?"有若说:"老百姓富有,您怎么会不够?老百姓不够,您怎么会富有?"

【注释】

①饥:灾荒。年饥:灾荒年。指荒年收成不好。 ②盍:何不。彻:周代的田税制度,赋税率为十分取一,即10%。 ③二:指收十分之二的税。 ④足:足够。指富有。

【解读】

孔子主张以民为本,反对当政者征收过高的赋税从而加重老百姓的负担,这种观点体现了孔子的仁德思想。有若劝谏鲁哀公按十分取一的赋税率收税,目的是减轻老百姓的负担,使老百姓富有。他认为,老百姓富有了国库自然充足，老百姓贫穷国库自然不够。这种让老百姓富有，即藏富于民的观点，与孔子的仁德思想是一脉相承的。当前中国个人所得税起征标准的确定，也体现了关怀民众的爱民思想。

十二、法制观

我国的法律思想，随着社会形态的变化，形成了不同的历史发展阶段。其中，从夏、商时期至战国时代，我国的法律思想经历了以下变化：

"夏、商时期，统治者利用宗教极力宣传'代天行罚'的神权法思想，把刑罚说成是上帝的意志，实行严刑酷法。西周统治者总结夏、商灭亡的教训，提出'明德慎刑'的主张，这是我国法律思想的一个重大发展。春秋战国时期，社会的巨大变革，带来了学术上的'百家争鸣'，各家对法律进行了激烈的争论。以孔子为代表的儒家，从'礼'和'仁'的思想出发，强调道德教化的作用，主张'德主刑辅'，并提出'以德去刑'的幻想……战国末年，荀子以儒家思想为主使儒法结合，提出了'治之经，礼与刑'的命题。他又从法理学的角度，给予'人治'新的解释，即'有治人，无治法'。"（吴枫主编《中华思想宝库》1990年版第2003页）可见，孔子主张的"德主刑辅"的法制观，是孔子以"仁""礼"思想为指导的以德治国思想的体现。在春秋时期动荡不安、世风日下的社会环境里，要实现以德治国的理想，显然是不现实的。因此，孔子的法制观，有其积极的、合理的因素，也有忽视法制和刑罚的一面。

1. 法理

子曰："道之以政①，齐之以刑②，民免而无耻③；道之以德，齐之以礼，有耻且格④。"

《论语·为政篇》第3章

【译文】

孔子说："用政令来教导，用刑罚来整治，民众只求免受惩罚，却没有羞耻之心；用德行来引导，用礼制来规范，民众就有羞耻之心，并能纠正不良行为。"

【注释】

①道：通"导"，引导，教导。《释文》："道本或作导。"政：政令。　②齐：

整治，规范。刑：刑罚。 ③无耻：指无羞耻之心。 ④格：纠正。《书·冏命》："绳愆纠谬，格其非心。"

【解读】

此章通过对施行法治与德治不同结果的比较，孔子倡导德治的思想得到了充分体现。法治能够治标，政令、刑罚能起到管理、整治的作用，却不能治本，不能让民众从道德自律的高度规范和约束自己。德治通过对民众的教导、规范、约束，让他们形成是非、善恶观念，具备羞耻、荣辱之心，进而实现主观上的道德自省和道德自律，促进社会的和谐、人际关系的和谐。

子曰："听讼①，吾犹人也②。必也使无讼乎③！"

《论语·颜渊篇》第13章

【译文】

孔子说："处理诉讼，我与别人一样。一定要让诉讼不发生。"

【注释】

①听讼：处理诉讼。 ②犹：同，与。 ③必：一定。

【解读】

孔子认为，一个国家，处理诉讼并不是主要的问题，主要的问题是推行"德治"，做到以德治国，以礼治国，使民众都能自觉遵循礼制，遵守道德规范，从而减少违法犯罪的事，杜绝诉讼案件的发生。可见，孔子在处理诉讼问题上站得高看得远，提出的是治本的措施。既认真处理诉讼，又采取有效措施杜绝诉讼发生，这样标本兼治，社会才会安宁。

叶公语孔子曰："吾党有直躬者①，其父攘羊②，而子证之③。"孔子曰："吾党之直者异于是④。父为子隐⑤，子为父隐，直在其中矣。"

《论语·子路篇》第18章

【译文】

叶公告诉孔子说："我的家乡有个正直的人，他的父亲偷了羊，他就去作证。"孔子说："我家乡正直的人和你讲的不同。父亲替儿子隐瞒，儿子替父亲隐瞒，正直就在这里面了。"

【注释】

①党：古代五百家为党，是一种地方基层组织。直躬：以直道立身，正直。 ②攘（rǎng）：窃取，偷。 ③证：证实。意思是作证。 ④是：此。指叶公所说的正直。 ⑤隐：隐瞒。"依于人的亲情，不忍检举，但不表示他

们不能或不该互相规劝。"(傅佩荣《解读论语》)

【解读】

孔子推行礼制，重视伦理，主张"为尊者讳"，因此说他家乡的人正直就在"父为子隐，子为父隐"。这是古代社会亲情重于法理的表现。从孔子这句话所针对的事情来看，是对亲人所犯的过错不忍检举，至于该怎么处理，孔子没有说，但从孔子一贯的思想和为人来看，他不可能要人们去做违礼、违法的事。可见，孔子所说的"隐"只是解决问题的一种方式和手段。要从根本上解决问题，既要依法办事，又要推行仁德、礼制。

对孔子所说的"父为子隐，子为父隐，直在其中矣"这句话，历来争议很多，有的赞同，有的批判。蔡尚思先生说："孔子宣扬的'直道'是受周礼制约的。""孔子说的'父为子隐，子为父隐，直在其中矣。'很明显，这种正直的定义，只有在家族宗法关系居统治地位的社会里，才能被人们所接受。因为，那时判断是非的主要标准是忠君孝父。只有符合亲亲尊尊之道，才算是正经人。"(蔡尚思《孔子思想体系》)蔡尚思先生的这一观点，立足于对时代、环境特征的分析，见解独到，很有价值。如果不考虑孔子说这句话的环境和针对的事情，不考虑孔子一贯的思想和为人，仅仅断章取义，妄加评说，必然失之公允。

2. 法律

子曰："'善人为邦百年①，亦可以胜残去杀矣②。'诚哉是言也！"

《论语·子路篇》第11章

【译文】

孔子说："'德行高尚的人治理国家一百年，就可以化恶为善，废除死刑。'这句话说得对呀！"

【注释】

①善人：指德行高尚的人。为邦：治理国家。 ②胜残去杀：使凶暴的人化而为善，因而可以废除死刑。胜：制服，克服。朱熹《论语集注》："胜残，化残暴之人，使不为恶也。去杀，谓民化于善，可以不用刑杀也。"

【解读】

孔子生活的时代，执政者钩心斗角，争权夺位，社会秩序混乱，民众生活贫困，要改变这种状况，一是要有贤德的人执政，二是要经过相当漫长的时间。孔子引述前人的这句话（出处不详），较为深刻地说明了这个道理。孔子认为，由贤德的人治理国家，才能遵循礼制，改善民生，让民众富裕，并教育民众，感化残暴的人。经过几代人持续不断的努力，就能使国家富强安定，民众遵从礼仪,从而减少犯罪,废除死刑。

子曰:"片言可以折狱者①,其由也与?"子路无宿诺②。

《论语·颜渊篇》第 12 章

【译文】

孔子说:"一两句话就可以判决案件的人,大概是子路吧?"子路为人爽快,没有久不履行的诺言。

【注释】

①片言折狱:朱熹《论语集注》:"片言,半言。折,断也。子路忠信明决,故言出而人信服之,不待其辞之毕也。"朱熹认为"片言"是子路说的话,可从。也有人认为"片言"即"偏言"(偏听一言),认为子路以一面之词断案。这不符合子路的为人,不从。 ②宿诺:指久不履行的诺言。朱熹《论语集注》:"宿,留也,犹宿怨之宿。急于践言,不留其诺也。"

【解读】

子路为人率直,办事果断,他的这一性格在孔子对他的评价中得到了体现。孔子说子路一两句话就可以断案,并不是说子路轻率,而是没有讲子路审理案件的过程。在经过案件审理,明确案件真相之后,就果断地断案而绝不拖延,体现了子路办事果断的性格特征。子路的这一性格,在待人处世中也得到了体现。

子谓公冶长①,"可妻也②。虽在缧绁之中③,非其罪也"。以其子妻之④。

《论语·公冶长篇》第 1 章

【译文】

孔子谈到公冶长,说:"可以把女儿嫁给他。他虽然曾被关进监狱,但并不是他的罪过造成的。"于是孔子把自己的女儿嫁给他。

【注释】

①公冶长:字子长,齐国人。孔子的学生。 ②妻:这里作动词,指嫁女为妻。 ③缧绁(léi xiè):古人捆罪犯的绳索。这里指代监狱。 ④子:古代儿女的通称。这里指女儿。

【解读】

孔子嫁女的故事,说明孔子看人重视德和才,而不看一时的荣辱。公冶长入狱的原因是什么呢?传说是因为他很聪明,能听懂鸟语而被诬枉入狱。可见,孔子认为公冶长的入狱不是他的罪过造成的是有依据的。

附录：孔子弟子的言论

孟氏使阳肤为士师①，问于曾子。曾子曰："上失其道②，民散久矣③。如得其情④，则哀矜而勿喜⑤。"

《论语·子张篇》第 19 章

【译文】

孟孙氏任命阳肤为管理司法的官员，阳肤去请教曾子。曾子说："当政的人不依法行事，百姓早就散离了。你作为司法官，如果知道了他们的实情，就应该悲伤怜悯，而不要高兴得意。"

【注释】

①阳肤：曾参的学生。士师：狱官。即管理司法的官员。 ②上：在上者，即当政的人。失其道：失去道义。意思是不依法行事。 ③散：散离。 ④得其情：得知他们的实情。 ⑤哀：悲伤。矜：怜悯。

【解读】

阳肤向老师曾参请教担任司法官的事，曾参提出了两点意见：首先，造成百姓散离的原因是当政者不依法办事，普通百姓即使有违法的行为，也是当政者教化不当造成的；其次，要秉公审理案件，知道了当事人犯法的实情，应该感到悲伤并怜悯他们，才不致滥施刑罚，处罚失当。可见，曾参领悟了孔子以德治国的思想，主张以仁德、礼制教化百姓，反对把刑罚作为治国的唯一手段。

十三、文学观

孔子的许多言论，都具有叙事简洁明快、语言精练生动、含意丰富深刻的特点，说明他有很深的文学造诣。他对《诗经》下过很深的功夫，并把《诗经》作为教学的重要内容。他在谈论《诗经》时提出的"思无邪"和"兴、观、群、怨"的观点，充分体现了儒家的文学观。陈复兴先生说："孔子所代表的儒家文学论在中国文学理论批评史中一直或强或弱或隐或显地起着支配作用……出于汉儒的《诗大序》上承孔子的兴观群怨主张，下开几千年的儒家诗教之说，'故正得失，动天地，感鬼神，莫近于诗，先王以是经夫妇，成孝敬，厚人伦，美教化，移风俗'，正是儒家文学论的基本观点。"（吴枫主编《中华思想宝库》1990年版第1219页）可见，孔子为中国文学理论的创立和中国文学的发展做出了不可磨灭的贡献。

1. 文风

子曰："辞达而已矣。"

《论语·卫灵公篇》第41章

【译文】

孔子说："言语足以表达意思就行了。"

【解读】

此章讲述了孔子关于语言作用的基本观点。孔子善于以简洁、朴实的语言表达自己的思想，不论是评价人物、抒发感慨，还是讲述人生经验、启发教育学生，其语言都不堆砌华丽辞藻，不作空洞的说教，朴实无华，明白如话。这也是《论语》能经历两千多年的风雨，至今仍具有生命的活力，继续影响和启迪着世人的重要原因之一。

子曰："质胜文则野①，文胜质则史②。文质彬彬③，然后君子。"

《论语·雍也篇》第18章

【译文】

孔子说:"质朴胜过文采就会粗陋,文采胜过质朴就会浮夸。文采质朴兼备,这才是君子。"

【注释】

①质:质朴。指内在本质。文:文采。指外在形式。野:粗野。这里指粗陋。　②史:虚饰,浮夸。朱熹《论语集注》:"史,掌文书,多闻习事,而诚或不足也。"　③彬彬:文质兼备的样子。

【解读】

孔子的这句话言简意赅,说明了质与文、内在本质与外在形式的对立统一关系。孔子强调,只有兼顾质朴和文采、本质和形式,才能成为一个君子。孔子的这一思想,对于形成文质兼备的良好文风,摈弃重文章辞藻、轻思想内容的陋习,产生了重要的作用和深远的影响。

子曰:"有德者必有言①,有言者不必有德。"

《论语·宪问篇》第4章

【译文】

孔子说:"有德行的人一定有言论,有言论的人不一定有德行。"

【注释】

①言:指言论。

【解读】

此章阐述了德行和言论的辩证关系。孔子认为,有德行的人以仁爱之心待人,以礼仪规范要求人,发表的言论有利于民众和社会;发表言论的人,尽管有的言论看似合理,不一定是有德行的人,因为他发表言论的目的不是为了他人和民众,而是为了自身利益。两者的思想境界不同,发表言论的出发点不同,所以有本质的区别。可见,内在本质决定外在形式,外在形式不一定表现内在本质。德行和言论就是内在本质和外在形式的关系。

2. 作品

子曰:"《诗》三百①,一言以蔽之②,曰:'思无邪。'③"

《论语·为政篇》第2章

【译文】

孔子说:"《诗经》三百篇,用一句话来概括,就是'思虑没有邪念'。"

【注释】

①《诗》:儒家经典中的《诗经》。《诗》三百:《诗经》共三百零五篇,孔子只举其整数。　②蔽:概括,囊括。　③邪:不正。无邪:没有邪念。

【解读】

"思无邪"是孔子对《诗经》内容的高度评价。孔子引用这句出自《诗·鲁颂·駉篇》中的话,既对《诗经》进行了评论,又表达了"诗言志"的观点。这一观点,在中国诗歌、散文等文学形式的发展史上得到了彰显,使无病呻吟、言之无物的文人受到了警策。可以说,孔子是中国文学史上主张"文以载道""诗以言志"观点的开先河者。

子曰:"《关雎》①,乐而不淫②,哀而不伤③。"

《论语·八佾篇》第20章

【译文】

孔子说:"《关雎》这首诗,快乐而不放纵,哀怨而不伤感。"

【注释】

①《关雎》:《诗·国风》的第一篇。《毛诗序》认为此诗是吟咏"后妃之德"。现代研究者认为是一首爱情诗。 ②淫:过分,放纵。 ③伤:忧思,悲伤。引申为伤感。

【解读】

孔子对《关雎》这首诗的评论,体现了他的中庸思想。在他看来,快乐到超过一定限度,就会失当,这就是淫;哀怨过度,就会伤感、痛苦。同样,待人处世也要把握好"度",不能放纵,不可过分。孔子这种中庸思想,具有辩证思维的特征,是他的哲学思想的重要内容。

子曰:"礼云礼云,玉帛云乎哉①?乐云乐云,钟鼓云乎哉?"

《论语·阳货篇》第11章

【译文】

孔子说:"礼呀礼呀,难道就是瑞玉缣帛这些礼品吗?乐呀乐呀,难道就是敲打钟鼓这些乐器吗?"

【注释】

①玉帛:瑞玉和缣帛。古代祭祀或会盟时用的珍贵礼品。

【解读】

相传周公在原始礼仪巫术基础上制定了礼乐制度,用来规范统治秩序和人的行为。春秋时代,许多诸侯不遵礼制,诸侯国的大臣专权违礼,导致了礼崩乐坏、人伦丧失。孔子主张恢复周代礼制,目的在于规范诸侯、大臣和民众的行为,维护社会的正常秩序,这对于国家的稳定、生产的发展、百姓的生活,无疑是有益的。但孔子认为,礼的本质是恭敬,乐的内涵是和谐,遵循礼制才能规范行为,欣赏音乐才能陶冶情操,仅仅追求祭祀、会盟所用的礼品、敲钟击鼓所用的乐器,不能达到礼乐教化的目的。孔子把礼乐的本质和具体形式区别开来,强调内容和形式的统一,很有见地。

附录:孔子弟子的言论

棘子成曰①:"君子质而已矣,何以文为?"子贡曰:"惜乎,夫子之说君子也②!驷不及舌③。文犹质也,质犹文也。虎豹之鞟犹犬羊之鞟④。"

《论语·颜渊篇》第 8 章

【译文】

棘子成说:"君子质朴就够了,要那些礼仪文采干什么?"子贡说:"可惜呀,先生这样来谈论君子!一言既出,驷马难追。如果文采和质朴相同、质朴和文采相同,那么,去毛的虎豹皮和去毛的犬羊皮也就一样了。"

【注释】

①棘子成:卫国大夫。古代大夫可尊称为夫子。 ②说:谈论,解释。 ③驷:指四匹马拉的车。舌:舌头。指说的话。驷不及舌:四匹马拉的车追不上说出去的话,即"一言既出,驷马难追"。 ④鞟(kuò):去毛的皮。

【解读】

此章涉及内容和形式、本质和外表的关系。棘子成强调本质和内容,忽视形式和外表,是片面的。子贡则认为,文采和质朴不一样,正如内容和形式各有其特点和作用一样,因此君子既要质朴,又要有文采。但子贡强调质朴和文采都重要,却忽视了两者的主次、轻重。质朴是内在的本质,文采是外在的形式,形式是本质的表现和反映,两者相辅相成,互为表里。

3. 文学与社会

子曰:"诵《诗》三百,授之以政,不达;使于四方,不能专对①;虽多,亦奚以为②?"

《论语·子路篇》第 5 章

【译文】

孔子说:"熟读《诗经》三百篇,把政务交给他,却不能通晓;派他出使外国,又不能独立应对;虽然读得多,又有什么用?"

【注释】

①专对:独立应对。春秋时期,出使别国的使节"受命不受辞",即接受使命后要独立地与对方谈判,以保证使命的完成。因此,随机应变、独立应对是外交使节的重要能力。 ②以:用。

十三、文学观

【解读】

《诗经》包括《风》《雅》《颂》三类。《风》大多产生于春秋前期和中期,反映了当时各地的风俗;《雅》和《颂》产生于西周时期,《雅》是贵族阶层的作品,《颂》是用于祭祀的乐歌。后来,学习《诗经》成为贵族人士必需的文化修养,甚至在外交场合也需要引用《诗经》中的诗句以表达自己的意见。因此,孔子下了很大工夫整理《诗经》,还把《诗经》作为自己的教学内容,要求学生熟读并加以理解。孔子认为,熟读了《诗经》三百篇,却不能通晓政务,不能独立应对外交,说明他不能把所学的知识运用于实际工作。这样来读《诗经》,读得再多也没有用。

子曰:"小子何莫学夫《诗》①?《诗》,可以兴②,可以观,可以群③,可以怨④。迩之事父⑤,远之事君,多识于鸟兽草木之名。"

《论语·阳货篇》第9章

【译文】

孔子说:"年轻人为什么不去学习《诗经》呢?学习《诗经》,可以培养想象能力,可以培养观察能力,可以使人聚会沟通,可以让人表达哀怨之情。近用来侍奉父母,远用来侍奉国君,还能多认识和了解鸟兽草木的名称。"

【注释】

①小子:年轻人。长辈对晚辈的称呼。 ②兴(xīng):诗歌即景生情的表现手法。指培养想象能力。 ③群:合群。指聚在一起相互切磋沟通。 ④怨:指表达哀怨。 ⑤迩(ěr):近。

【解读】

孔子晚年在办教育的同时,致力于古代典籍的整理,相传《诗经》就是他编辑的诗歌总集。孔子要求学生学习《诗经》,并以"兴""观""群""怨"四个字概括了《诗经》的特征。他还强调,通过学习《诗经》,可以陶冶人的情操,提高人的品德,因而能够"迩之事父,远之事君",并增长见闻,扩大知识面。可见,孔子对《诗经》有深入的研究,并提出了《诗经》可以"兴""观""群""怨"的独到见解。从此,"兴""观""群""怨"成了中国传统文艺批评的重要原则,成为中国文学史上的重要遗产。

子谓伯鱼曰:"女为《周南》《召南》矣乎①?人而不为《周南》《召南》,其犹正墙面而立也与②!"

《论语·阳货篇》第10章

【译文】

孔子对孔鲤说:"你学习、研究《周南》《召南》了吗?一个人如果不学习、研究《周南》《召南》,就好像面对墙壁站着无法前进一样!"

【注释】

①为:指学习、研究。《周南》《召南》:《诗经·国风》篇目名。 ②正墙面而立:面对墙壁站着。朱熹《论语集注》:"言即其至近之地,而一物无所见,一步不可行。"意思是无法前进。

【解读】

《诗经》中的《国风》,大多产生于从陕西到山东的黄河流域,仅《周南》《召南》产生于江、汉、汝水一带。《国风》反映的生活内容相当广阔,既有反映农业劳动的诗,也有批评政治和道德的诗,既有反映战争和劳役的诗,也有反映恋爱和婚姻的诗。《周南》《召南》就是《国风》的代表作。古代学者认为,夫妇之道是君臣、父子、夫妇三纲的基础。在《周南》《召南》中,涉及夫妇之道的内容很多,"可以端正夫妇之道,是人伦教化的根本,不学不能齐家治国"(李择非整理《论语》)。因此,后人所作的《诗传》对《周南》《召南》评价极高,认为它们是"正始之道,王化之基"。所以,孔子要求儿子孔鲤认真学习、研究《周南》《召南》。

十四、艺术观

孔子是中国教育史上最早对学生进行全面素质教育的教育家，他对学生开展的"礼、乐、射、御、书、数"六艺教育，涵盖了德、智、体、美等多方面的教育内容。而音乐，则是孔子对学生进行艺术教育的重要内容。孔子谈论音乐的言论，既说明他具有很深的音乐造诣，又体现了他的艺术观。

子语鲁大师乐①，曰："乐其可知也：始作，翕如也②；从之，纯如也③，皦如也④，绎如也⑤，以成。"

《论语·八佾篇》第23章

【译文】
孔子告诉鲁国太师演奏音乐的道理。他说："音乐的旋律是能通晓的：开始演奏时，乐曲舒缓而悠扬；接着，旋律流畅而优美，节奏清晰而明快；随后，演奏进入尾声，乐曲的余音连绵不断，然后整首乐曲完成。"

【注释】
①语：告诉。大（tài）师：即太师，古代主管音乐的官员。乐：指演奏音乐的道理。　②翕（xī）：和顺。形容曲调舒缓悠扬。如：好像。　③纯：美。　④皦（jiǎo）：分明，清晰。　⑤绎（yì）：连续不断。

【解读】
孔子非常重视音乐，并把音乐作为教学的一门课程。他对音乐有深入的研究，因而能够从整首乐曲的旋律角度告诉太师演奏音乐的道理。他分别从一首乐曲的开始、中间、结尾谈对乐曲的感受，涉及乐曲的旋律、节奏等，足见他对音乐有很高的造诣。我国音乐这门艺术两千多年来的发展及其取得的辉煌成就，恐怕与孔子的重视和倡导分不开吧！

子谓《韶》①，"尽美矣②，又尽善也③"。谓《武》④，"尽美矣，未尽善也"。

《论语·八佾篇》第 25 章

【译文】
孔子评论《韶》乐,说:"声音美极了,而且内容极其完善。"谈到《武》乐,说:"声音美极了,内容却不够完善。"

【注释】
①《韶》:传说舜所作的歌颂世道升平的乐曲名。 ②美:指乐曲声音美妙。 ③善:指歌词内容完善。 ④《武》:周武王时歌颂灭商武功的乐曲名。

【解读】
孔子评论《韶》乐和《武》乐,兼顾了形式和内容。在他看来,只有形式和内容都好的作品,才称得上"尽善尽美"。如果内容不好,即使形式很好,也不能说是"尽善尽美"。由于舜是因尧"禅让"而做天子,并且德行施及万民,孔子认为他的善发挥到了极点;周武王是在讨伐商纣之后成为天子,虽属正义,但在位仅仅六年,因此孔子认为他的善尚未达到极点。此章在评论乐曲的同时,体现了孔子主张的"仁德""礼制"思想。

子在齐闻《韶》①,三月不知肉味②,曰:"不图为乐之至于斯也③!"

《论语·述而篇》第 14 章

【译文】
孔子在齐国听到演奏《韶》乐,很长时间尝不出肉的滋味,于是说:"想不到欣赏音乐竟达到了这种境界!"

【注释】
①《韶》:即《韶乐》,传说舜所作乐曲名 ②三月:非确指,意思是很长时间。 ③不图:不图谋。意思是想不到。为:作。引申为欣赏。

【解读】
从表面上看,孔子所欣赏的是高雅音乐,实际上,孔子所推崇的是尧、舜时代文治的完善,表达了他对古代圣人的向往之情。孔子闻《韶》乐而三月不知肉味,这体现了孔子融道德、艺术于一体的人生境界。

子曰:"师挚之始①,《关雎》之乱②,洋洋乎盈耳哉!"

《论语·泰伯篇》第 15 章

【译文】
孔子说:"从太师挚开始演奏,到结尾时合奏《关雎》,美妙动听的音乐充满耳朵啊!"

【注释】

①师挚：鲁国的太师（即乐官之长），名挚。始：乐曲的开端，古代称为"升歌"，一般由太师演奏。　②《关雎》：《诗·国风》的第一篇。乱：乐曲的结束。

【解读】

据《史记·孔子世家》记载，孔子整理《诗经》，每首诗都配乐演奏，"以求合《韶》《武》《雅》《颂》之音"。可见，孔子不仅爱好音乐，而且有很深的音乐造诣。此章通过孔子的描述，展示了他在欣赏音乐时陶醉于美妙动听的乐曲中的情景。可见，高雅的音乐不但能给人以美好的感受，而且能够怡情养性，提高人的审美情趣。

子曰："吾自卫反鲁①，然后乐正②，《雅》《颂》各得其所③。"

《论语·子罕篇》第 15 章

【译文】

孔子说："我从卫国回到鲁国，然后整理订正乐章，使《雅》《颂》各自得到其相应的位置。"

【注释】

①反：通"返"，返回。　②乐正：订正乐章。　③《雅》《颂》：是《诗经》中的两类诗歌。此处《雅》指在宫廷典礼上奏唱的乐曲，《颂》指在祭祀时奏唱的乐曲。各得其所：各自得到需求的东西。这里指各自得到其相应的位置。

【解读】

孔子晚年，致力于古代典籍整理和教育事业，是希望通过文化传承和人才培养，保存和延续自己的政治主张。据《史记·孔子世家》记载，孔子订正《雅》《颂》，是订正其篇章，使之在奏唱时有规范的内容，从而使周代礼制适合时代发展的内容得到保存和延续。实践证明，孔子晚年整理古代礼、乐等文献典籍，为中国优秀传统文化的传承做出了重要的贡献。

十五、历史观

孔子在晚年，一方面从事教育，一方面潜心进行古代典籍的研究和整理。他十分推崇周代的礼制，认为周代礼制是在夏、商两代礼制基础上经过修改、完善而形成的。但在倡导周代礼制的过程中，他又能结合自己所处时代的特点进行必要的增减、损益，说明他既重视古代的文明遗产，又不完全拘泥于古代的文明遗产（在这方面，孔子受时代的局限，做得并不彻底）。孔子对待历史资料，采取一种求实的态度，这与他"知之为知之，不知为不知"的学习精神如出一辙。"这种求实精神作为一种优良传统一直为后代史家所效法。"（吴枫主编《中华思想宝库》1990年版第1380页）孔子的言论，谈到了如何看待历史（即史观）、如何纂写历史（即史法）的问题，也有对历史人物的评价，值得今人借鉴和参考。

1. 史观

子张问："十世可知也①？"子曰："殷因于夏礼②，所损益③，可知也；周因于殷礼，所损益，可知也。其或继周者④，虽百世⑤，可知也。"

《论语·为政篇》第23章

【译文】

子张问："今后十代的制度可以知道吗？"孔子说："殷代沿袭夏代的礼制，所增减的可以知道；周代沿袭殷代的礼制，所增减的也可以知道。那么，有继承周代的人，虽然历经一百代，也可以知道它的礼制。"

【注释】

①十世：指十代。古代以三十年为一世。　②殷：上古朝代名，亦名商，公元前16世纪灭夏后建立，公元前11世纪被周所灭。因：因袭，沿袭。夏：相传为我国历史上的第一个朝代，由禹的儿子启在公元前21世纪建立，公元前16世纪被商所灭。礼：礼仪、礼制。　③损益：增减，改动。　④或：代

词。有人。　⑤百世：百代。疑为极言其多，并非确指。

【解读】

孔子对子张的回答，说明他对礼制的看法并非一成不变。他从殷、商两代对前代礼制的增减，推测如果有继承周代礼制的人，则可以知道以后数代的礼制。他所提出的礼制有"变"与"不变"的两重性的观点，体现了朴素的认识论思想。后来的秦代虽重法制，推行法家学说，但仍部分沿袭了周代礼制。汉代在推行法治的同时，仍然强调礼制，并大力推行儒家学说。从汉代至清代，历代统治者制定的政治体制，既有新的内容，又有对前代礼制继承的部分。可见，任何变革都不能简单地扬弃，而必须建立在继承的基础之上。

子曰："周监于二代①，郁郁乎文哉②！吾从周③。"

《论语·八佾篇》第14章

【译文】

孔子说："周代借鉴了夏、商两代的礼仪制度，形成了丰富而灿烂的文化。我遵从周代的做法。"

【注释】

①监：通"鉴"，借鉴。二代：指夏、商两个朝代。　②郁郁：文采盛的样子。意思是丰富多彩。文：文化。指礼乐制度。　③从：追随。意思是遵从。

【解读】

从认识论看，孔子对周代借鉴前代文明成果而制定礼仪制度由衷赞叹，说明他主张积累和进化，是一个朴素的唯物论者。从价值取向看，他一生倡导和遵从周代的礼仪制度，是为了构建稳定、合理的社会关系和人伦规范，说明他是主张入世的理想主义者。颜炳罡先生认为："西周时期，周公在殷礼的基础上制礼作乐，建立起中国有史以来最为完备、最为系统的礼乐制度。"这是"中华文明进化过程中的重要里程碑"。韩喜凯先生说："可以说，从周初兴起的礼乐文化，是中国数千年文化史上出现的第一个独立的文化形态。"（《名家评说孔子辨析》）孔子以他独特的眼光，看到了这一文化形态的重要价值，因此由衷地表示"吾从周"。当今世界，也存在继承前人文明成果和立足于现实进行创新的问题。历史虽然不能重复，但历史不能割断。只有继往开来，才能推陈出新。

哀公问社于宰我①。宰我对曰："夏后氏以松，殷人以柏，周人以栗，曰使民战栗②。"子闻之，曰："成事不说③，遂事不谏④，既往不咎⑤。"

《论语·八佾篇》第 21 章

【译文】

鲁哀公询问宰我做土神牌位应该用什么木料。宰我回答说:"夏代用松木,殷代用柏木,周代用栗木,意思是说使百姓恐惧战栗。"孔子听到后,告诉宰我说:"已经做了的事不要再解释,已经完成的事不要再规劝,已经过去的事也不要再追究。"

【注释】

①社:土地之神。这里指木制的土神牌位,古人以此代表土神。 ②战栗:恐惧,发抖。 ③成事:已经做了的事。说:意思是解释。 ④遂事:已经完成的事。谏:直言规劝。 ⑤咎:追究。

【解读】

孔子主张以德治国、以礼待人,因此对宰我的意见进行了批评。他推崇周代的礼制,但对周代对待百姓的某些做法并不赞同。他认为,对百姓应该进行德治教化,而不能采取使他们畏惧的方法来进行统治。孔子的这种思想丰富了中国传统文化的宝库,对历代贤明的执政者产生了重要的影响。

关于"哀公问社于宰我"的原因,徐刚认为"是哀公想要除掉三桓,假借问社来向宰我请教。宰我言'使民战栗',是劝哀公痛下决心,三桓可杀。果真如此,则此章的意义就非常丰富了。孔子大概觉得三家势力太大,已经无法挽救了,他是在委婉地提醒宰我和哀公不要再重蹈昭公的覆辙。鲁昭公的时候,就想除掉三桓,可惜没有成功,反而被三家逐出了鲁国。当时鲁国政权完全掌握在三家的手中,很可能哀公的左右还有不少三家的耳目,所以商量这种事情本身就是很危险的。哀公与宰我之间的这种对话也只能依靠打哑谜的方式来展开"(见《孔子之道与〈论语〉其书》)。徐刚从鲁哀公当时的处境推测"哀公问社于宰我",以及宰我答话(特别是"使民战栗"一句)所蕴涵的意思,虽然尚未发现可靠证据,但符合当时的情况,对深入理解此章含义有重要的参考价值。

子曰:"恶紫之夺朱也①,恶郑声之乱雅乐也②,恶利口之覆邦家者③。"

《论语·阳货篇》第 18 章

【译文】

孔子说:"我憎恶紫色夺取了红色的地位,憎恶郑国俗乐扰乱了正统的雅乐,憎恶能言善辩颠覆国家的人。"

十五、历史观

【注释】

①恶：憎恶。紫之夺朱：紫色夺取了红色的地位。古代以朱色（红色）为正色，紫色（深红色）为间色。　②郑声：郑国的俗乐。雅乐：指正统的音乐。　③利口：指能言善辩。邦家：指国家。

【解读】

周代诸侯的衣服以红色为正色。春秋时代，鲁桓公、齐桓公喜欢穿紫色衣服，改变了以红色为正色的风气。孔子以"紫之夺朱"为喻，表明自己对春秋时代诸侯违背礼制行为的谴责。俗乐扰乱雅乐，就会使人意志消沉，陶醉于淫靡之音；能言善辩的小人无视礼制，不辨是非，会导致国家的动乱。孔子憎恶上述三种情况，表明了他对礼制的尊崇，对雅乐的热爱，以及对国家稳定的维护。当然，如果仅仅是服饰颜色的改变，俗乐雅俗共赏而广泛流行，孔子也一味憎恶和反对，就很难避免"复古"的嫌疑。

2. 史法

子曰："夏礼，吾能言之，杞不足征也①；殷礼，吾能言之，宋不足征也②。文献不足故也③。足，则吾能征之矣。"

《论语·八佾篇》第9章

【译文】

孔子说："夏代的礼仪制度，我能够讲，但它的后代杞国的礼仪不足以证明；殷代的礼仪制度，我能够讲，但它的后代宋国的礼仪不足以证明。这是杞国和宋国的历史文献和专业人才不足的缘故。如果这些条件足够，我就能够证明这两个朝代的礼制了。"

【注释】

①杞：周初为夏朝王室后裔建立的封国。周武王时故城在今河南省杞县。因国力弱小，后多次迁移。公元前445年为楚所灭。征：证明，证验。　②宋：周初为殷朝王室后裔建立的封国。故城在今河南省商丘市南。战国时被齐、魏、楚三国所灭。　③文：指历代典籍。献：贤者。《书·益稷》："万邦黎献，共惟帝臣。"这里指懂礼的专业人才。

【解读】

孔子晚年，在从事教育的同时，潜心整理古代文献和典籍，对历代礼制进行了深入研究。他认为周代礼制是对夏、殷两代礼制的沿袭和发展，是当时最完善的礼制。对于夏代礼制和殷代礼制，由于文献典籍和专业人才不足，他不能轻易下断语，这反映了他谨慎的治学态度。孔子注重考证，不轻易下结论的研究方法，对中国历代学者产生了广泛而深远的影响，并进而形成了以校勘厘正本文、训诂贯通字义、积累资料供研究者应用为宗旨，有别于宋明理学的汉学,即考据学。

子曰:"吾犹及史之阙文也①,有马者借人乘之,今亡矣夫!"
《论语·卫灵公篇》第26章

【译文】
孔子说:"我还能够看到因有疑问而缺少记载的历史文献,如有马的人因不会调教而先借给别人骑,这样的事现在已经没有了!"

【注释】
①及:追上,赶上。意思是能够。阙文:缺疑不书或遗漏之文。

【解读】
包咸《论语章句》说:"古之良史,于书字有疑则阙之,以待知者。有马不能调良,则借人乘习之。孔子自谓及见其人如此,至今无有矣。言此者,以俗多穿凿。"古今对此章的解说较多,包咸的解说比较符合原意。孔子认为,古代史官遇到有疑问的问题或有散佚的文字,宁可存疑也不随意编造,正如有马而不会调教先借给别人,借别人之力进行训练一样。孔子感叹这样的事现在没有了,既是感叹自己所处时代世风日下、道德沦丧,又对秉笔直书、不随意编造和篡改历史文献的古代史官进行了赞赏。

附录:孔子弟子的言论

子贡曰:"纣之不善①,不如是之甚也②。是以君子恶居下流③,天下之恶皆归焉④。"
《论语·子张篇》第20章

【译文】
子贡说:"纣王的罪过,不像人们传说的那样厉害。所以君子憎恶处在不利的位置,因为所有的罪恶都会集中到他身上。"

【注释】
①纣:商代最末的君主。帝乙的儿子,名受,史称纣王。曾平定东夷,使中原文化传播到淮河、长江流域。他才力过人,知足以拒谏,言足以饰非,暴敛重刑,荒淫无道,百姓怨恨。后被周武王所灭。 ②甚:厉害、过分。
③下流:水的下游。这里喻指不利位置。 ④天下之恶:指所有的罪恶。归:归属。意思是集中。

【解读】
子贡对纣王的评价独特,不人云亦云,说明他能实事求是地看待历史人物,不因为某个历史人物有罪过就全盘否定、一棍子打死("天下之恶皆归")。

可见，子贡对孔子的历史观有较深刻的领悟，既聪明又有胆识。古往今来，一些人形成了一种好走极端的观念，一旦一个人干了坏事，就认为这个人一无是处，坏到了顶点；一旦一个人做了好事，就认为这个人完美无缺，堪称典范。这样做，要么是因为不会客观、辩证地看问题，要么是别有用心。

3. 历史人物评价

子曰："吾之于人也，谁毁谁誉①？如有所誉者，其有所试矣②。斯民也③，三代之所以直道而行也④。"

《论语·卫灵公篇》第 25 章

【译文】

孔子说："我对于他人，批评了谁？称赞了谁？如果有称赞的人，都是经过验证的。因为有了这些人，才使得夏、商、周三代能够施行正道。"

【注释】

①毁：诋毁。意思是批评。誉：称誉，称赞。　②试：考较，验证。③斯民：这些人。指孔子称赞过的人。　④三代：指夏、商、周三个朝代。直道：正直之道，正道。

【解读】

此章记述了孔子评价历史人物的观点。孔子主张，对历史人物不能随意评价，不管是批评、否定，还是称赞、肯定，都要有事实依据，经得起历史的检验。孔子说，自己称赞过的前代圣贤，使得夏、商、周三代能够施行正道，说明自己的称赞是经过验证的。孔子称赞夏、商、周三代的贤明国君能够施行正道，隐含着对自己生活时代（春秋末期）的执政者不行正道、违礼僭越行为的不满和谴责。

子曰："晋文公谲而不正①，齐桓公正而不谲②。"

《论语·宪问篇》第 15 章

【译文】

孔子说："晋文公诡诈而不正派，齐桓公正派而不诡诈。"

【注释】

①晋文公：春秋时晋国国君，名重耳，晋献公之子。公元前 636—前 628 年在位。他任用狐偃、赵衰等贤臣，助周王室平定内乱，又救宋破楚，被诸侯尊为霸主。谲（jué）：欺诈，诡诈。　②齐桓公：春秋时齐国国君，名小白，齐襄公之弟。公元前 685—前 643 年在位。周庄王十一年，因兄襄公暴虐，逃离齐国，到了莒国。襄公被杀后，回国即位。他任管仲为相，尊周室，攘夷

狄，九合诸侯，一匡天下，终其身为盟主（见《史记·齐世家》）。

【解读】

晋文公和齐桓公都是春秋时代的著名国君和诸侯中的霸主，都尊崇周王朝，都以"尊王"的名义称霸诸侯，都有贤臣辅助。但他们也有区别：对待周天子，齐桓公尚能遵从君臣之礼，晋文公则不遵礼制，召周天子参加自己主持的盟会；与楚国交兵，齐桓公能晓以大义，然后堂堂正正用兵，晋文公则使用诡诈手段，不讲交战的目的。孔子认为晋文公的做法违背了礼制，是诡诈；齐桓公的做法符合礼制，是正派。可见，孔子并不因为晋文公和齐桓公都是有所作为的春秋霸主而一味称赞，而是根据他们是否遵从礼制而作出不同的评价。

子曰："管仲之器小哉①！"或曰："管仲俭乎②？"曰："管氏有三归③，官事不摄④，焉得俭？""然则管仲知礼乎？"曰："邦君树塞门⑤，管氏亦树塞门。邦君为两君之好，有反坫⑥，管氏亦有反坫。管氏而知礼⑦，孰不知礼？"

《论语·八佾篇》第 22 章

【译文】

孔子说："管仲的职位、名分太小。"有人说："管仲不是很节俭吗？"孔子说："管仲拥有大量租税，府中的人都不兼职，怎么能说节俭？"这人又问："那么，管仲懂得礼制吗？"孔子说："国君在宫殿前立照壁，管仲也在正堂前立照壁；国君为外国君主设宴，堂上有放置酒杯的土台，管仲府中也有放置酒杯的土台。如果管仲懂得礼制，谁不懂得礼制呢？"

【注释】

①器：器才，器用。这里指职位、名分。 ②俭：节俭。 ③三归：有多种说法：1. 娶三国之女；2. 筑三归之台；3. 有三处家庭；4. 收取的市租。《管子·山至数》："则民之三有归于上矣。"据此，取第四种说法。 ④摄：代理。这里指兼职。 ⑤塞门：屏，照壁。 ⑥坫（diàn）：放置酒杯的土台。反坫：指互相敬酒后，把空爵（古代酒具）反置在坫上，这是周代诸侯宴会的礼仪。 ⑦而：连词。如果。

【解读】

此章孔子对管仲的奢侈和不遵礼制进行了批评。在《宪问篇》第 16 章和 17 章，孔子对管仲的"仁"和辅佐齐桓公"九合诸侯，一匡天下"的功绩非常赞赏。可见，孔子对管仲的评价是全面的、公允的，他虽然倡导礼制，但在管仲不能"仁""礼"兼有的情况下，充分肯定管仲的"仁"和功绩，而不因管仲不遵礼制就予以全盘否定。这说明，孔子对管仲的批评是善意的，在批评之中饱含着为管仲惋惜和遗憾的感情,"遗憾其尚有'不俭''不礼'之处,惋惜其所据之'器'(职位、名分)之小。意即若他有更大、更多施展才能的条件和空间,则可使民得到更多的实惠"(韩喜凯《名家评说孔子辨析》)。

子谓子产①,"有君子之道四焉②:其行己也恭③,其事上也敬④,其养民也惠⑤,其使民也义⑥"。

《论语·公冶长篇》第 16 章

【译文】

孔子评论子产,说:"他有四种君子的德行:自身行为庄重严谨,侍奉君主恭敬认真,教养百姓广施恩惠,役使民众措施适宜。"

【注释】

①子产:郑国大夫公孙侨,字子产。郑穆公之孙。郑国贤相,在郑国执政二十二年。 ②道:事理。这里指德行。 ③行:行为。己:自己。引申为自身。 ④上:指国君,君主。 ⑤养:教养。 ⑥义:适宜,合理。

【解读】

公孙侨是春秋时代郑国杰出的政治家和外交家,在郑国执政长达二十二年,孔子对他给予了很高的评价,认为他具有恭、敬、惠、义等四种君子的德行。这四种德行,涉及如何要求自己、如何侍奉国君、如何教养百姓、如何役使民众等诸多方面。可见,孔子所说的君子之道,也是为政之道。"后人认为,孔子说这番话是讥讽当时的执政者不够君子的要求,缺乏像子产那样的处事准则。"(金良年《论语译注》)

子张问曰:"令尹子文三仕为令尹①,无喜色;三已之②,无愠色③。旧令尹之政④,必以告新令尹。何如?"子曰:"忠矣。"曰:"仁矣乎?"曰:"未知,焉得仁?""崔子弑齐君⑤,陈文子有马十乘⑥,弃而违之⑦。至于他邦,则曰:'犹吾大夫崔子也⑧。'违之。之一邦,则又曰:'犹吾大夫崔子也。'违之。何如?"子曰:"清矣⑨。"曰:"仁矣乎?"曰:"未知,焉得仁?"

《论语·公冶长篇》第 19 章

【译文】

子张问道:"楚国令尹子文多次担任令尹,没有高兴的容色;多次被罢免,没有怨恨的容色。离职时,一定把自己推行的政令告诉新任令尹。这个人怎么样?"孔子说:"忠于职守。"子张问:"这算是仁吗?"孔子说:"不知道,这怎么算是仁呢?"

子张又问："崔杼杀害了齐国国君庄公，陈须无是有十辆马车的大夫，却全部舍弃，离开齐国。到了别的国家，他说：'这里当政的与我们的大夫崔杼差不多。'于是又离开。到了另一个国家，他又说：'这里当政的还是与我们的大夫崔杼差不多。'然后又离开。这个人怎么样？"孔子说："品德高洁。"子张问："这算是仁吗？"孔子说："不知道，这怎么算是仁呢？"

【注释】

①令尹：春秋时楚国宰相。子文：姓斗，名谷於菟（wū tú），字子文，春秋时期楚国著名宰相。楚国人称乳为谷，称虎为於菟。子文出生后被弃于野外，得到老虎的哺乳，因此名为谷於菟。据《左传》记载，子文在鲁庄公三十年开始任令尹，到僖公二十三年让位给子玉，时间长达二十八年。在这二十八年中他多次任令尹，又多次被罢免。三仕：多次做官。　②已：去，去职。指被罢免。　③愠：怨恨。　④旧令尹：前任令尹。指子文自己。　⑤崔子：齐国大夫崔杼。齐君：指齐庄公。　⑥陈文子：齐国大夫陈须无，"文"是他的谥号。十乘：十辆马车。古代一车四马，十乘即四十匹马。　⑦弃：指舍弃车马。违：离开。　⑧犹：相似，差不多。　⑨清：高洁。

【解读】

子张所说的令尹子文和陈文子，一个多次遭受罢免而能忠于职守，一个品德高洁而不愿与以下犯上、不遵礼制的小人为伍，都得到了孔子的高度评价。但孔子认为他们的行为都算不上"仁"。孔子认为，"仁"是人性修养的最高境界，令尹子文的"忠于职守"，陈文子的"品德高洁"，都是"仁"在某种外在行为上的体现，还未达到"仁"的最高境界。可见，人性修养和砥砺是一个长期的过程，切不可急于求成。古往今来，由忠变奸、由清变贪、由俭入奢的事例，难道还少吗？

仲弓问子桑伯子①。子曰："可也简②。"仲弓曰："居敬而行简③，以临其民④，不亦可乎？居简而行简，无乃大简乎⑤？"子曰："雍之言然。"

《论语·雍也篇》第2章

【译文】

冉雍问子桑伯子这个人怎样。孔子回答说："可以，他处事简约。"冉雍说："立身庄重而处事简约，这样来管理民众，是可以的。立身简约而处事简约，不是太简约了吗？"孔子说："你的话是对的。"

【注释】

①仲弓：冉雍。子桑伯子：人名，身世难以考证。以"伯子"相称，其身份可能是卿或大夫。朱熹《论语集注》："子桑伯子，鲁人，胡氏以为疑即庄周

所称子桑户者是也。仲弓以夫子许己南面，故问伯子如何。"　②简：简要，简约。　③居：处于。引申为立身。敬：恭敬，端肃。引申为庄重。　④临：面对、对待。这里意思是治理、管理。　⑤无乃：不是。大（tài）：同"太"。

【解读】

孔子用一个"简"字，高度评价了子桑伯子的执政水平，体现了自己推崇政令简明，反对政令烦琐的主张。对冉雍"居简而行简，无乃大简乎"这一观点的肯定，又体现了孔子主张凡事不可过分的中庸思想。从此章的问和答中，我们看到了孔子在教学中循循善诱的长者形象。

或问子产。子曰："惠人也①。"问子西②。曰："彼哉！彼哉！"问管仲。曰："人也③。夺伯氏骈邑三百④，饭疏食⑤，没齿无怨言⑥。"

《论语·宪问篇》第 9 章

【译文】

有人询问子产的为人。孔子说："是个有恩惠于人的人。"询问子西的为人。孔子说："他呀！他呀！"询问管仲怎样。孔子说："是个杰出的人才。他剥夺伯氏在骈邑的三百户采地，伯氏只能吃粗粮，但一直到死都没有怨言。"

【注释】

①惠人：有恩惠于人的人。　②子西：指楚国令尹公子申。楚昭王打算划七百里地给孔子和他的弟子，以便自治，公子申极力阻止（见《史记·孔子世家》）。一说是郑国大夫公孙夏，子产的同宗兄弟，子产在他之言主持郑国国政。从孔子的态度看，不应是公孙夏。　③人：杰出的人才。　④伯氏：齐国大夫。骈邑：春秋时期城邑名，在今山东省临朐县东南。是伯氏的采邑。　⑤疏食：粗粮。　⑥没齿：终身。意思是一直到死。管仲在齐国当政后，齐桓公曾把伯氏在骈邑的三百户采地给管仲，"伯氏自知己罪，而心服管仲之功，故穷约以终身而无怨言"（朱熹《论语集注》）。

【解读】

此章记述了孔子对子产、子西、管仲的评价。孔子认为子产是贤人，在《论语·公冶长篇》第 16 章专门称赞了他的为政特色，此章又称赞他是有恩惠于人的人；子西在治国上有贤行，也有不足，又曾阻止楚昭王任用孔子，因此孔子只用"他呀！他呀！"来回答，不作肯定或否定的评价，足见孔子的宽厚；管仲虽然是法家人物，政治主张与孔子不同，但他治理齐国政绩卓著，因此孔子称赞他是杰出的人才。

十六、战争观

　　作为一个主张以德治国、以仁待民的思想家、教育家、社会活动家,孔子谈论战争的言论很少。他反对诸侯国互相兼并的战争,反对大臣们为一己之私发动的国内战争。他的最大愿望是施行德治教化,让百姓安居乐业、生活富足。在新旧制度交替的时代潮流面前,孔子的愿望带有明显的理想主义色彩。尽管如此,孔子对战争问题仍给予了关注,并提出了一些精辟的见解,这是他为中国传统文化宝库留下的一笔极为珍贵的遗产。

1. 战争性质

　　季氏将伐颛臾①。冉有、季路见于孔子,曰:"季氏将有事于颛臾②。"

　　孔子曰:"求!无乃尔是过与③?夫颛臾,昔者先王以为东蒙主④,且在邦域之中矣⑤,是社稷之臣也⑥。何以伐为?"

　　冉有曰:"夫子欲之⑦,吾二臣者皆不欲也。"

　　孔子曰:"求!周任有言曰⑧:'陈力就列⑨,不能者止⑩。'危而不持,颠而不扶⑪,则将焉用彼相矣⑫?且尔言过矣。虎兕出于柙⑬,龟玉毁于椟中⑭,是谁之过与?"

　　冉有曰:"今夫颛臾,固而近于费⑮。今不取,后世必为子孙忧⑯。"

　　孔子曰:"求!君子疾夫舍曰欲之而必为之辞⑰。丘也闻有国有家者⑱,不患贫而患不均,不患寡而患不安。盖均无贫,和无寡,安无倾⑲。夫如是,故远人不服,则修文德以来之⑳。既来之,则安之。今由与求也相夫子,远人不服而不能来也,邦分崩离析而不能守也㉑,而谋动干戈于邦内㉒。吾恐季孙之忧,不在颛臾,而在萧墙之内也㉓。"

《论语·季氏篇》第 1 章

【译文】

季氏将要讨伐颛臾。冉有、子路去见孔子，说："季氏将对颛臾采取军事行动。"

孔子说："冉求！这难道不是你的过错吗？颛臾，上代的鲁国国君曾让他主持东蒙山的祭祀，而且在鲁国的疆域之内，是国家的臣属。为什么要讨伐他呢？"

冉有说："季氏要这么做，我们两人都不愿意这样做。"

孔子说："冉求！古代史官周任说过：'施展才力就担任职务，不能尽力就应辞职。'有危难不支持，将倾倒不扶持，那又何必用你当助手呢？而且你的话是错的。老虎、犀牛逃出笼子，龟甲、美玉坏在匣中，这是谁的过错？"

冉有说："如今的颛臾，城邑坚固，而且离季氏封邑费很近。现在不去占领，以后一定会成为子孙的忧患。"

孔子说："冉求！君子憎恶不说想要却一定寻找借口。我曾听说，拥有封国和家族的人，不担忧贫困而担忧不平均，不担忧人少而担忧不安定。因为平均就不会有贫困，和谐就不觉得人少，社会安定国家就不会倾覆。做到这样，边远的人不归服，就完善礼乐教化来吸引他们。他们来了，就要让他们安心。现在你们辅助季氏，边远的人不归服而不能吸引他们，国家分裂瓦解而不能守护，却图谋在国家内部使用武力。我担心季氏的忧愁不在颛臾，而在鲁国朝廷内部。"

【注释】

①季氏：指季桓子。颛（zhuān）臾：春秋国名。伏羲之后，风姓，鲁国的附属国。在今山东省费县西北。　②事：指军事行动。　③无乃：岂不，恐怕。　④东蒙：今山东省蒙阴以南的蒙山。东蒙主：指主持东蒙山的祭祀。⑤邦域：指鲁国的疆域。　⑥社：指土神；稷：指谷神。社稷：指代国家。⑦夫子：指季桓子。　⑧周任：古代的一位史官。　⑨陈力：施展才力。就列：担任职务。　⑩止：停止。指辞职。　⑪颠：跌倒，倾倒。　⑫相：辅佐的人，助手。　⑬兕（sì）：雌的犀牛。柙（xiá）：关野兽的笼子。　⑭椟：木制的匣子。　⑮固：坚固。费：季氏的封邑，在今山东省费县西南。　⑯忧：忧愁。指祸患。　⑰疾：憎恶。舍曰：不说。辞：指托辞，借口。　⑱有国有家者：指诸侯、大夫。古代诸侯拥有封地，称诸侯国；卿、大夫拥有采邑，有自己的家族。　⑲倾：倾覆。　⑳修：整治。引申为完善。文德：指以礼乐教化进行统治。来：通"徕"，招徕。意思是吸引。　㉑分崩离析：分裂瓦解。㉒干戈：指武力。动干戈：使用武力。　㉓萧墙：古代宫室用来分隔内外的当门小墙。这里喻指鲁国朝廷内部。因鲁国国君曾多次想除去三桓，而季氏长期专权，是鲁君首先要除去的对象。

【解读】

这是《论语》中对后世产生了重要影响的一章。孔子以德治国、以礼服人、反对战争的思想,在此章得到了生动的体现。

冉有、子路作为季氏的家臣,知道季氏将攻打颛臾,不但不劝阻,反而试探孔子的态度。孔子不赞成对颛臾发动战争,以"虎兕出于柙,龟玉毁于椟中"为喻,说明过错不在颛臾,而在朝廷的治国措施。当冉有以颛臾"固而近于费,今不取,后世必为子孙忧"进行辩解时,孔子对他进行了尖锐的批评,认为他不说想要却一定寻找借口的做法为君子所憎恶。接着,孔子耐心地给冉有和子路讲述了自己以德治国、以礼服人的政治主张。

古人曾说"半部《论语》治天下",此章所记述的"不患贫而患不均,不患寡而患不安""故远人不服,则修文德以来之""既来之,则安之"等名言、警句,作为孔子提出的治国之道,对后世产生了重大而深远的影响,至今仍能给当政的官员以深刻的启示。

冉有曰:"夫子为卫君乎①?"子贡曰:"诺。吾将问之。"入,曰:"伯夷、叔齐何人也?"曰:"古之贤人也。"曰:"怨乎②?"曰:"求仁而得仁,又何怨?"出,曰:"夫子不为也。"

《论语·述而篇》第 15 章

【译文】

冉有说:"老师会帮助卫君吗?"子贡说:"好吧。我去问问老师。"进屋后,子贡问道:"伯夷、叔齐是怎样的人呢?"孔子说:"古时候的贤人啊。"子贡说:"他们有怨恨吗?"孔子说:"他们追求仁德而又得到了仁德,还有什么怨恨呢!"子贡出来后,对冉有说:"老师不会帮助卫君。"

【注释】

①为:动词。帮助,赞同。卫君:指卫出公,名辄。他是卫灵公之孙、太子蒯聩之子。因太子得罪了其父卫灵公,逃亡到了晋国。公元前 493 年,卫灵公去世,其孙蒯辄继位,即卫出公。不久,晋国把出公之父蒯聩送回卫国,与其子争夺君位。为此,卫、晋两国关系紧张,战争一触即发。 ②怨:怨恨。

【解读】

孔子在卫国时,曾受到卫出公的礼遇。在蒯聩与其子争夺君位时,弟子们以为孔子会去帮助出公。子贡不便于直接询问,就以间接隐晦的方式去询问。孔子认为,伯夷、叔齐因相互辞让君位而出走,后来饿死在首阳山,与争夺君位、互不相让的蒯聩、蒯辄父子相比,伯夷、叔齐无疑是古代贤人,并认为他们追求仁德而又得到了仁德,是不会有怨恨的。孔子在卫、晋两国关系紧张、战争一触即发的情况下,巧妙地表明了自己不会帮助不仁不义的人的态度。

2. 战争与和平

卫灵公问陈于孔子①。孔子对曰:"俎豆之事②,则尝闻之矣;军旅之事,未之学也。"明日遂行③。

《论语·卫灵公篇》第1章

【译文】

卫灵公向孔子询问军队的战斗队形。孔子回答说:"礼仪方面的事情,我曾经听说过;军队的事情,我没有学过。"第二天孔子就离开了卫国。

【注释】

①陈:同"阵",作战时军队的战斗队形。 ②俎(zǔ):放肉的几。豆:装干肉一类食物的器皿。都是古代宴客、朝聘、祭祀用的礼器。 ③明日:次日,第二天。

【解读】

据《史记·孔子世家》记载,孔子到卫国的时间是在卫灵公执政的晚年。卫灵公对孔子很客气,给予很好的待遇,但既不采纳孔子以德治国的主张,又不举用孔子,于是孔子离开卫国。后来孔子又多次到过卫国,继续宣传自己的政治主张。卫灵公对孔子的"仁德""礼制"思想不感兴趣,所以问他军队布阵的问题。卫灵公只重视军事,主张以战争方式解决国与国之间的冲突,完全背离了孔子反对强权、反对战争、提倡和谐中庸、维护和平统一的思想,因此孔子拒绝回答他的询问,并在第二天就离开了卫国。

3. 战略思想

子谓颜渊曰:"用之则行①,舍之则藏,唯我与尔有是夫②!"子路曰:"子行三军③,则谁与④?"子曰:"暴虎冯河⑤,死而无悔者,吾不与也。必也临事而惧⑥,好谋而成者也⑦。"

《论语·述而篇》第11章

【译文】

孔子对颜回说:"举用就行动,不用就退隐,只有我和你才能这样。"子路说:"如果您统率军队,与谁同去呢?"孔子说:"徒手搏虎,徒步过河,这样做死而无悔的人,我不和他同去。与我同去的,必须是遇事谨慎小心、善于谋划而能办成事的人。"

【注释】

①行:行动。指实行自己的主张。 ②有是:有此。意思是能这样。 ③行:动词。统率,指挥。三军:古代典制规定,天子拥有六军,诸侯有三军,以下则为二军、一军。春秋时期这种规定已被诸侯国打破。这里三军指全

军、军队。 ④谁与：与谁。意思是与谁同往。 ⑤暴虎冯河：朱熹《论语集注》："暴虎，徒搏；冯河，徒涉。"可从。 ⑥惧：忧惧。意思是谨慎小心。 ⑦成：办成，做成。

【解读】

此章文字虽少，但孔子和弟子交谈时的情景跃然纸上。一方面，由于颜回与自己一样，能够"举用就行动，不用就退隐"，孔子对颜回进行了称赞。另一方面，由于子路平时鲁莽、好勇，针对他提出的问题，孔子进行了委婉的批评。"用之则行，舍之则藏"这句话，体现了孔子穷则独善其身、达则兼济天下的博大胸怀和气度，对中国历代贤能之士产生了深远的影响。不与"暴虎冯河，死而无悔"的人为伍，赞同"临事而惧，好谋而成"，说明孔子不主张逞血气之勇，要求子路遇事必须谨慎小心，善于谋划，这样才能获得成功。孔子对子路的告诫，体现了孔子"好谋而成"的战略思想。

子曰："善人教民七年①，亦可以即戎矣②。"

《论语·子路篇》第29章

【译文】

孔子说："有道德的人教育民众七年，就可以让他们去作战了。"

【注释】

①善人：有道德的人。七年：当为约数。 ②即：就。戎：朱熹《论语集注》："戎，兵也。民知亲其上，死其长，故可以即戎。"即戎：用兵。意思是作战。

【解读】

孔子认为，有德行的国君或当政者，应该重视对民众的教育和训练。民众经过一段时间的训练，才具备勇敢无畏的精神和战场拼杀的本领，这样的民众才可以去作战。否则，让没有经过教育、训练的民众去从军作战，既缺乏战斗力，又白白牺牲了他们的生命。孔子的这一观点，是他的以德治国战略思想在如何让民众从军作战问题上的体现。

子曰："以不教民战①，是谓弃之。"

《论语·子路篇》第30章

【译文】

孔子说："用未经教育、训练的民众去作战，这叫作抛弃他们。"

【注释】

①教：指教育、训练。

【解读】

孔子所说的"教",包括了教育和训练,教育属于精神层面,训练属于技能层面。孔子认为,由经过教育和训练的民众组建的军队,才有一往无前的精神和较强的战斗力,否则就会是一群乌合之众,不但不能消灭敌人,反而会白白送死。因此,孔子认为"以不教民战",既不仁德,又对民众不负责任。孔子的教学内容,包括了礼、乐、射、御、书、数,其中射、御就属于与军事有关的训练内容。联系此章孔子所说的话,可见孔子不仅重视礼制、人伦、文化典籍的教学,而且关心国防,重视日常的军事技能训练。

主要参考书目

(宋)朱熹：《论语集注》，齐鲁书社1992年版。
杨伯峻：《论语译注》，中华书局1980年版。
吴枫：《中华思想宝库》，吉林人民出版社1990年版。
李泽厚：《论语今读》，生活·读书·新知三联书店2004年版。
金良年：《论语译注》，上海古籍出版社2004年版。
傅佩荣：《解读论语》，上海三联书店2007年版。
韩喜凯：《名家评说孔子辨析》，齐鲁书社2008年版。
金池：《〈论语〉译注新旧对照100例》，世界知识出版社2008年版。
徐刚：《孔子之道与〈论语〉其书》，北京大学出版社2009年版。
李择非：《论语》，万卷出版公司2009年版。
毕宝魁：《论语精评真解》，世界知识出版社2010年版。
雅瑟：《〈论语〉大全集》，新世界出版社2010年版。